U0940115

伏击股市系列 2

上涨伏击战

精准买在起涨点

帅龙 著

四川人民出版社

图书在版编目（CIP）数据

上涨伏击战：精准买在起涨点/帅龙著. —成都：四川人民出版社，2017.5（2018.3 重印）
（伏击股市系列）
ISBN 978-7-220-10116-8

Ⅰ.①上…　Ⅱ.①帅…　Ⅲ.①股票投资-基本知识　Ⅳ.①F830.91

中国版本图书馆 CIP 数据核字（2017）第 083139 号

SHANGZHANG FUJIZHAN：JINGZHUN MAI ZAI QIZHANGDIAN

上涨伏击战：精准买在起涨点

帅　龙　著

责任编辑	何秀兰
封面设计	张　科
版式设计	戴雨虹
责任校对	梁　明
责任印制	王　俊
出版发行	四川人民出版社（成都市槐树街 2 号）
网　　址	http://www.scpph.com
E-mail	scrmcbs@sina.com
新浪微博	@四川人民出版社
微信公众号	四川人民出版社
发行部业务电话	（028）86259624　86259453
防盗版举报电话	（028）86259624
照　　排	四川胜翔数码印务设计有限公司
印　　刷	自贡市华华广告印务有限公司
成品尺寸	185mm×260mm
印　　张	13.75
字　　数	236 千
版　　次	2017 年 5 月第 1 版
印　　次	2018 年 3 月第 2 次印刷
书　　号	ISBN 978-7-220-10116-8
定　　价	45.00 元

前 言

股民为什么赔钱、被套？一句话：“在该买的位置没买，在该卖的位置没卖。”

为什么会是这样的呢？答案是：到目前为止，各位所能学到的炒股方法和技巧，都是固定的、是“死”的（即静态的）。不管是任何的热门指标，像 MACD、KDJ、RSI、布林通道等，还是那些被奉为经典的道氏理论、波浪理论、均线理论等，这些林林总总、五花八门的知识或存在于浩如烟海的股票书中，或现身于各种股票培训课程的 PPT 中。然而当我们坐在自己的电脑前，在每天短短 240 分钟的交易时段中，当面对时时刻刻都是“活”的（即动态的）行情的时候，我们怎么知道自己手里的股票该在什么位置买、又该在什么位置卖呢？

该在哪里买、该在哪里卖，绝大多数股民是不会知道的！因为大家眼前那台电脑屏幕里的 K 线图中，没有买与卖的提示啊！大多数股民是这样选股和操作的：有向别人打听的、有看到别人买卖而盲目跟风的（现在电视里的嘉宾没人敢推荐股票了，但他们在节目中应观众要求而点评的个股肯定对股民们有很大影响）、更有凭所谓的感觉买卖的……这么做的人都得赔钱，做多久赔多久——原因很简单：南辕北辙、缘木求鱼，他们用的方法一直是错的！

想要炒股赚钱，正确的方法有二：一是研究一套属于自己的、赢面大的交易系统出来，用术语来说，就是它能实现“高胜率”。凭借这个交易系统，你就能知道自己手里的股票每次该在什么时候买、该在什么时候卖。同时，你自己也有了清晰的选股标准，再也不会听别人的忽悠。当然，这世上没有万能的交易系统，否则全球股票市场早晚要关门，因为全世界的钱将悉数归交易系统的开发者所有。我们基于对以往行情数据的统计，通过建立一套科学的数学模型，让你自己站在大概率的一侧，能够每 10 次进场有 7～8 次赚钱，这样不就成了。二是使用别人的高胜算交易系统，就跟开车一样，不知道路也无妨，用导航就好。

说到底，炒股难不难？其实一句话就能说清楚：如果能看得到 K 线上有明确的买卖提示，炒股就不难。为了打造这套“帅氏交易系统”，笔者花了足足 20 年时间。

任何一门学问的境界都有三层：见自己、见天地、见众生。而很多股民在学习炒股时第一个境界都达不到，因为他们“见不到自己”。在这里笔者必须坦言，有很多人其实是不适合炒股的，这源自于他们所持有的理念以及自身的性格等诸多因素。而最最要命的是，很多持续亏钱的股民压根舍不得做自我否定和自我改变。正所谓，投资先投心。如果无法认清自身长短，就难以逾越一个又一个的市场挑战。缺乏理智，拒绝接受现实，事事怨天尤人，等等，这些不好的习惯会影响投资的准确性甚至让人掉入投资陷阱。

只要方法对、工具巧，天下没有难炒的股票！

目　录

炒股有门道，全凭战法妙

本章导语

如果想了解资本市场的发展史，想丰富投资理念，那这本书不一定适合你。本书要跟各位分享的是——用什么方法在股市里赚钱。

一、波段行情的两种有效战法——“追歼战”和“上涨伏击战”

对于绝大多数个人投资者来说，股市就是单边市。你必须手里先有股票，然后依靠低买高卖赚钱。老百姓对“做买卖”有个形象的比喻，叫“从买到卖加十块”，套用这个说法真是再合适不过了——股市其实就是个买卖市、交易市。

据不完全数据统计，截至2016年底，中国股市2900多只股票的纯数学平均价，也就在15元左右。因此，想实现你的股票“从买到卖加十块”，遇上牛市绝对没问题，牛市之外就另当别论了。

股市就是战场，要想打胜仗就得有靠谱的战法。说到股市里的战法，各家有各家的绝招。笔者是靠进行数理统计和概率计算，去捕捉波段行情里的价差机会。

波段行情的战法，大致可以分为“追歼战”和“上涨伏击战”两类，它们的终极目

标都是博买进后股价能涨上去。只是从先后次序上讲，“上涨伏击战”更像是“追歼战”的前奏，而“追歼战”可以看作是“上涨伏击战”的延续。为了能更加清楚、全面地解释“上涨伏击战”的战法，作为必要的铺垫，笔者先要向读者介绍什么是“追歼战”。

1.“追歼战” 战法精要

(1)“追歼战”定义及成功案例介绍

顾名思义，所谓“追歼战”，用军事术语来讲，就是“乘胜追击、歼灭残敌”的意思。笔者对这一战法的解释是：在很多情况下，股价走势呈波浪式上升，一波比一波高。只要前一波上涨后的回调和蓄势充分了，主力机构将卷土重来发动新攻势。在后面这波新攻势中，以突破前一波所创下的阶段性最高价为典型标志。在前一波上涨所创下的最高价附近，获利盘、套牢盘构成重重压力，若股价冲不过去，则后面这波上涨行情将面临半途而废的危险；而一旦股价（放量）突破前面创下的最高价，则往往预示着空头彻底认输、多头优势得以最终确立，因此股价有可能继续上涨，甚至有可能走出一段涨幅不错的加速拉升行情——“追歼战”由此得名。请看下面的个股实例。

盾安环境（002011）

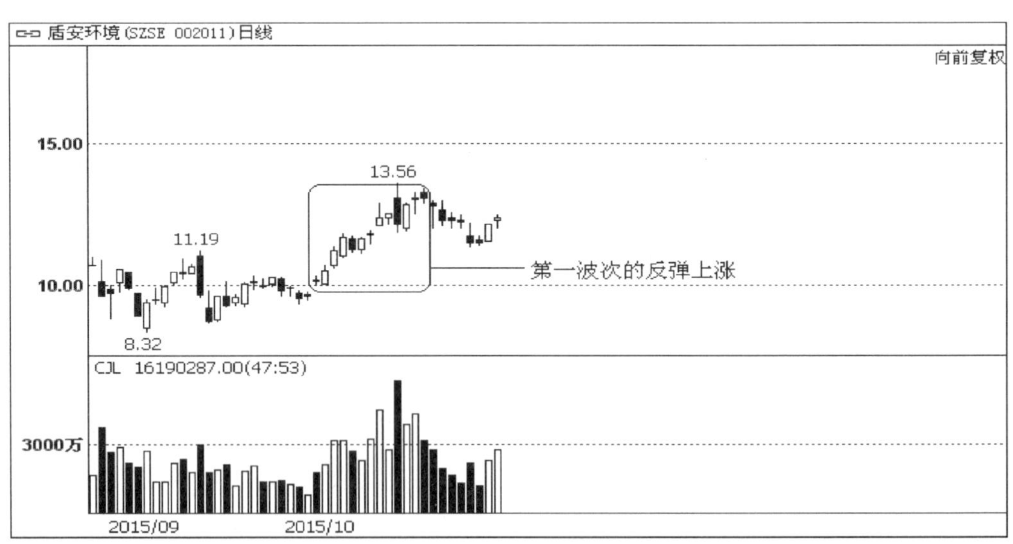

图 1－1

如图 1—1，该股于 2015 年 9 月 2 日创出阶段性最低价 8.32 元，然后开始反弹之旅。第一波反弹很强劲，直接冲到 13 元上方，并创出了 13.56 元的反弹最高价，这个价格成为一个标记，如果股价在下一波“冲锋”中超过了这个价格，则符合“追歼战”的特征。

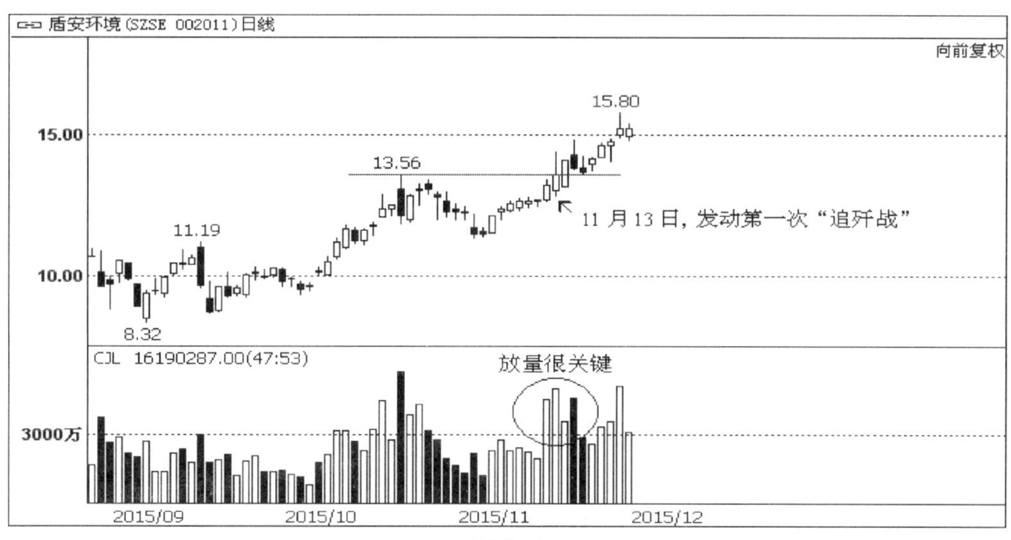

图 1－2

如图 1—2，2015 年 11 月初，经过回档蓄势之后，多方的攻势卷土重来。11 月 13 日周五，股价收于 13.56 元，到达了前次反弹最高价的位置，刚刚好！

由于多方“弹药”充足，到 11 月 13 日时已经是连续两天成交量明显放大了，因此 13.56 元被突破已无悬念。果然，下一个交易日，11 月 16 日周一股价低开高走，收了一根光头光脚的阳线，收盘价为 14.10 元。多方发动的第一次“追歼战”首战告捷。

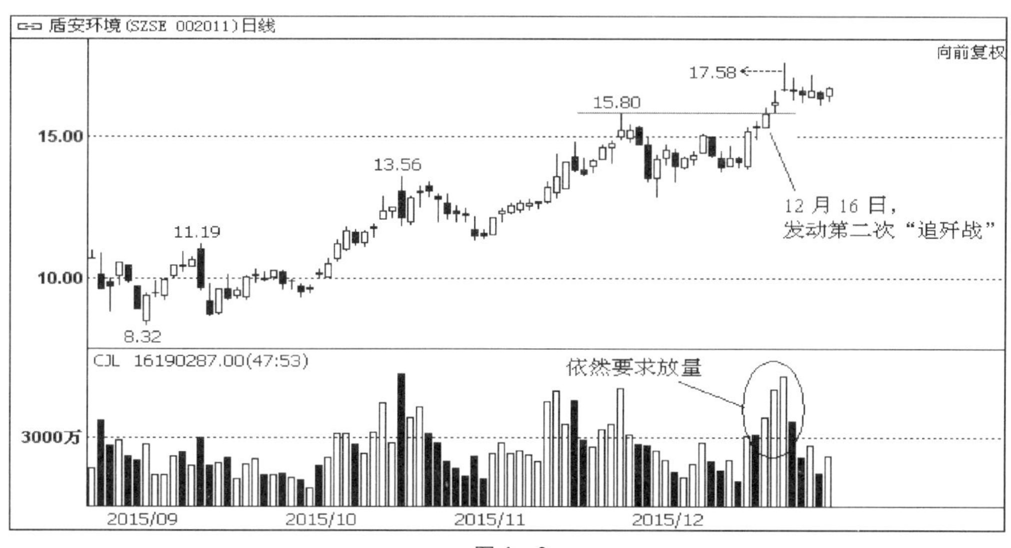

图 1－3

如图 1—3，2015 年 11 月 24 日周二，股价在摸高到 15.80 元之后，多方暂时收兵了。随后不久，12 月 16 日第二次“追歼战”打响了——当天成交量放大，而且收盘价正好是 15.80 元。故伎重演，收盘就是要收在前期高点的位置，一分钱都不带差的。多方这简直是亮着牌在跟空方打，胜券在握、志在必得。

12 月 17 日股价跳空高开，在解放了之前所有套牢盘的同时，16 日参与“追歼战”的资金全部处于浮盈状态。

两次“追歼战”大获全胜。

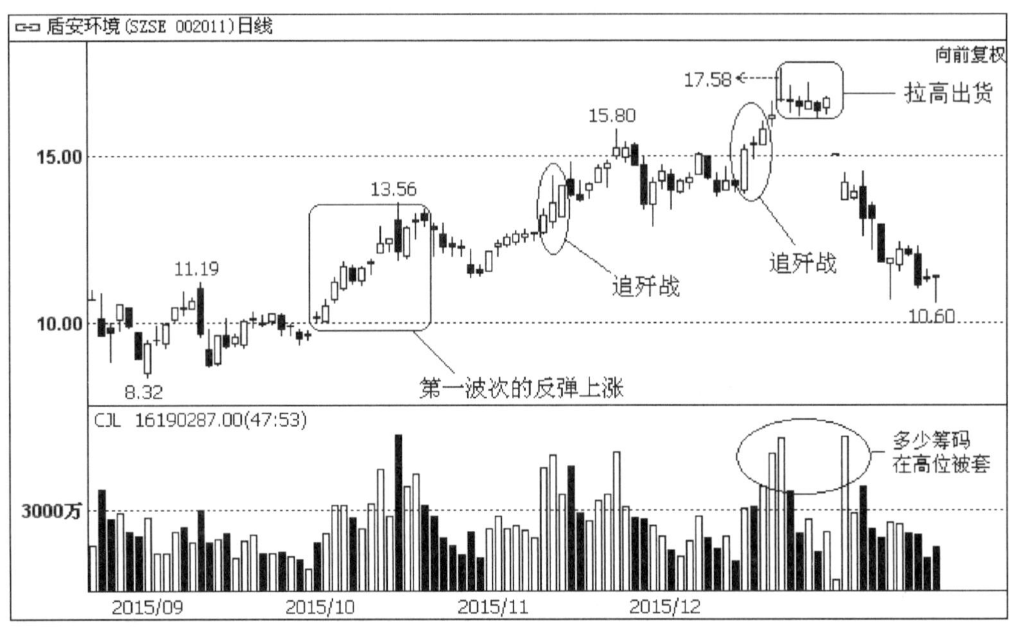

图 1—4

买股票就是为了卖掉，股市里人人都是空头！如图 1—4 所示，从突破 13.56 元之后，短短两个月时间，两场“追歼战”已经把股价拉升到了 17 元的上方，多方资金可谓收获丰厚！不跑等什么呢？12 月 25 日周五收盘后该股开始停牌。至于复牌后的股价走势，那就不是我们关心的了。在最后阶段追高进场的资金被套，这暴露了相当一部分投资者身上的两大短板：第一，对“追歼战”短促突击、一旦获胜便火速收兵的战法要点没有领悟；第二，手里掌握的招数少、战法单一，尤其是不会打“伏击战”。

勤学如春起之苗，不见其增，日有所长；

辍学如磨刀之石，不见其损，日有所亏。

——陶渊明

学习吧！学习的成本很高，可你不学的话，成本更高！

言归正传。

“追歼战”为什么能成为一种战法？为什么它有相当大的市场并受到很多投资者的追捧？首先，波浪式上升是股价上涨的常态。除了新股开始挂牌交易，或者上市公司有重组成功之类的重大利好之外，股价哪里会有天天封一字板涨停的情况出现？进二退一、进三退二才是常规的涨法。其次，及时换股操作。时至今日依然有很多投资者没有养成及时换股操作的交易习惯。这些人数不在少数的股民就是喜欢一门心思、死心塌地地非要跟某一只股票较劲不可。然而“死磕”某一只股票，并不是什么位置都能买，越跌越买往往不是办法，很多股民都曾有越套越深的经历，苦不堪言。那怎么办？后来大家想明白了——在股价突破前一波上涨的最高价时进场或者加仓，这样做才靠谱。毕竟“追歼战”的这种追涨、追势的操作手法也完全符合“顺势而为”的交易铁律。

但是，我们也必须要看到，“追歼战”得以成功的重要指标（即它的最本质形态特征）是要放量突破前期高点，因为前一波上涨的最高价附近是成交密集区，当初一定是换手率高、套牢盘多，因此压力也巨大。只有带量突破前期高点，后续的增量资金才能造成摧枯拉朽、势如破竹之势，从而才有可能将股价推向新高。事实很清楚，股价完全是由资金堆起来的，“后续部队”（即增量资金）不断投入战场，股价才能持续上涨。然而，资金动向以及成交量的变化是股市里最难把握的东西——除非你是主力机构，资金在你的安排下有组织地进场、出场，否则你怎么会知道主力机构要在哪一时刻、会在什么价位（往往是高价位）把筹码都抛出去?！所以，预测股价能涨到哪里都是不现实的。

（2）“追歼战”的优点

成功的“追歼战”犹如特种部队的一次快速突击，其特点就是一个字——快！“追歼战”最大的好处是资金的使用效率高。如同“迅雷不及掩耳”那样，正是凭借这种“快”，才可以有效降低股价不确定性带给投资者的风险。打“追歼战”的资金，本来就是奔着股价快速拉升去的。因此股价不涨资金不进场；股价突破前期高点前后，资金会大举介入；而股价冲过前波上涨高点快速拉升之后，趁跟风盘涌进之际，主力机构的资金就可以趁势抽身离场、满载而归了！

对于中小散户来说，盯紧盘面的蛛丝马迹，随主力而行参与“追歼战”是可行的。“船小好掉头”，只要你不恋战、不追求每次都必须卖在最高价，那么在很多情况下，中小散户可以比主力机构跑得更快。

(3)“追歼战”的局限性

凡事有利就有弊，“追歼战”的局限性也是相当明显的。

①股价具有不确定性

股价突破前波高点后，上涨会持续多久、涨幅究竟有多大，谁都说不准。股价是自己走出来的，从来不以投资者的期望为转移。

股价冲过前波高点、创出新高之后，后市有三种可能：一是股价出现较大涨幅，这是最理想的状态（如图 1－1～图 1－4 所示）；二是股价创了新高，但之后的涨幅并不大；三是股价有可能很快下跌，尤其当后续资金跟不上时，这种情况很容易发生。

请看下面实例，本例充分揭示了“追歼战”的局限性和风险所在。

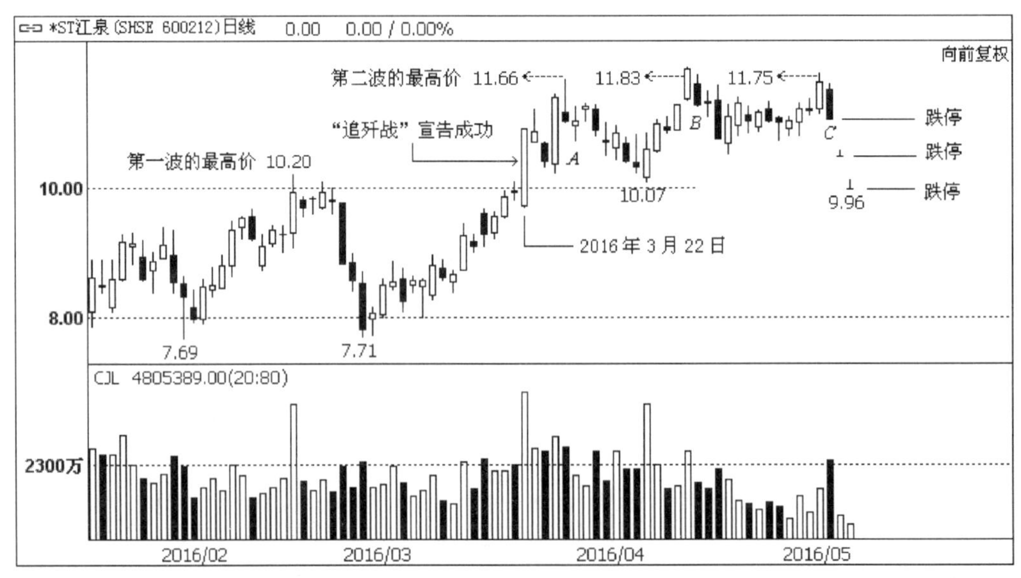

图 1－5

2016年3月22日，*ST江泉（600212）股价放量涨停，收盘价为10.91元，一举突破前次上涨创下的最高价10.20元，“追歼战”宣告成功。按照波浪理论关于涨幅的计算，这波上涨的目标价应该在12.50元附近。然而真正的行情走势并非如此！在分别创出11.66元、11.83元、11.75元这三个高价之后，A（3月29日）、B（4月18日）、C（5月6日、周五）这三天的股价走势一次比一次弱，可谓江河日下。

5月6日的成交量有所放大，貌似承接有力。但就在大家酝酿、幻想再打一次漂亮的“追歼战”之际，“灾难”已经降临了！5月6日、9日、10日，令人不解的三个连续跌停，不但把突破10.20元之后那场“追歼战”的胜利成果全部还给了市场，而且从2016年5月11日周三起，该股票居然停牌了！

看来，用“火中取栗”来形容“追歼战”似乎也贴切。市场的所谓“风险”说的就是这种不确定性——“追歼战”搞得好，股价向上拉升，搞不好股价向下砸就做成M头了。

在“追歼战”战法中，除了股价这个因素外，成交量必须是投资者需要时刻关注的变量。

下面以全柴动力（600218）、方盛制药（603998）为例，加以分析。

全柴动力（600218）

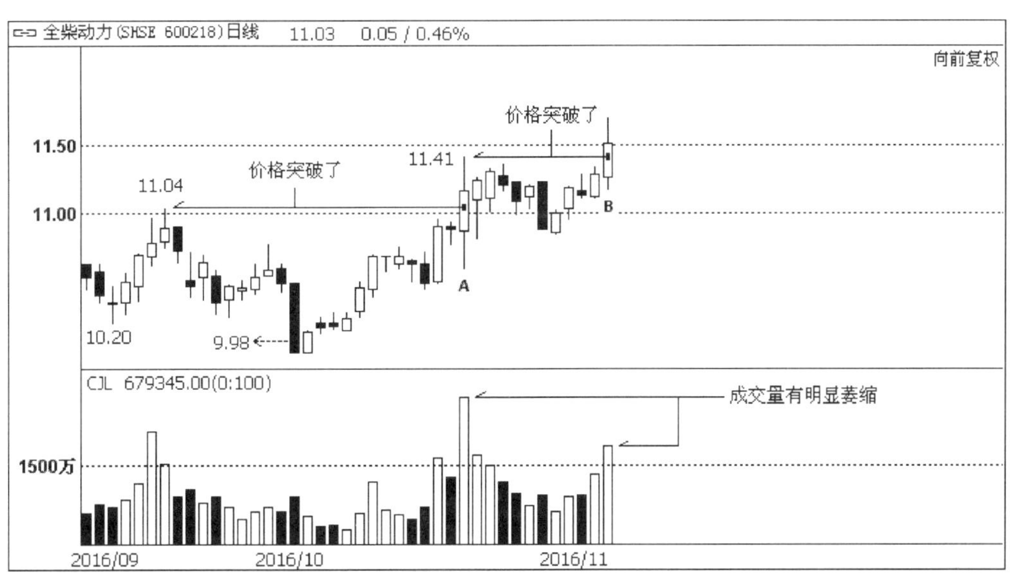

图1-6

如图 1—6，全柴动力自创出 9.98 元的阶段性低点后，就一直酝酿反攻。之前 9 月 8 日反弹的高点 11.04 元在图中清晰可见，这就是反攻的目标。2016 年 10 月 20 日，在 K 线 A 的位置，股价一举放量突破了 11.04 元的价格，多方的“追歼战”正式打响了。并且在 10 月 20 日这天，股价还创出了 11.41 元的阶段性新高。

短暂的回调后，股价再次发力，并于 11 月 4 日 K 线 B 的位置，再次实现了突破。然而第二次的价格突破让人有些担心，因为它和前次相比，成交量明显少了很多。这是不是预示着凶多吉少呢？

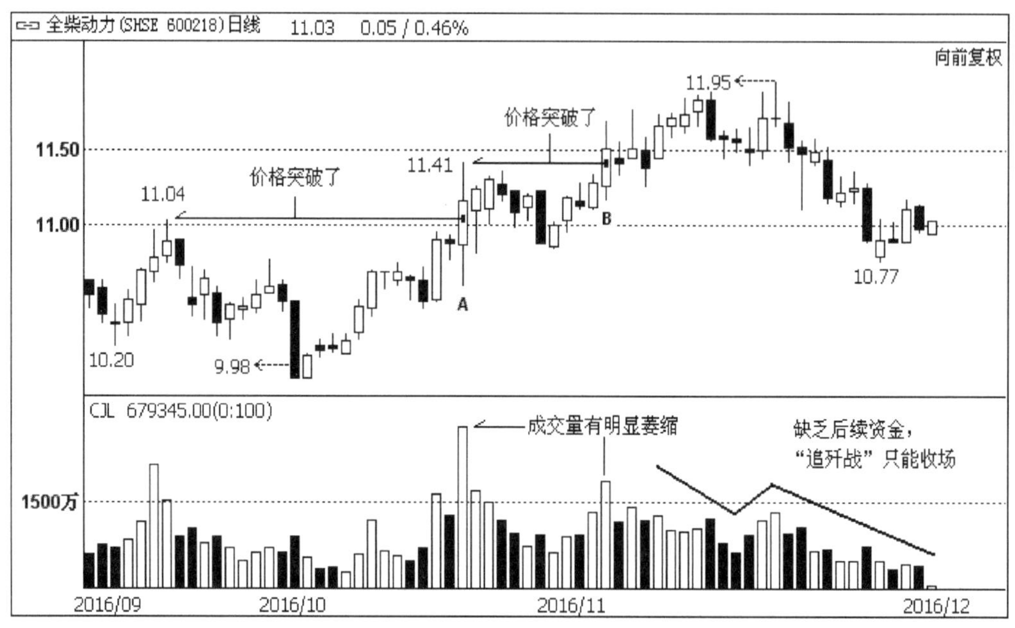

图 1—7

果不其然，如图 1—7，第二场“追歼战”开始后，股价仅仅上涨了 0.5 元。到 11.95 元之后，由于后续资金跟不上了，股价没能再接再厉继续往上走。当股价直跌至 9 月 8 日 11.04 元之下的位置后，这场短暂的“追歼战”彻底宣告失败。

下面再看看方盛制药（603998）的股价走势。

如图 1—8，方盛制药从 4 月的 17.57 元一口气回调到 13.50 元，出现 4 元多的价差，回调算是够充分的了。2016 年 5 月 5 日，承接前一个交易日（5 月 4 日）的放量上涨，当天该股股价以跳空高开的方式一举突破了之前 17.57 元的高点，随后痛痛快快地封死在涨停板的位置，K 线也呈一根光头光脚的阳线。

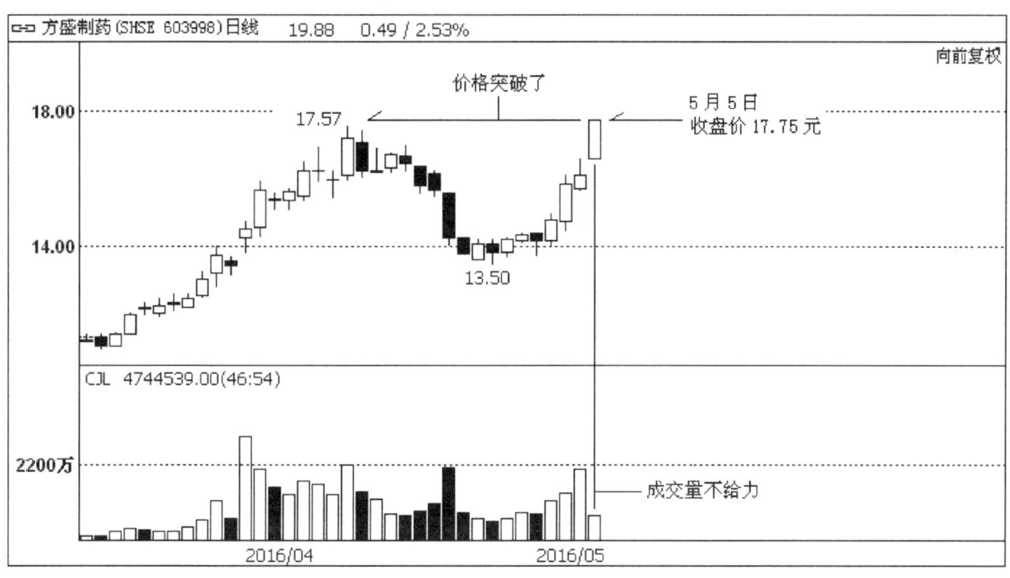

图 1－8

股价能够封住涨停板，说明没有卖盘了，想进场的人必须排队。但是在这样的行情下，哪里会有多少抛盘呢？因此，我们看到，该股当天的成交量并不大，连 5 月 4 日的一半都不到。这样的走势，股价不继续走牛才怪呢。

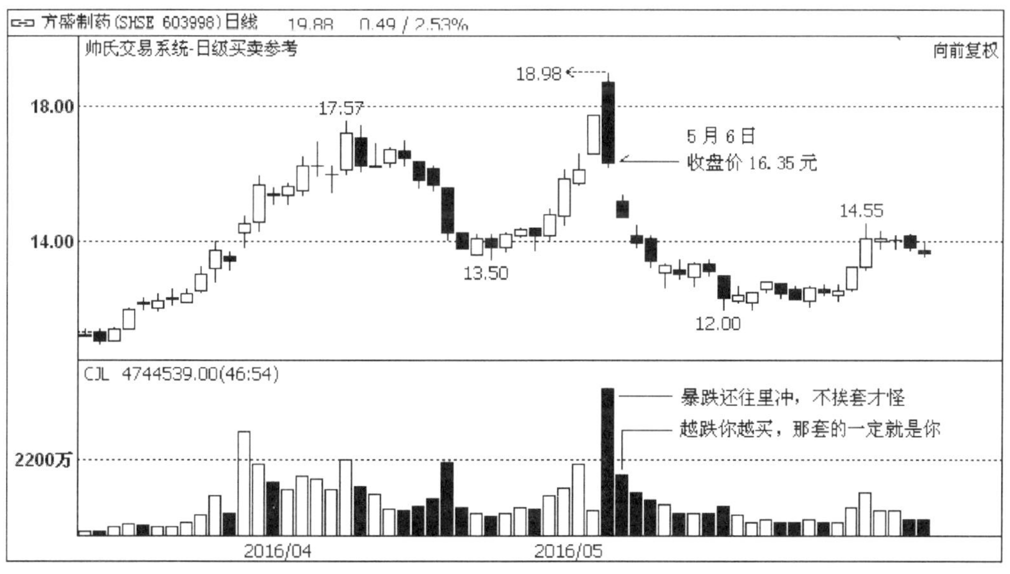

图 1－9

然而，股价走势偏偏就是这么怪。如图1－9，跳空高开＋封住涨停板＋价格突破后，5月6日周五股价竟然高开低走，收出了一根超级大阴线！

看来没量的股价突破，存在一定的风险——从13.50元的反弹以来，该股在短短一周多的时间里已经积累了相当多的获利盘，如果股价能够再下一城，全看冲过17.57元这个位置的后续资金够不够多了。如果够多的话，大部分的获利盘继续看高一线；而如果后续跟进的资金量少，则股价根本顶不住三种力量的抛压。注意，这回可是三拨人在抛——有两拨是在两次17.57元附近追涨的被套筹码，有一拨是在13.50元之后进场的获利筹码！所以，即便同时出现了【跳空高开】【价格突破前波高点】，外加【封死涨停板】的强势盘口特征，但只要成交量跟不上，就要引起投资者的高度警惕了。

5月5日该股封死涨停板时没有量，好多人舍不得卖。而5月6日股价跌得这么凶，收盘时明显低于17.57元了，“追歼战”只是玩了把“一日游”，可这天偏偏却有那么多人追了进来，并且下一个交易日也是如此，这真让人不可思议！

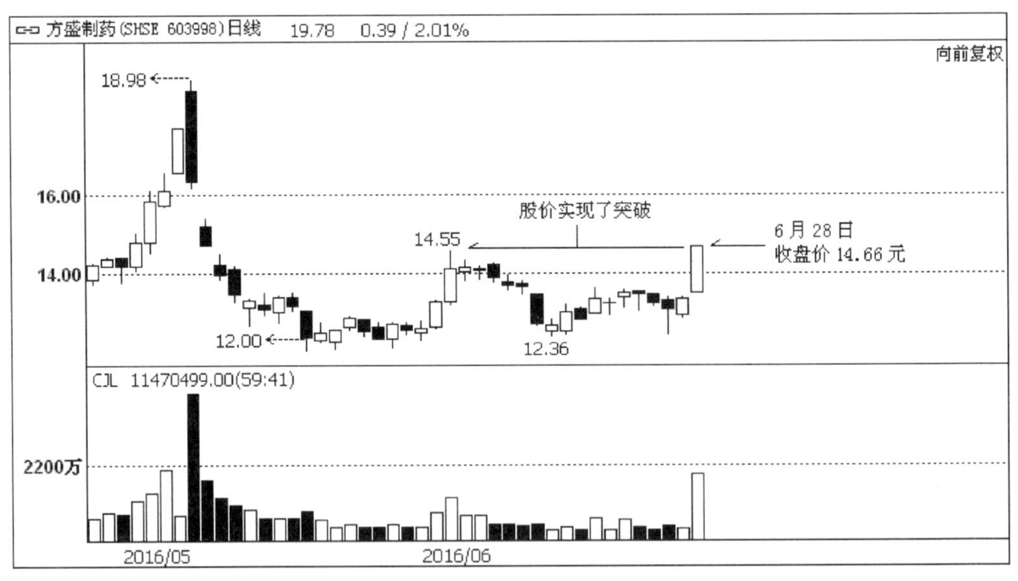

图1－10

如图1－10，依然是跳空高开、依然是价格实现了突破、依然是收盘时封住了涨停板、依然是光头光脚的阳线，这次你还敢不敢再进行一次“追歼战”？

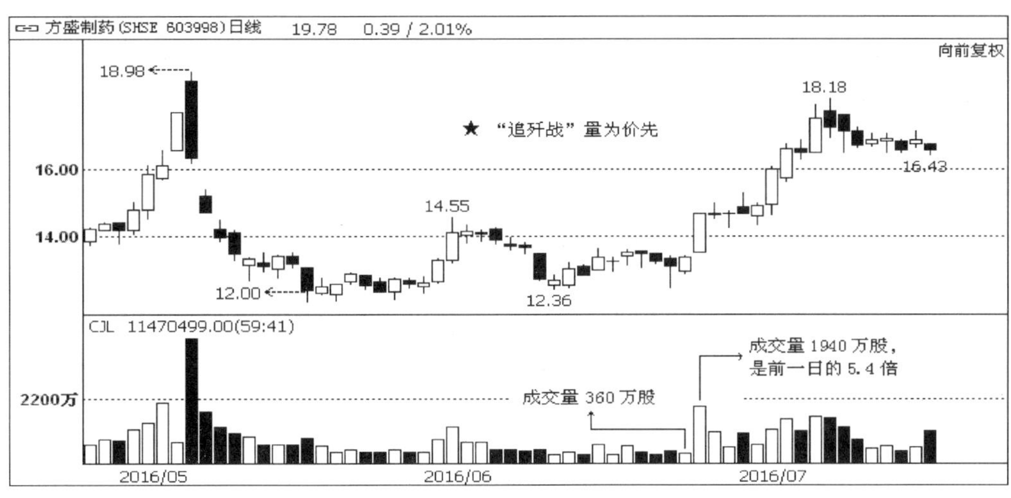

图 1—11

如图 1—11 所示，这次“追歼战”无疑成功了！

在“追歼战”战法中，后续资金是否充足，是该战法能否成功的关键因素，用术语来讲，叫“量为价先”——有量则股价很可能再上一个台阶（注意，仅仅是“很可能”！），无量则几乎等于是跟风进场就被套！

②“追歼战”对投资者的能力要求很高

首先，“追歼战”的进场点是股价刚刚越过前高点、形成“突破”的态势，这就要求打“追歼战”的投资者具备出色的心理素质，追涨时必须格外果断、坚定。赌性大的人会觉得“追歼战”很刺激，胜利就在眼前，因此重仓出击是这类投资者的必然选择。

其次，股票投资者必须保证 4 小时全程盯盘，因为突破前一波高点可能发生在盘中 4 小时的任意时刻，战机稍纵即逝。股票没有期货交易里的【条件单下单】功能，非常不方便［【条件单下单】是指开盘交易期间，在今天的涨停板价格之下（含涨停板价格），期货投资者可以预先指定某个价格作为自己的买入价，同时预先设定买入的数量。如果当天价格涨不到预定的价格自然不成交，资金也不会被冻结，而一旦日内价格达到投资者设定的位置，计算机就会发出买入指令要求成交］。股票没有这样的功能，所以你必须时刻盯盘，而日内分时图是“追歼战”最好的辅助工具。

再次，你得精于卖股票。“追歼战”的任何一波拉升行情都可能是在赶顶——别忘了，风险是涨起来的，股价越涨离“顶”就越近了。股价越往上涨获利盘就越多，大家卖股票的冲动就越强烈！如果不时刻盯住盘口变化，只要稍一犹豫就有可能让浮盈消失殆尽甚至会被套在高位！

2.“上涨伏击战” 战法简介

相对于“追歼战”,“上涨伏击战”更适合绝大多数的普通投资者和股市新手参与。

(1)“上涨伏击战”的定义

“上涨伏击战”是一种基于以静制动、追求绝对胜算的交易思路。所谓“伏击”,就是平时空仓待机而动,只有在确定股价创出了阶段性的最低价之后,投资者才开始考虑买进股票的交易法。“伏击”的战场,既可以是在股价创出阶段性大底之后的某个价格区间,也可以是在前一波反弹回调、震荡结束之后的某个价格区间。

先为不可胜,以待敌之可胜。

——《孙子兵法》

“上涨伏击战”策略以实现稳赢、必胜为最高追求,不求“抄底”买在最低价,也不求“追突破”带来的资金高效率。聪明的投资者都应该向优秀的战斗指挥员学习——他们不会主动出击、不会犯冒进的错误,也不会被别人打埋伏。“上涨伏击战”用在股市里,就是要求投资者以逸待劳,静静地等待股价自己创出最低价,只要股价进入我们的“伏击圈”,我们就已经是胜券在握了!

请看下面几个例子。

福斯特(603806)

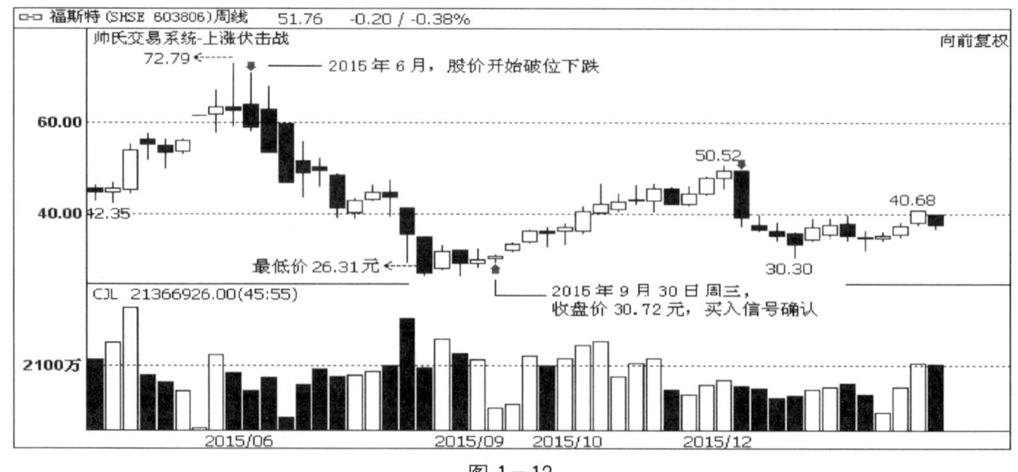

图 1-12

如图 1—12，该股自 2015 年 6 月股灾以来股价一路下跌，到 9 月 2 日创出阶段性最低价 26.31 元，随后止跌。“十一”长假前的最后一个交易周只有 3 个交易日，即 9 月 28、29、30 日。就是在这一周，买入信号出现在周 K 线的下方，提示投资者该进场了。

“十一”长假过后，该股股价一路向上攀升，到 2015 年最后一周最高冲到 50.52 元。

以这样的方式买进股票，就是标准的“上涨伏击战”。“追歼战”犹如向敌人重兵把守的山顶冲锋，而“上涨伏击战”则更像等敌人自投罗网般钻进我方的埋伏圈后再从容地向其开火。

元力股份（300174）

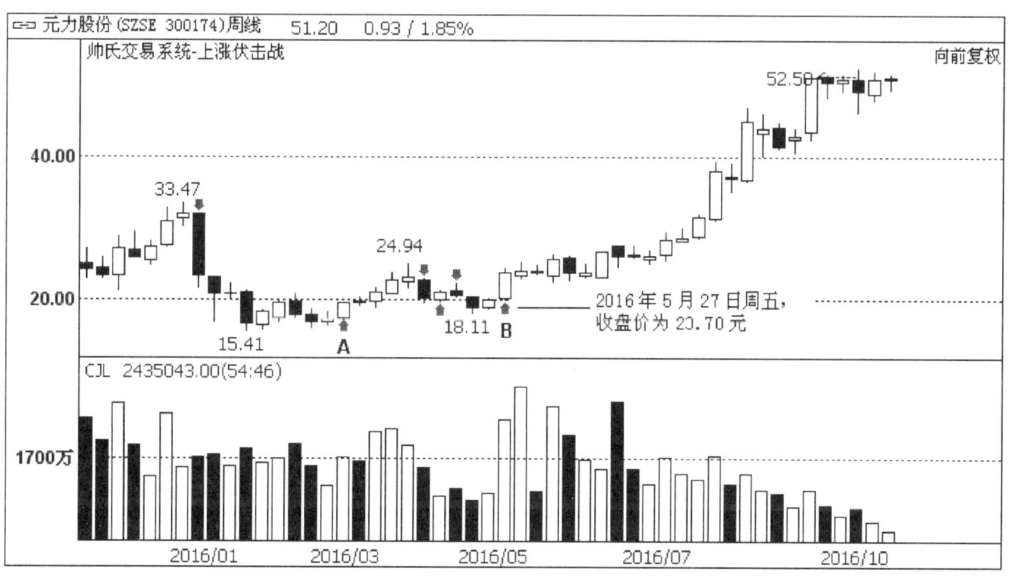

图 1—13

如图 1—13，该股像样的拉升一共有两次，分别以 K 线 A（2016 年 3 月 18 日）和 K 线 B（2016 年 5 月 27 日）为起涨点。这两次行情都可以用“上涨伏击战”，B 是 A 的延续，但基本的模式完全一样——A 的位置之所以能发出买入信号，是因为在六周前，股价于 1 月下旬创出了 15.41 元的阶段性最低价；而在 K 线 B 之前，股价自第一次反弹后又创出了 18.11 元的次低价，然后股价才止跌回升。该股股价在

K 线 B 这周放量明显，随后的上涨可谓一帆风顺，一涨就是半年。到本书截稿时，从起涨位置算起，该股已实现了股价翻番。

这个例子需要我们特别留意的地方是，在 A 波反弹中曾创下了一个阶段性的最高价 24.94 元，而 K 线 B 这周的收盘价是 23.70 元，低于 24.94 元。上涨必须越过前一个高点，这是常识，但“上涨伏击战”的一大优势就是，行情的启动可以在很低的位置，根本无须瞄准前一波次上涨的高点。如此一来，就能够让投资者在进场时拥有非常明显的价格优势。

广东鸿图（002101）

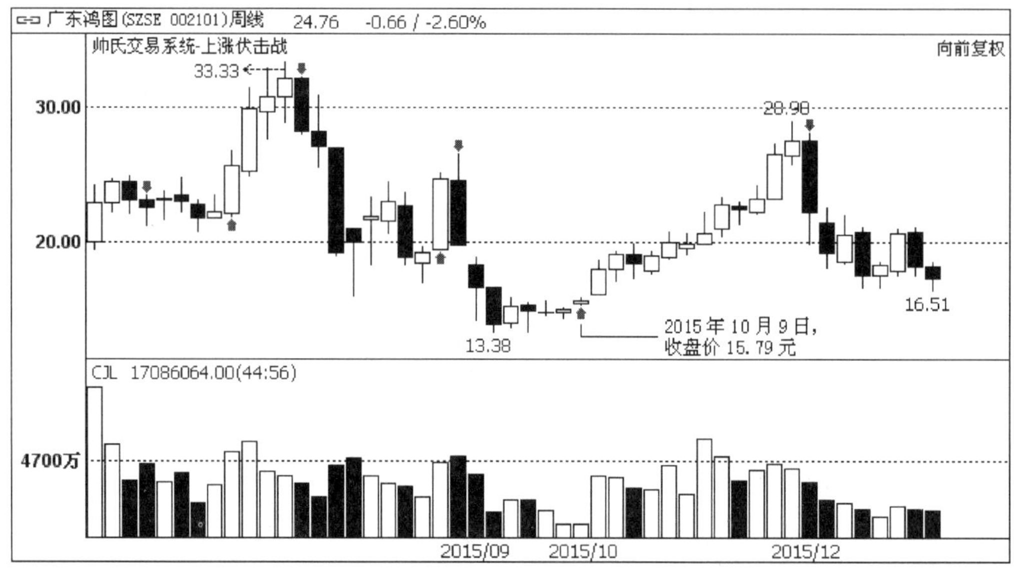

图 1－14

如图 1－14，2015 年 9 月初，该股创出了 13.38 元的阶段性最低价，看看周 K 线图就能想象得出，在此之前接二连三的大阴线给投资者何等的打击。然而否极泰来，投资者的“伏击”刚刚进入了第五周，上涨行情就来了！“十一”长假过后的第一周只有两个交易日，其中后一天，即 10 月 9 日周五该股的收盘价是 15.79 元，买入信号在这天得以确认。进场的机会简直可以用稍纵即逝来形容，你不能有半点的犹豫！之后股价一路上涨，到 2015 年底前最高涨幅超过了 80%。

中洲控股（000042）

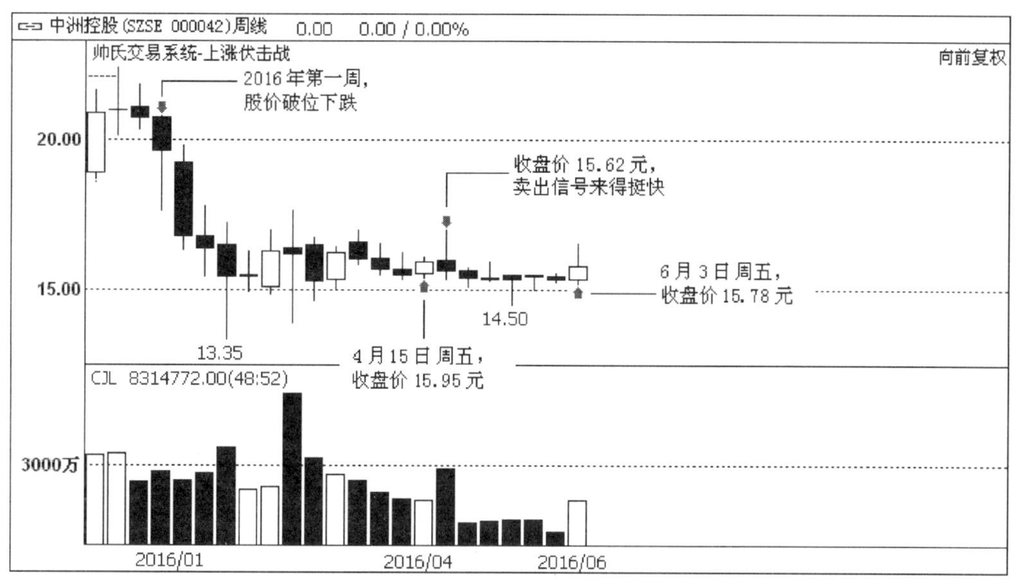

图 1－15

如图 1－15，该股从 2016 年第一周股价便开始破位下跌，在阶段性的最低价 13.35 元出现之后的第九周，买入信号于 4 月 15 日第一次发出并被确认，这周的收盘价是 15.95 元。然而股价在此之后并没有立刻上涨，反而跌了下去。第二周周五时卖出信号被确认了，这次的进场无疑会导致投资者一定的亏损。

在卖出信号之后，14.50 元的阶段性低价被砸了出来，并且这个相对于最低价 13.35 元的次低价也出现在 K 线图中，随时供投资者参考。股价似乎在缓慢抬升，新的买入信号在哪里？别担心，“上涨伏击战”的一大特点就是，只要股价在未来真有行情出现，那么买入信号一定会在股价拉升前出现，并提醒投资者及时进场。

6 月 3 日周五，第二次买入信号被确认了，该周的收盘价是 15.78 元，这意味着投资者的进场价格不应该高于 15.78 元。有意思的是，这个价格竟然比上一次 4 月 15 日的收盘价 15.95 元略低，这多少能带给投资者一些安慰。但是，这次的买入信号靠谱吗？这一仗能打赢吗？

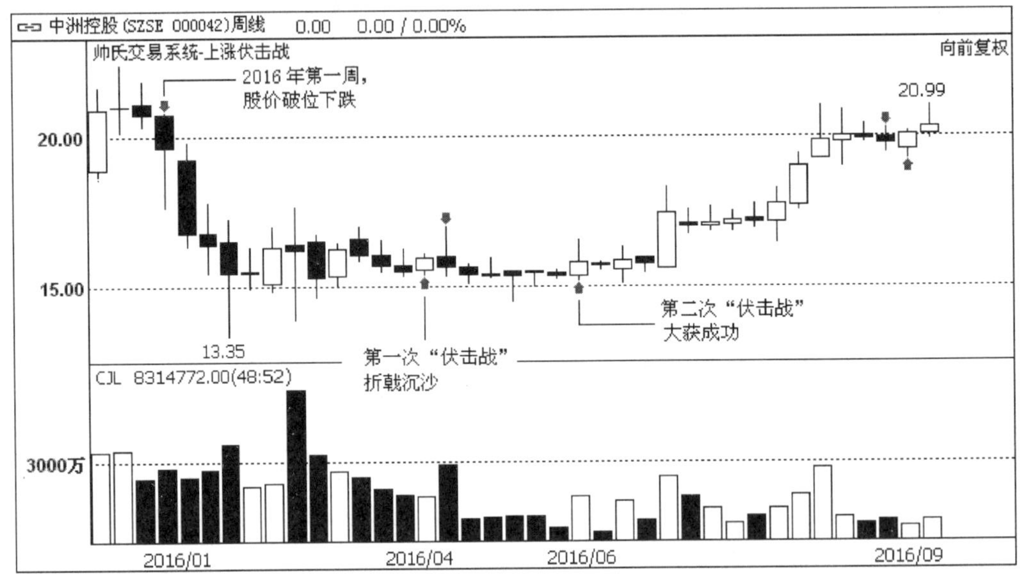

图 1－16

如图 1—16，2016 年，该股只在上半年发出了两次买入信号，结果出现了一波贯穿整个下半年、上涨幅度为 33%的行情，“上涨伏击战”的效率可见一斑。而 2016 年全年，深成指的涨幅只有 23%（最低 8986 点、最高 11124 点），如图 1—17 所示。“上涨伏击战”战法，的确值得投资者大胆一试。

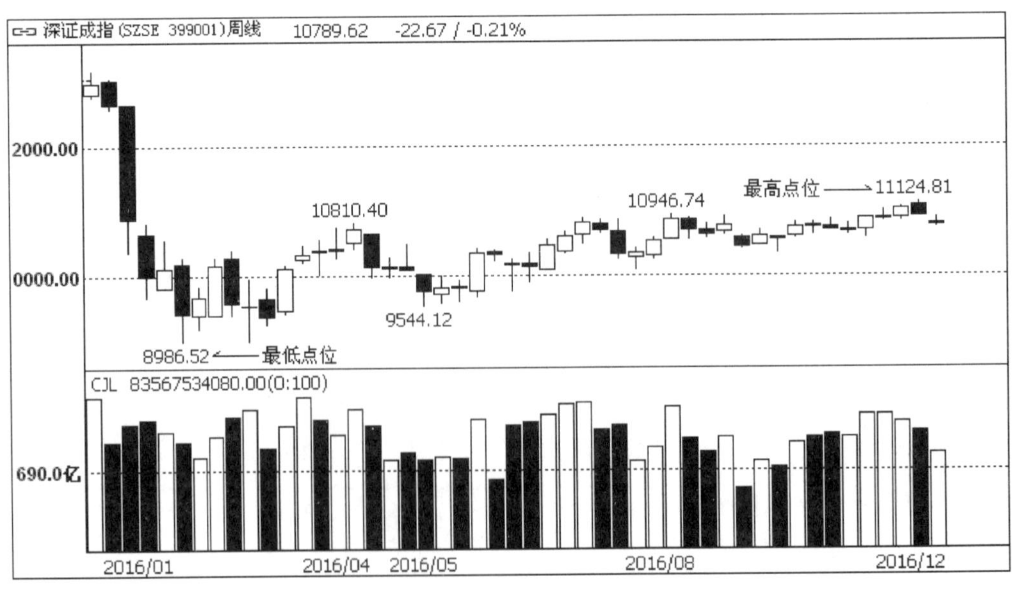

图 1－17

不只是中洲控股，仅就深圳股市而言，在 2016 年超越指数涨幅的个股也有很多。这些股票的上涨行情都适用“上涨伏击战”的模式，也都在股价（大幅）拉升前，及时发出了买入信号。请再看下面几个例子。

美的集团（000333）

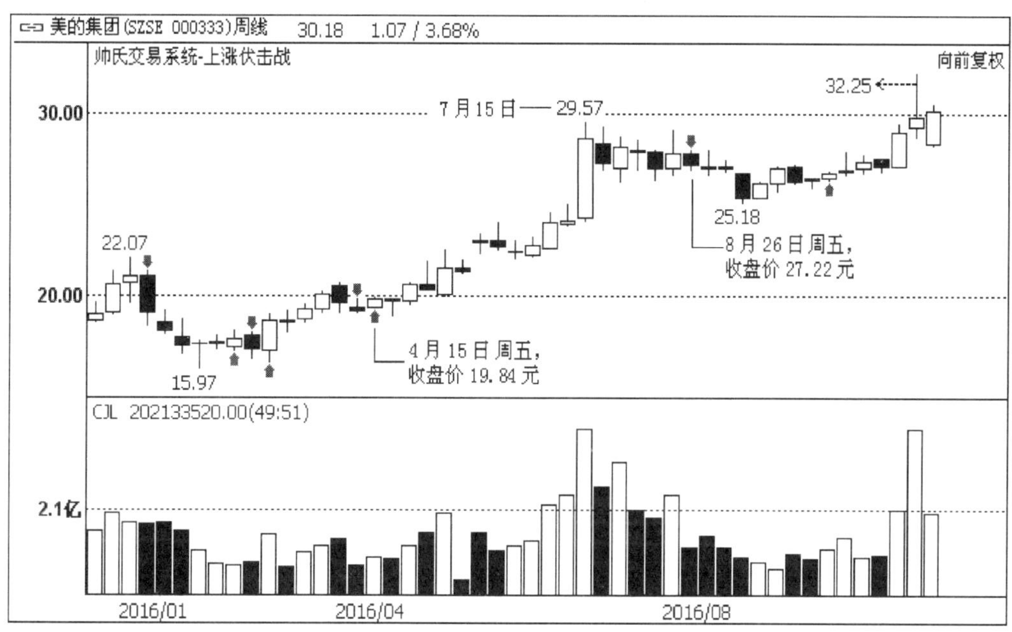

图 1—18

如图 1—18，该股在 2016 年上半年有 3 次买入信号发出并被确认，其中 4 月 15 日周五的第三次买入信号被确认时，该股当天的收盘价只有 19.84 元。如果投资者想进场的话，买入价格不会高于 19.84 元。这波上涨行情持续了四个月，中途创出了 29.57 元的阶段性最高价。

我们不按 29.57 元这个最高价去计算理论上的收益率，我们算具有可操作性的实际收益率。8 月 26 日周五该股的卖出信号被确认，这天的收盘价是 27.22 元，投资者根据卖出信号的提示在周五收盘前卖出股票，卖出价不会低于 27.22 元。从 19.84 元到 27.22 元，收益率已有 37%。

小天鹅 A（000418）

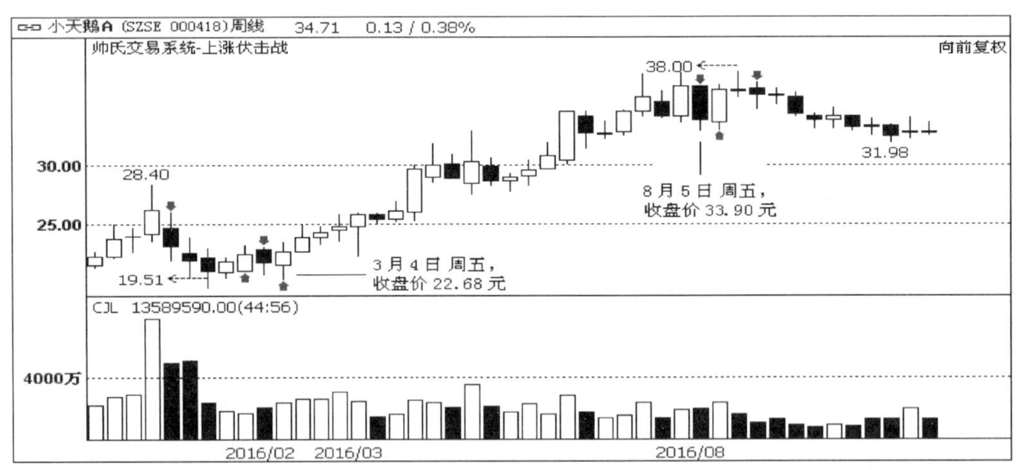

图 1－19

该股的拉升行情从 2016 年 3 月初开始到 8 月初结束，持续了整整 5 个月。买入信号是在 2 月 29 日周一到 3 月 4 日周五这周的某一天发出的，到 3 月 4 日收盘时，随着周 K 线最后定型，买入信号也被确认了。3 月 4 日当天的收盘价是 22.68 元，只要投资者在收盘前的集合竞价时挂进买单，买入价不会超过 22.68 元。同理，卖出信号固定在 8 月 5 日周五收盘后，这天的收盘价是 33.90 元，所以投资者能够卖在 33.90 元之上。从 22.68 元到 33.90 元，收益率已经高达 49%。

华意压缩（000404）

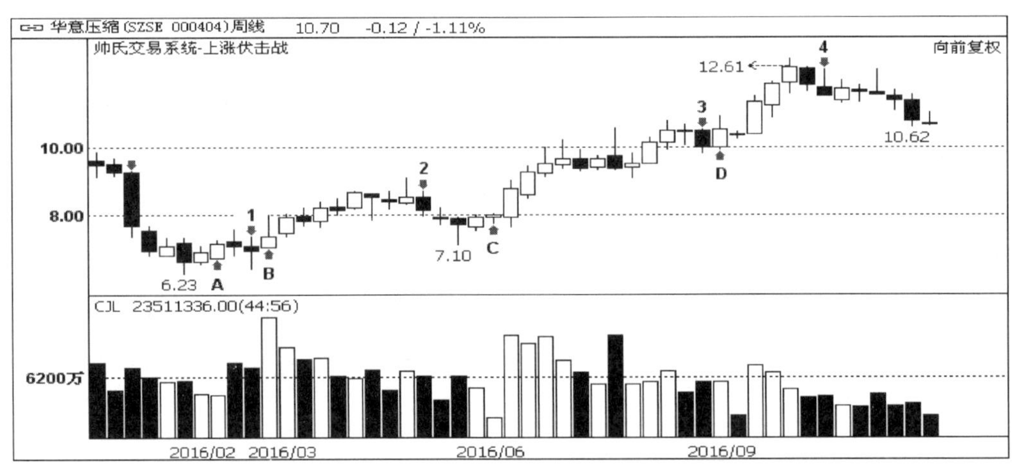

图 1－20

该股的上涨行情走得有些反复，图中 A、B、C、D 是 2016 年内四次买入信号被确认的位置。与之对应的是，每次买入信号发出后由于下跌概率的上升导致了卖出信号出现（图中 1、2、3、4 是四次卖出信号被确认的位置），要求投资者及时卖出股票以规避股价进一步下跌的风险。但由于该股股价在 2016 年内整体上是沿上涨趋势运行的，因此只要投资者严格按照买、卖信号来操作，收益率依然很可观。

四次买进—卖出的操作，盈亏情况如何呢？统计结果如下所示：

A：2 月 19 日周五收盘价 7.12 元，A 到 1 的价差－0.20 元；

B：3 月 11 日周五收盘价 7.33 元，B 到 2 的价差＋0.78 元；

C：6 月 8 日周三收盘价 7.98 元，C 到 3 的价差＋2.02 元；

D：9 月 9 日周五收盘价 10.55 元，D 到 4 的价差＋0.99 元。

四轮买进—卖出操作之后，该股的总计盈利是 3.59 元，收益率为：3.59÷7.12≈50.4%。

金城股份（000820）

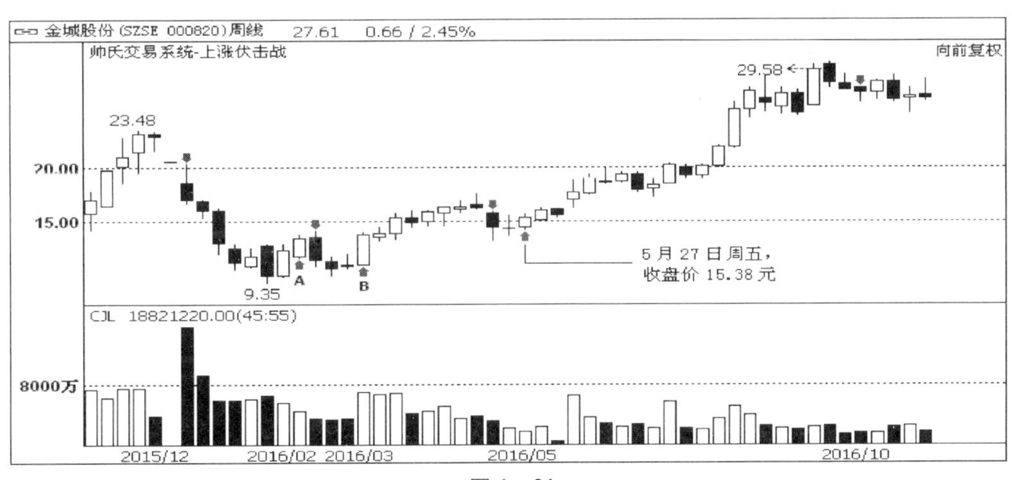

图 1－21

如图 1－21 所示，该股股价在 2015 年 12 月时还位于 20 元上方，进入 2016 年之后最低时跌到了 9.35 元。图中 K 线 A 对应的是春节后的第一周，虽然周 K 线已经两连阳了，但是由于股价跌得元气大伤，不会那么快就产生新的行情，因此在第二周卖出信号马上就发出了。K 线 B 对应的是 3 月 14 日周一到 3 月 18 日周五的一周，从这周起该股开始活跃了，价升量增的态势非常明显，周五的收盘价是 13.78 元，同时买入信号在这周结束时被确认。从事后看，当K线B定型之后，一个周级别上的W底终于有了模样。从2016年3月到10月，该股的基本走势是上涨。5月份股价出现的那次“挖坑”式回调只会把不懂趋势，或者是没有使用“上涨伏击战”策略模型的股民洗出去。而对于能够熟练使用“上涨伏击战”战法的投资者而言，即便按照卖出信号的提示中途“下一次车”也没什么，毕竟主动避险是正确的选择。关键是，“上涨伏击战”的买卖信号是交替发出的，而且很及时，意味着主力机构要出手了——（大级别的）行情即将启动。

上面的几个例子，都是“上涨伏击战”的典型案例。“上涨伏击战”没有“追歼战”那么刺激，那么富有激情。“上涨伏击战”就是打埋伏，所以买入信号大都是“低调”的。根据统计，从买入信号被确认那一周的周五收盘价算起，在所有涨幅超过30%的趋势性行情中，买入信号被确认这周周涨幅小于10%的情况占到了约4/5。不需要追涨就能够买到好股票，这对投资者来说无疑是最好的选择。

（2）“上涨伏击战”的优点

帅氏交易系统的所有策略模型都是基于数理统计和对涨跌概率的计算，当计算出股价上涨的概率足够大时，系统便会自动发出买入信号，提示行情的起涨点或起涨区域在哪里。当然，阶段性最低价可不是算出来的，必须得等股价自己走出来后才知道。

最低价就是“通信员”，它出现之后就知道这仗可以打了——都已经不再创新低了，还有什么可怕的！请看下例。

坚瑞沃能（300116）

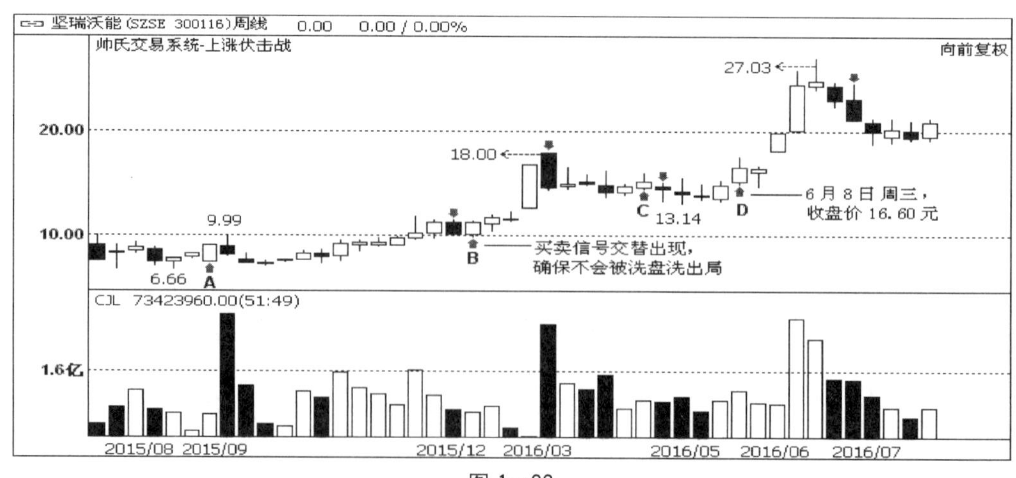

图1－22

如图 1－22 所示，坚瑞沃能于 2015 年 8 月创出 6.66 元的阶段性最低价，随后在延续到 2016 年 7 月的上涨行情中，最高冲至 27.03 元，股价翻了 4 倍。在这期间，帅氏交易系统的买入信号总共出现了 4 次，即图中的 A、B、C、D。

A 是第一次“上涨伏击战”入场点，因为瞄准的是之前 6.66 元的阶段性最低价，这一仗下来，股价站到了 10 元上方。

B 是根据买卖信号交替出现的原则，确保投资者在洗盘后再次进场，以避免踏空。这个效果达到了。

C 入场会是一次不成功的“上涨伏击战”，因为在接下来的一周卖出信号就发出了。当然这也是严格遵守了买卖信号交替出现的原则——万一大跌真的开始，不防备怎么成！好在这一买一卖之间的价差损失极其有限。

D 是第二次的“上涨伏击战”入场点，它先瞄准了 3 周前 13.14 元的那个阶段性最低价，然后在适当的时候发出了买入信号，告诉投资者该“开火”了。最后这一战无疑是成功且高效的，股价上涨了 10 元。

让人得意的地方还在于，6 月 8 日周三是端午节休市前的最后一个交易日，当天的收盘价仅为 16.60 元，打“伏击战”的主力在这个位置就全线出击了，此时的价位距离 3 月份 18.00 元的前一波上涨最高价约有 10%的价差——和“追歼战”相比，这钱可是白赚的！

时代新材（600458）

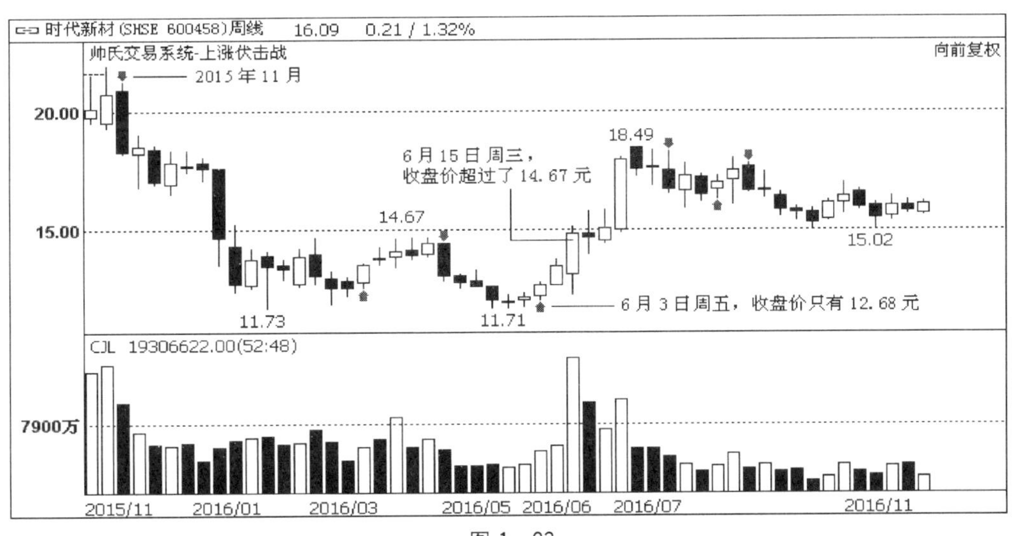

图 1－23

“上涨伏击战”好学吗？相当好学。唯一需要的是耐心！时代新材从2015年11月开始下跌，2016年1月先砸到11.73元，6周后的3月第一次买入信号发出。然而这次抄底并没有成功，股价冲到14.67元后反弹就夭折了。在这之后投资者该干什么？等，别的不用做。有耐心才能等来大行情。

5月18日，又一个阶段性最低价11.71元出现了。两周后，6月3日，买入信号再次发出并确认。“守得云开见月明”，几周后的7月11日股价摸高到18元上方，收益率超过了40%。

另外值得一提的是，从12.68元到14.67元，相差接近2元，幅度高达15%。这段两周就可以赚到的利润，白白丢掉了也是非常可惜的。

我们之所以能够用“上涨伏击战”的打法较为省力地抓到上涨行情，是因为股价在涨跌转换过程中自身具备的一些特征很明显，而且这些特征会反复出现。有时候在一只个股上，“上涨伏击战”的机会能连续出现多次。

同仁堂（600085）

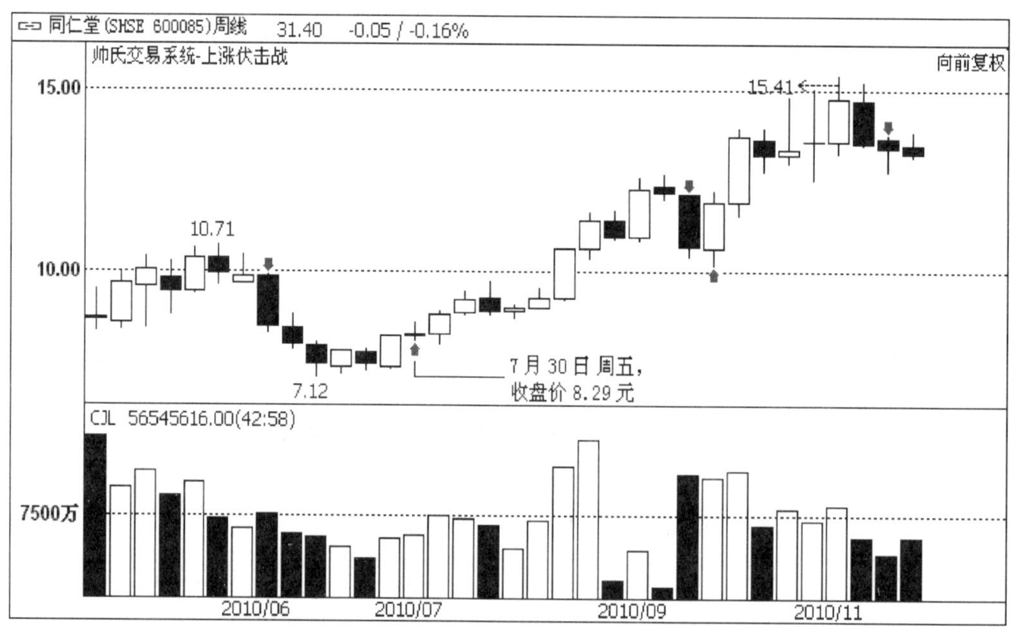

图1－24

该股2010年6月间，从10元上方的位置跌下来，到7月份先是砸出了一个阶段性的最低价7.12元，之后筑底。到7月30日周五，一个圆弧底形态构筑完成。7 月 30 日的收盘价只有 8.29 元，距离之前 10.71 元的位置跌幅将近 30%。如果根据“上涨伏击战”买入信号的提示在这样的低位进场，投资者应该心满意足了。

这波行情的总涨幅超过了 100%，即便从 8.29 元这个可操作的价格计算，并且还考虑到上涨中途有一次“挖坑”式回调会给投资者带来一定损失的因素，但赚 50%肯定没问题。股价在 2010 年 11 月间冲高到 15.41 元之后出现了回落，但“机会都是跌出来的”这话一点儿没错，机会很快又来了。

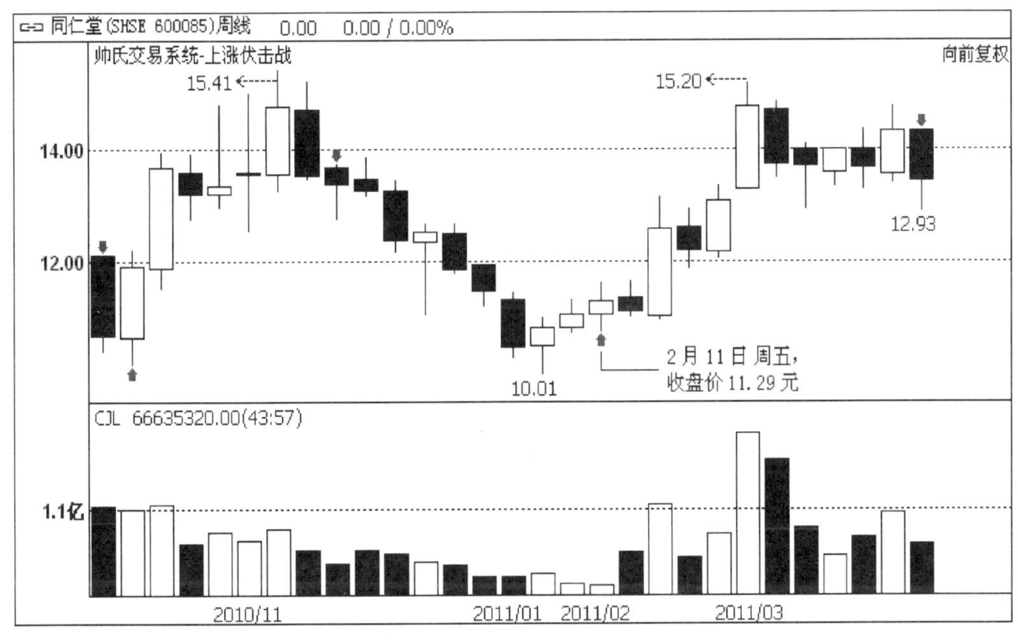

图 1－25

如图 1—25 所示，这是上一段行情之后的周 K 线图，图中 15.41 元的高点赫然在目，连续的杀跌股价低至 2011 年 1 月的 10.01 元。涨跌循环，这是股市永恒不变的铁律。2011 年 2 月 11 日周五，“上涨伏击战”的买入信号被再次确认了，此时的价格是 11.29 元。5 周之后，2011 年 3 月股价反弹到了 15 元上方。尽管这波行情没能再接再厉突破 15.41 元的前高，但是具有可操作性的进场位置 11.29 元也足以让投资者乐开花了。

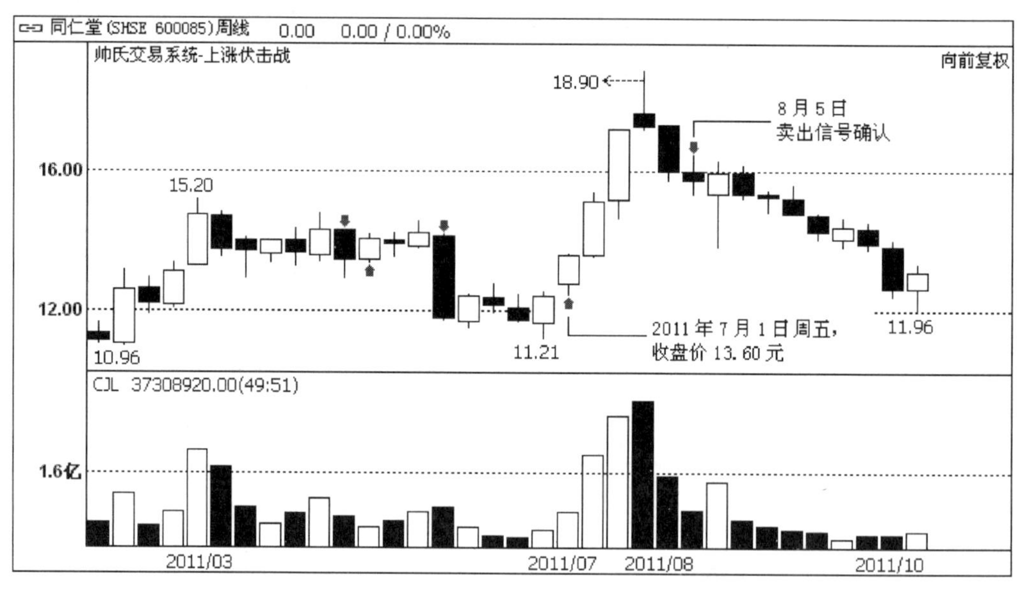

图 1—26

与图 1—24 中的那次上涨时隔 1 年之后，同仁堂新一轮上攻的号角又吹响了。如图 1—26 所示，这次买入信号被确认的时间是 2011 年的 7 月 1 日周五，收盘价为 13.60 元。这一次行情持续的赚钱效应也是很不错的，行情持续的时间虽短，刚到 8 月就宣告结束了，但涨幅较大。

2010 年至 2011 年，仅在同仁堂这只股票上，“上涨伏击战”的机会就出现了 3 次。中间那次机会算是抄到一个小底，而首尾的两次“上涨伏击战”完胜了“追歼战”——无论是冲击 15.41 元，还是越过 15.20 元这两个之前的阶段性最高价，按买入信号的提示进场抄底，比追高更靠谱。

“追歼战”瞄准的是前一波上涨留下的最高价，而即便是股价最后加速上涨的“主升浪”，在绝大多数情况下，它的起涨点都不可能“高高在上”，应跟前次上涨的高点齐平！而“上涨伏击战”瞄准的是阶段性的最低价和行情真正开始启动的位置，因此“上涨伏击战”既不会浪费“子弹”，更不会丧失价差机会。

“追歼战”是向山顶冲锋，而山顶上有“敌人”（即那些犹豫不定的筹码）在把守，你得消灭“敌人”才能到达山顶。而“上涨伏击战”是等通信员（即阶段性最低价）来给我们报信，然后我们再去挑一个合适地点打埋伏。这就叫以逸待劳！

相对“追歼战”而言，“上涨伏击战”能提示投资者及时进场，这样做不但更安全，而且还可以保持很大的价格优势，不会造成（大段的）利润流失。

除了进场位置相当不错之外，“上涨伏击战”的另外一大好处是，你往往能在“神不知鬼不觉”的情况下悄悄地进场。你在行情刚刚启动的位置买进，不会有太多的竞争对手跟你抢筹码，别人很可能根本就不知道你已经进场了，因为“上涨伏击战”算的是涨跌概率，不太看重成交量等因素。“价升量增”的原理谁不懂，可是如果你非要等成交量（突然）放大了再进场，在绝大多数情况下那时的股价早就蹿上去了！

请看看下面个股案例中的行情启动位置吧，这对你理解“上涨伏击战”很有帮助。

万泽股份（000534）

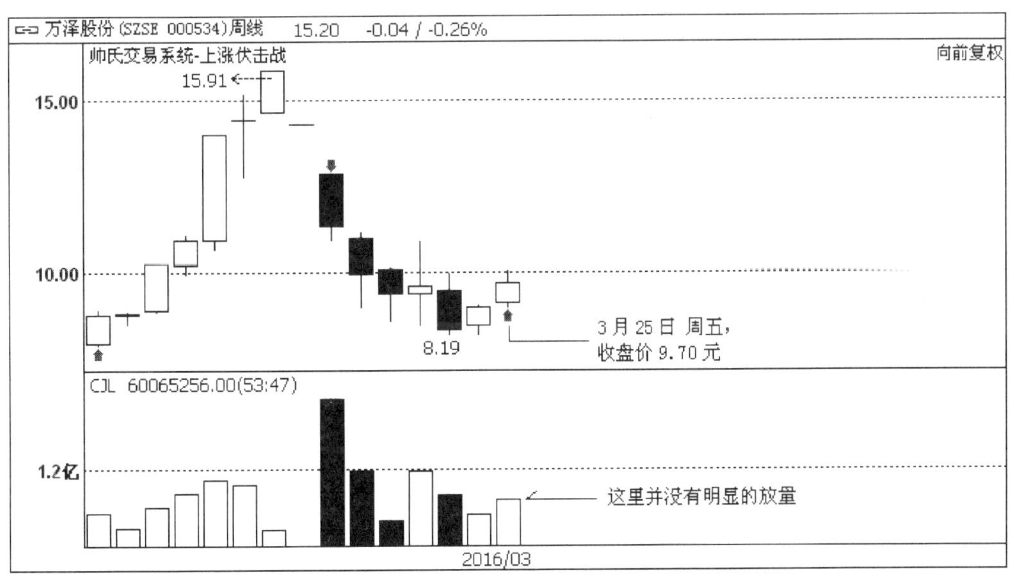

图 1—27

该股在创出阶段性最低价 8.19 元后的第三周，买入信号在 3 月 21 日到 25 日这周出现，并最终在 3 月 25 日被确认了。可奇怪的是，已经连续两周了，该股的成交量非常小。当初一路下跌过程中有人接盘，可这都跌出最低价了反倒没人买筹码了，你说奇怪不奇怪。主力已经进场了吗？似乎不太像。“上涨伏击战”的买入信号已经确认了，那么股价接下来会怎么走呢？

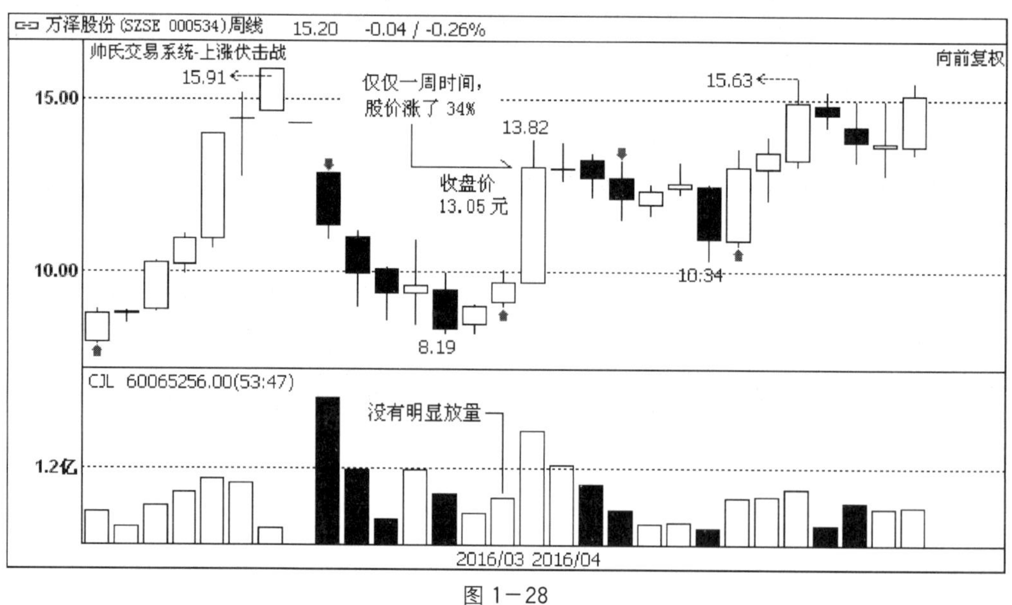

图 1—28

自买入信号被确认的第二周开始，股价在下一个交易周里涨得酣畅淋漓、涨得让人莫名其妙。但不管什么原因，总之如果你根据买入信号的提示进场了，这一仗你就打赢了。

对照下面的日 K 线图看一下，你会有惊人的发现。

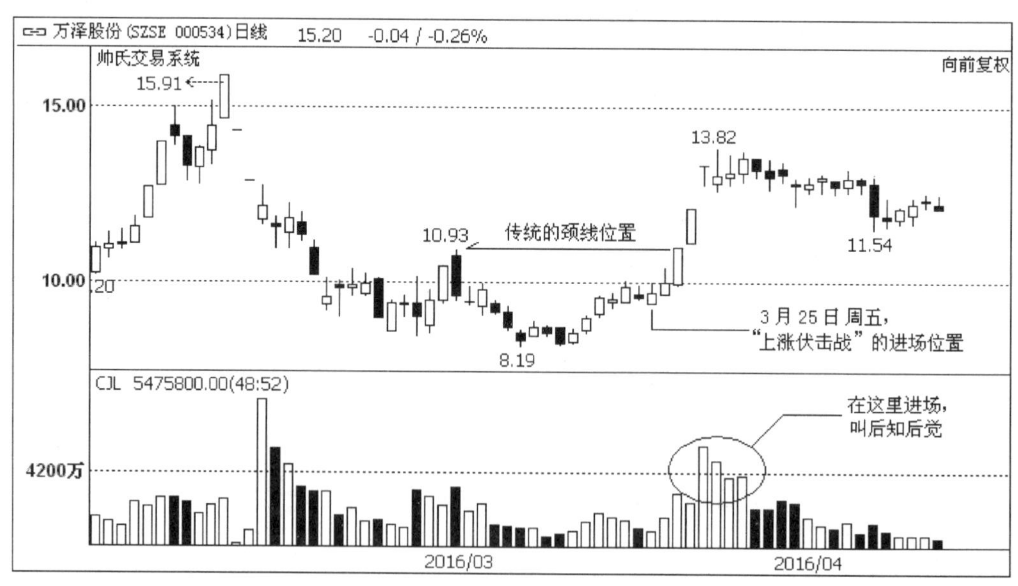

图 1—29

W 底通常都存在颈线位置的压力，这个位置在该股的日 K 线图中清楚地表明是 10.93 元。可帅氏交易系统的周级别“上涨伏击战”策略模型，在没有成交量配合且股价受制于颈线位置的情况下，居然明明白白地就把起涨点给“挖”出来了。买入信号不可能每次都准，但这次就是厉害了——股价从第二个交易日开始，连涨 5 天！

华媒控股（000607）

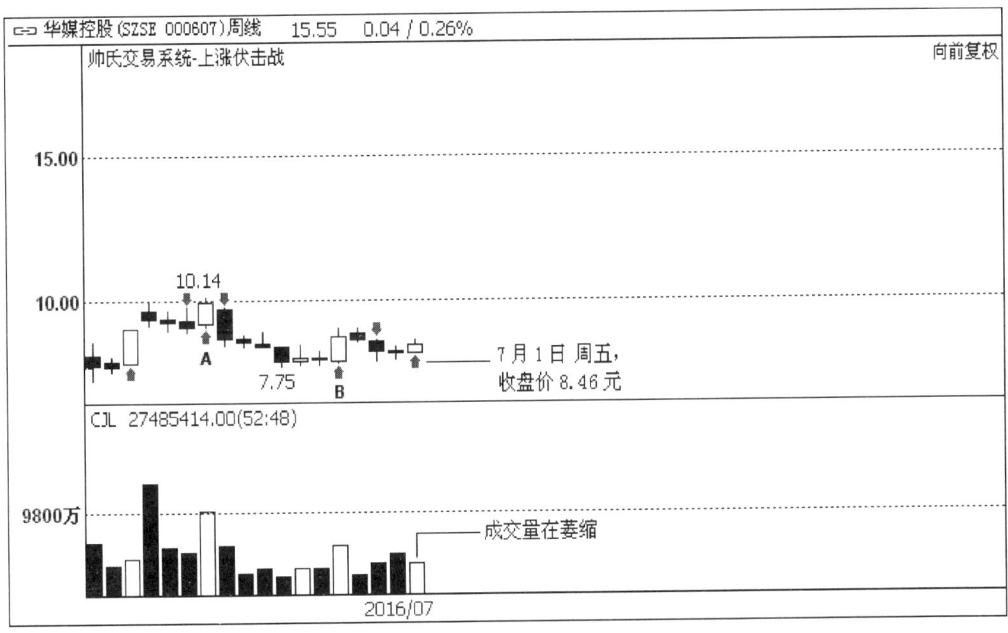

图 1－30

说来可真怪了，华媒控股在 2016 年上半年快把人折磨疯了——几次买入信号的确认都有成交量的配合，尤其是 K 线 A、B 两周。可这两次的买入信号之后，股价不涨反跌。7 月 1 日，买入信号再次被确认了，可这周成交量是萎缩的，这次的买入提示能靠谱吗？

答案在下图中。

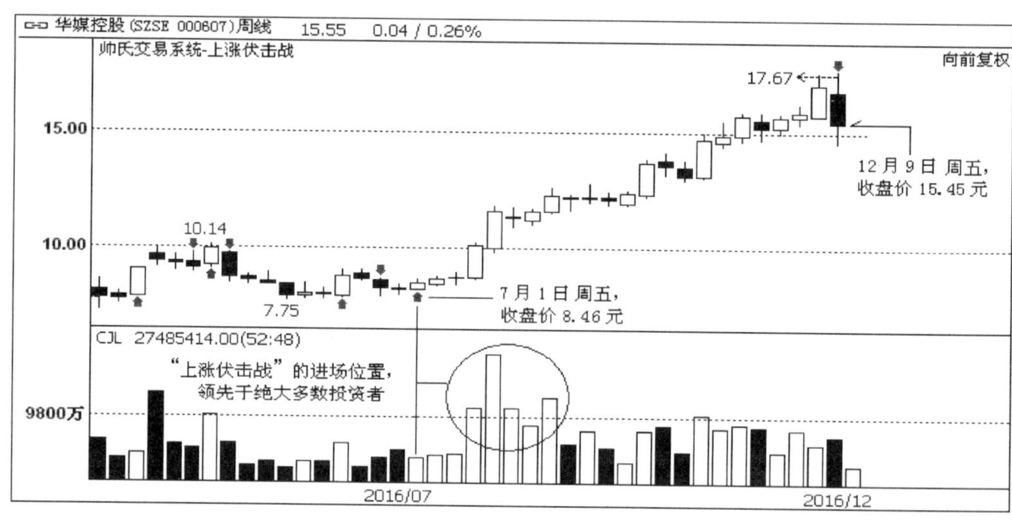

图 1－31

靠谱不靠谱，有图才有真相！自打买入信号 7 月 1 日发出后，接着又是成交量平平的两周，股价不温不火。其实买入信号代表的是上涨概率大于下跌概率，并不代表别的东西。真等成交量发出来，股价都蹿到 10 元之上了。

股价最后能涨到 12 月的 17 元上方那是行情自己的事，但买入信号在成交量没有明显放大的情况下就发出并被确认了，“上涨伏击战”竟能带给你如此之大的机会，通过本案例可见一斑。

星星科技（300256）

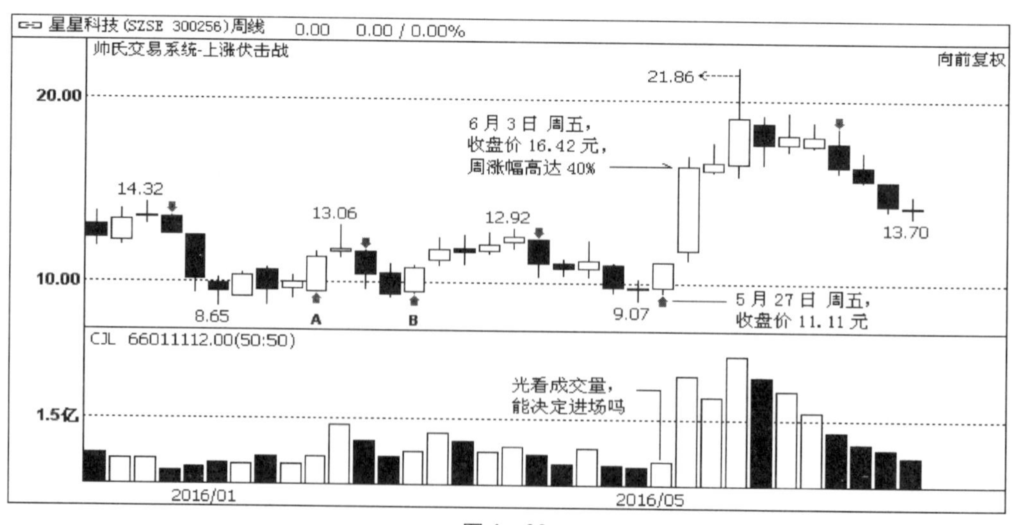

图 1－32

如图 1—32 所示，和之前 A、B 两处的买入信号一样，星星科技 5 月 27 日周五这次的买入信号依然没有周级别成交量的配合。而且从 1 月的 8.65 元到 5 月的 9.07 元，该股周级别上的“四重底”走势异常烦人。可如果有信号了不买进将失去巨大获利机会！这不，在接下来一周的 5 个交易日里，股价涨幅竟然高达 40%。

周 K 线一周只出一根，买入信号究竟是一周中哪一天发出的呢？我们用日 K 线看一下就明白了。如图 1—33 所示。

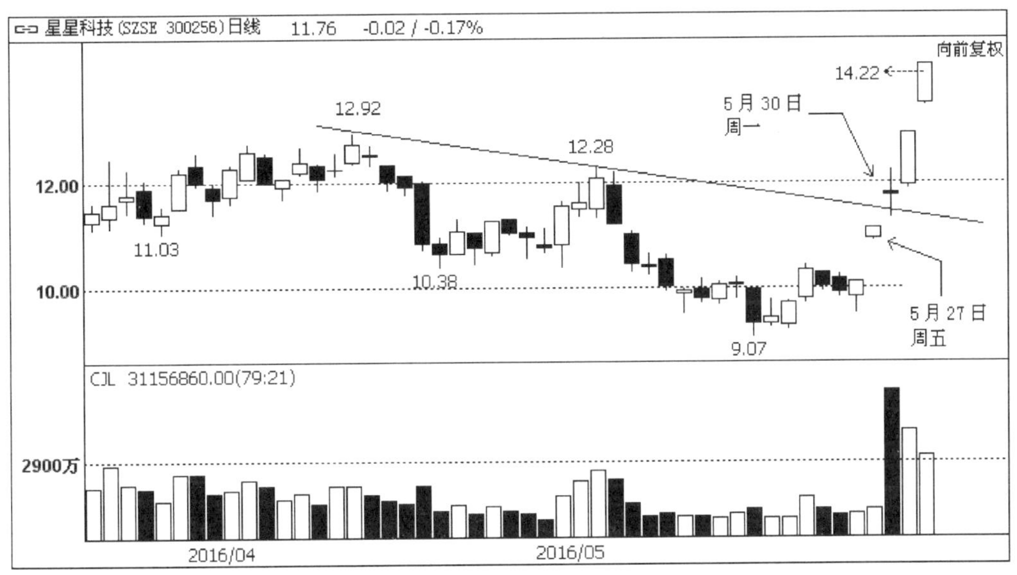

图 1　33

在日级别上，两个反弹高点 12.92 元和 12.28 元的连线延长位置对股价构成了短期的压制。一般来说，股价只有突破了这条线的压力我们才可以进场，否则股价依然处于下降趋势中，而在下降趋势中买进股票就是逆势操作。但有意思的是，这次压力线正好卡在了上周的周五（5 月 27 日）和下周的周一（5 月 30 日）之间，因此整个 5 月 23 日到 27 日的一周依然处于空头的有力控制之下。结论很清楚，这周周 K 线下方的买入信号就应该是在 5 月 27 日周五这天发出来的，再早就说不通了。尽管 5 月 27 日这天股价是涨停的，但周 K 线上的买入信号是确定无疑了，就算你这天买不到筹码，无论如何也必须在 5 月 30 日进场。

我们还能往更细微的地方看，即 15 分钟的 K 线图。

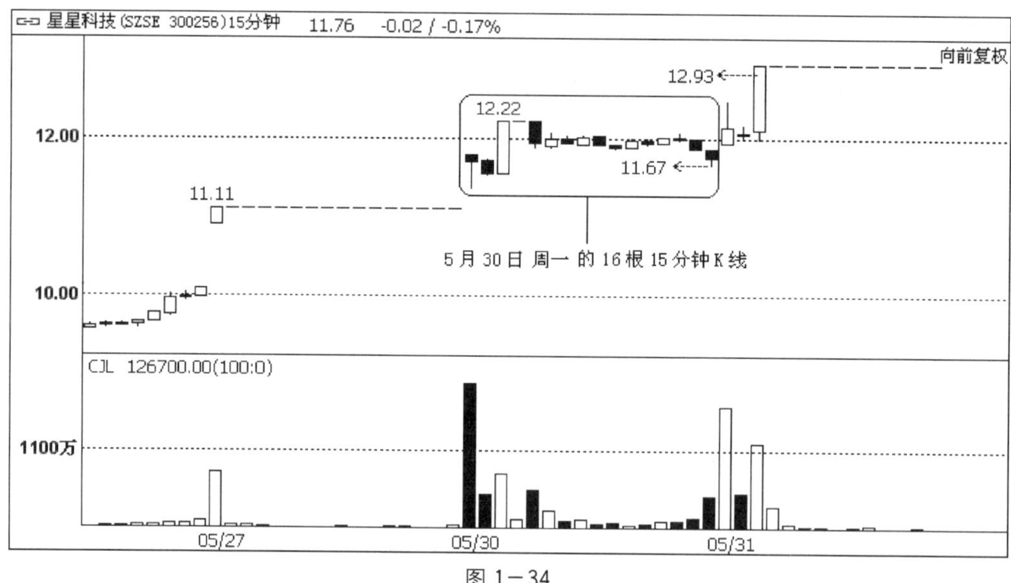

图 1－34

在 5 月 27 日 9 点半开盘后，股价跳空高开但并没有立刻封死在涨停板上，因此在 9 点 30 分至 9 点 45 分之间，投资者还是有机会抢到筹码的。如果 5 月 27 日动手晚了没买到股票，那在 5 月 30 日周一也该进场了，当天的机会多的是，不要纠结于股价已经涨起来了。否则的话，你将会和机会失之交臂。

江铃汽车（000550）

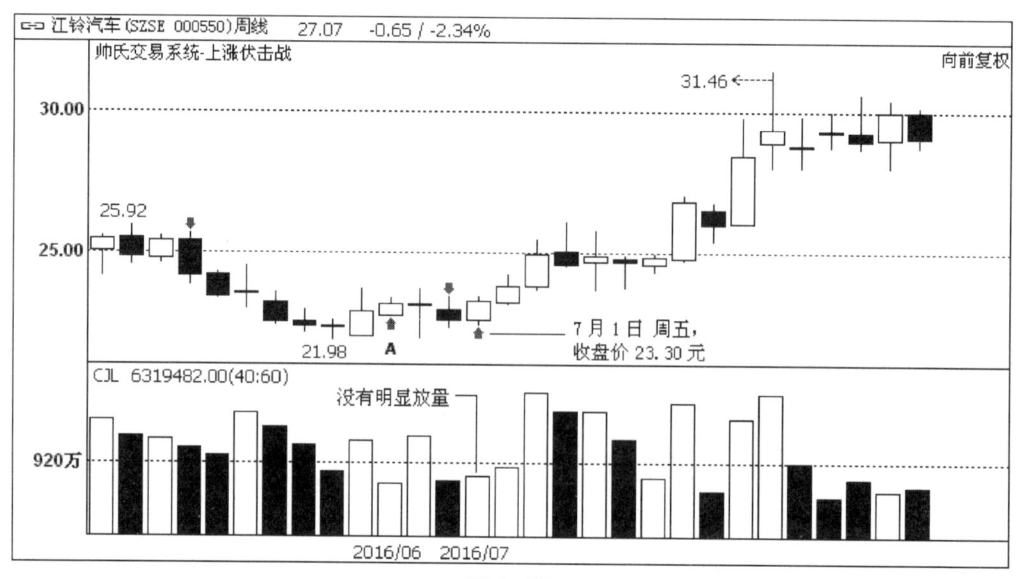

图 1－35

如图1—35所示，从事后看，该股在周级别上是标准的W底形态。7月1日这次的买入信号和之前6月8日位置A的买入信号一样，都缺乏成交量的配合。行情从A所处的K线位置直接启动的确有些勉强，毕竟那时股价的跌势才刚刚有了要结束的迹象，如果不经过较为充分的调整，有力的反弹很难一蹴而就。同时，这也再次印证了笔者之前的一个统计数据，即在全部上涨行情中，V形反转只占约10%的比例。不过，能在6月27日周一至7月1日周五这周进场已经是很不错了，由于这周没有多少成交量，所以你想买股票毫不费力，根本没有多少竞争对手。

在日K线图上，买入位置的神奇之处会被再次显现出来。见图1—36。

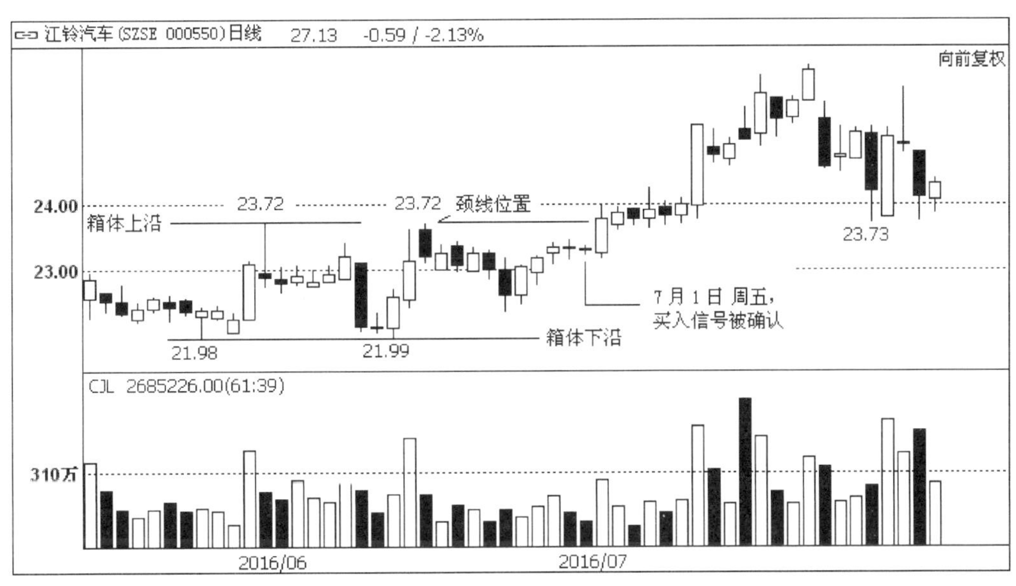

图1—36

周K线是W底形态，通常在日K线图中股价难免要在一个箱体里运行一段时间。在图1—36中，这个箱体的价格区间是很清楚的：箱体下沿是21.98元，箱体上沿是23.72元。23.72元这个价位曾被两次触及，对股价的进一步上行构成了重大的压力。然而在图1—35的周K线图中标注得很清楚，买入信号是在7月1日周五被最后确认的，投资者最晚的进场时间就是这天。等到7月4日周一看到放量了再追进去，为时已晚。

“量增则价升”，这是量价理论所要求的；“股价不过前期高点（即颈线位）不买”，这是价格突破理论所倡导的。这些交易规则并没有错，而且在今后、在绝大多数场合下依然有效。但是，这些都是明面儿上的东西，是没有经过加密的、公开的盘面信息。这些东西散户看得懂、学得会，主力机构自然更是心知肚明。只要记住“量增则价升”和“股价不过前期高点（即颈线位）不买”这两条规则，散户就不会犯大错误。投资讲究的就是要把握机会，如果能熟练掌握一种可以使自己在买进股票时实现捷足先登的实用战法，就赢得了先机。

在一般情况下，周级别“上涨伏击战”的买入信号，其发出和确认彻底摆脱了“成交量明显放大”和“突破前期高点”这两条传统交易规则的束缚。当周级别上成交量在萎缩而日级别上股价依然受制于压力位之际，偏偏就是在这种没有人看好的盘面形势下，“上涨伏击战”的买入信号常常被确认了！买入信号的发出和被确认如此“低调”，但到了接下来一周股价却开始猛涨，或持续上涨的例子层出不穷！如果买入信号发出并被确认的一周，你发现该周的成交量明显放大了，价格也刚刚突破了颈线的位置，那仅仅是一种巧合、一种例外而已。

华映科技（000536）

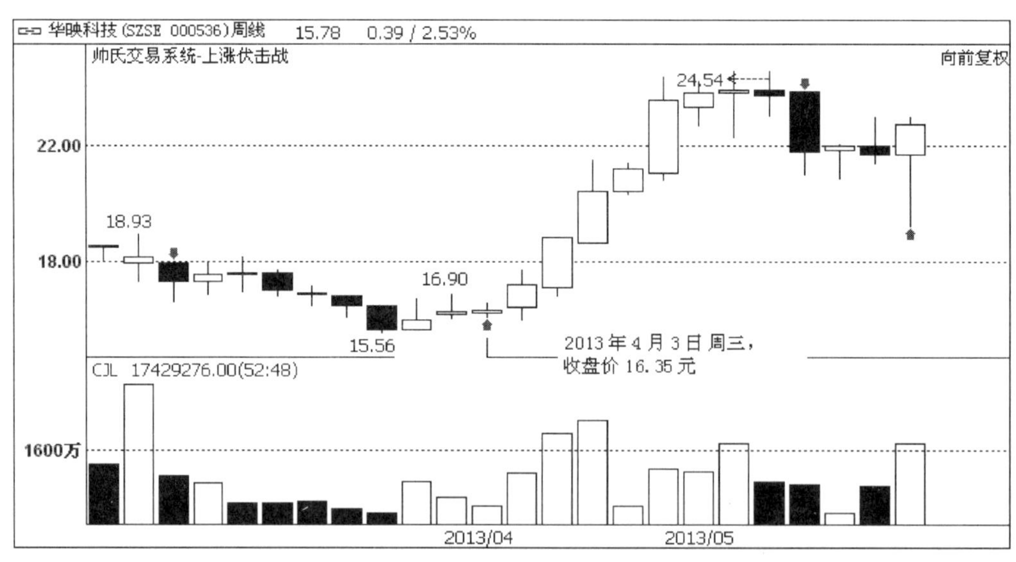

图1—37

如图1—37所示，我们就不可能等到周级别放量了才进入，由于清明节休市，2013年4月的第一个交易周只有3个交易日。同时，也根本无须等待价格突破16.90元的颈线位置，因为买入信号在4月3日、清明节前的最后一个交易日就发出了。

中原环保（000544）

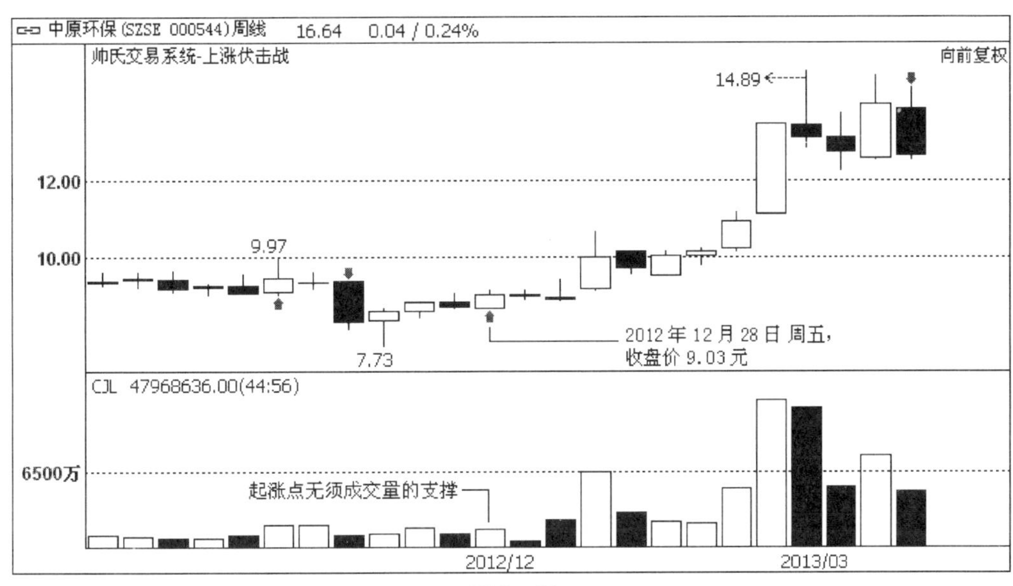

图 1－38

一般来说，每年的年底和第二年年初都是交投比较清淡的季节。能在此时平淡的市场里发现起涨点实属幸事，今年的播种能为来年的丰收打下坚实的基础。

下图的日K线图能让我们看清细节。

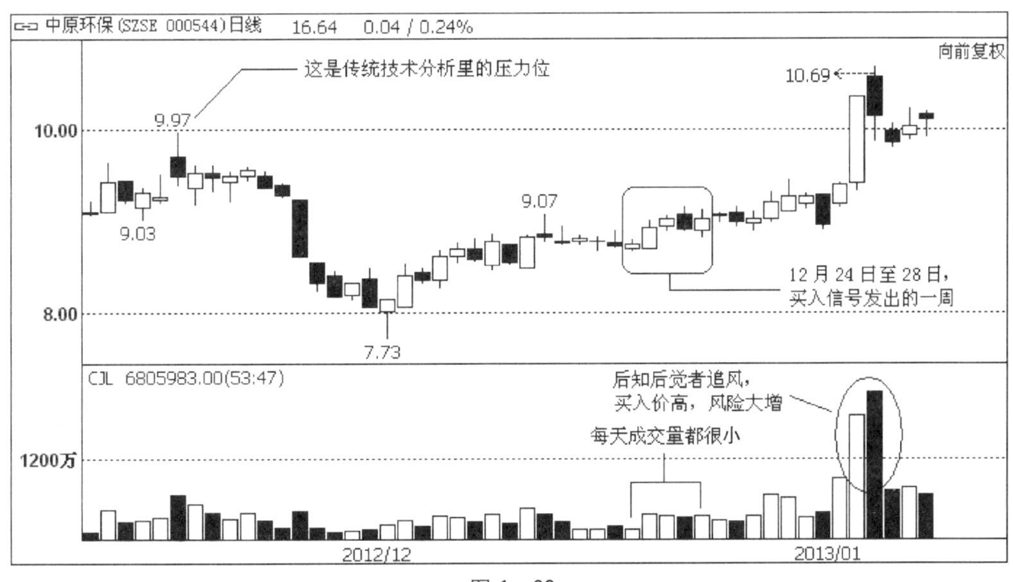

图 1－39

如图 1—39 所示，该股的日 K 线图有些不可思议，按常规的思维你根本看不懂。为什么没有成交量的配合，并且在远离压力位 10%的位置上买入信号就被确认了呢？答案还是那个核心要素：涨跌概率。股价运行至此，继续下跌的概率小，上涨的概率大。

金圆股份（000546）

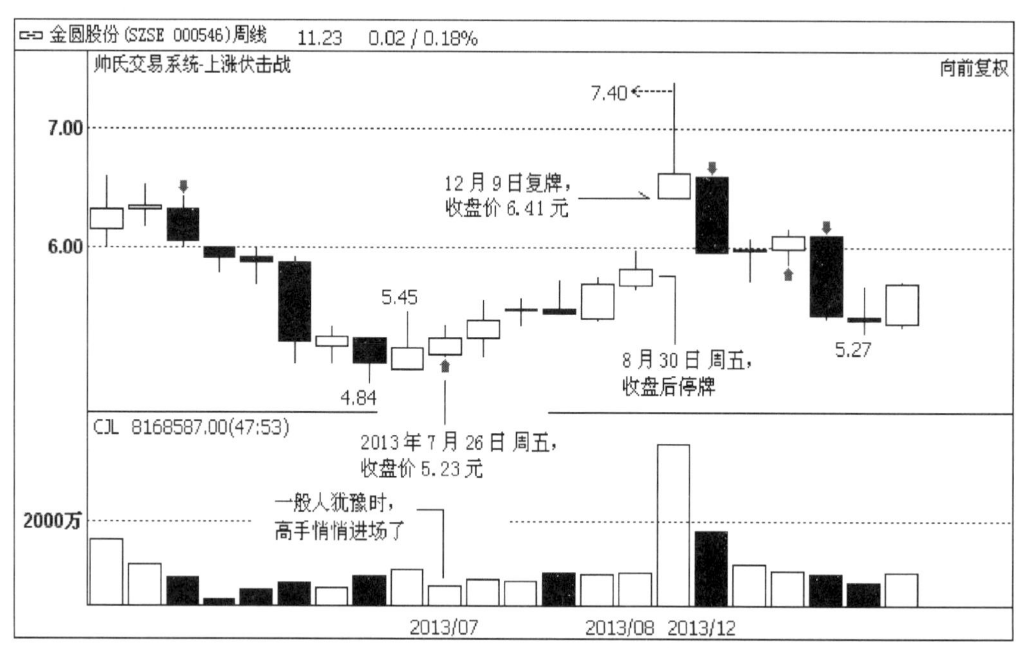

图 1—40

如图 1—40，2013 年 7 月 22 日周一至 26 日周五是一个完整的交易周，该股在这周的成交量很小，但是“上涨伏击战”却于 7 月 26 日周五确认了买入信号，当时的收盘价为 5.23 元。5 周后股票停牌，到 12 月 9 日才复牌。复牌后连续两个涨停板股价就冲到 7 元上方了，当初 7 月份进场的投资者在这 4 个多月里的收益率超过了 30%。在这个例子中大家也能看到，复牌后的跳空高开其实是对投资者坚持按信号提示操作的一种回报。其实能不能赚钱，在你进场那一刻就已经决定了。

“上涨伏击战”是在周 K 线图中发出信号，而整个交易周的走势在日 K 线图中会更加清楚。请见图 1—41。

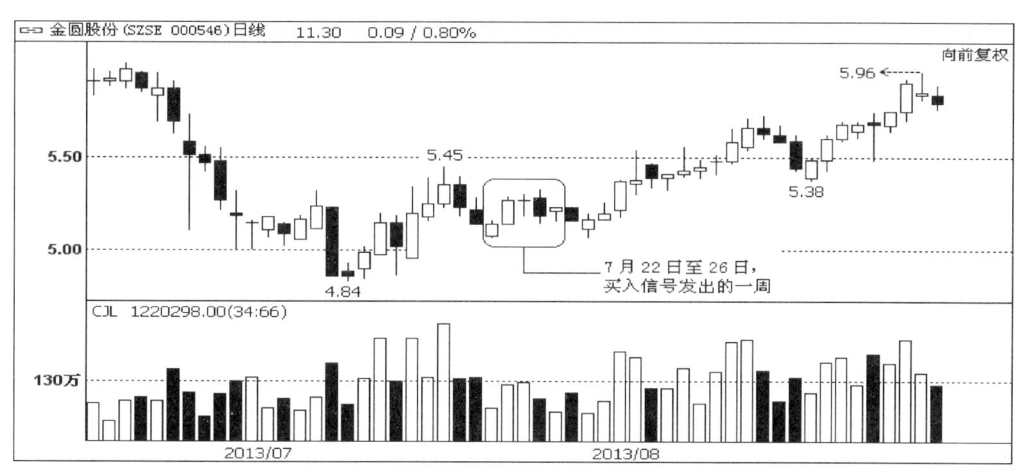

图 1－41

在日 K 线图中，5.45 元的颈线位置是客观存在的，大家都瞄准了它。股价不越过 5.45 元，很多人就不"开火"，一旦过了才"冲锋"。而"上涨伏击战"偏偏就是要做"先锋队""尖刀连"，就是敢于在上涨概率足够大时及时发出买入信号。可以说，"上涨伏击战"的红旗指到哪里，哪里就是你要奋力出击的地方。拔头筹、抢头功，"上涨伏击战"当仁不让。

上海梅林（600073）

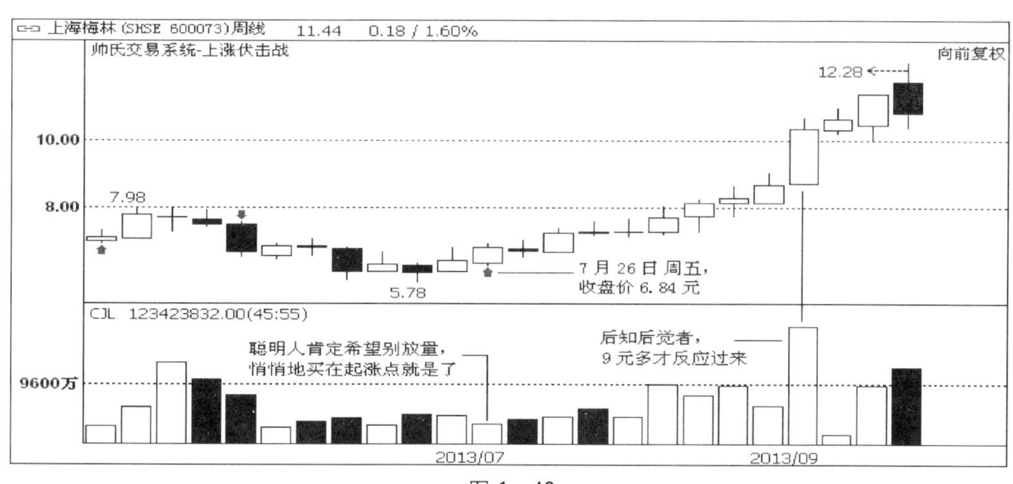

图 1－42

2013 年 7 月，该股股价见底后走出了标准的圆弧底形态，然后就是单边上涨。在起涨点的那一周成交量萎缩，并没有多少人会关注这样的股票。然而此时你买进去就对了，这时的股价还不到 7 元钱，等大家都反应过来，即 9 月 23 至 27 日放巨量的那周，股价都奔着 10 元钱去了。

保千里（600074）

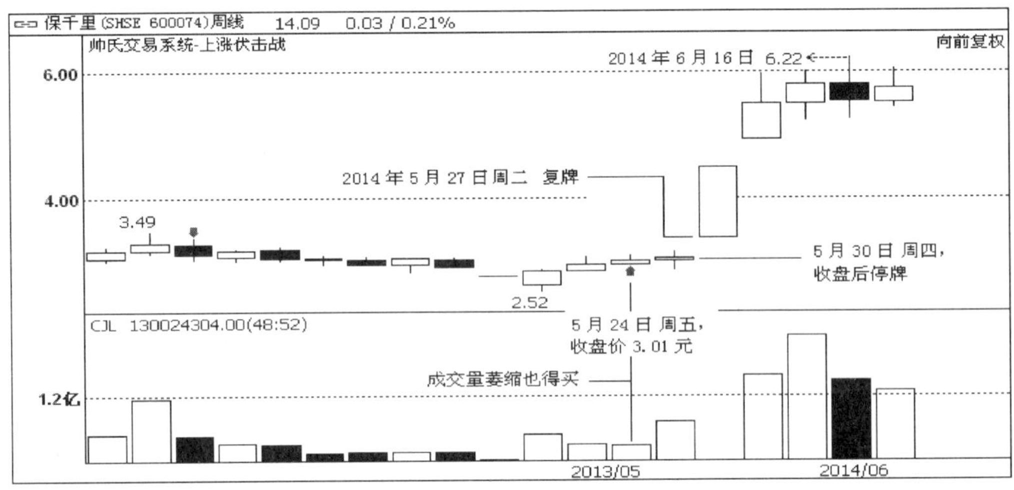

图 1—43

如图 1—43，该股于 2013 年 5 月 24 日最后确认了买入信号，过了 1 周之后便停牌了。复牌是 1 年后的事了，从买入价到最高价，整整翻了 1 倍。1 年翻 1 倍，炒股赚钱需要参考很多的东西吗？未必！按照“上涨伏击战”的买入提示进场就对了。

航天发展（000547）

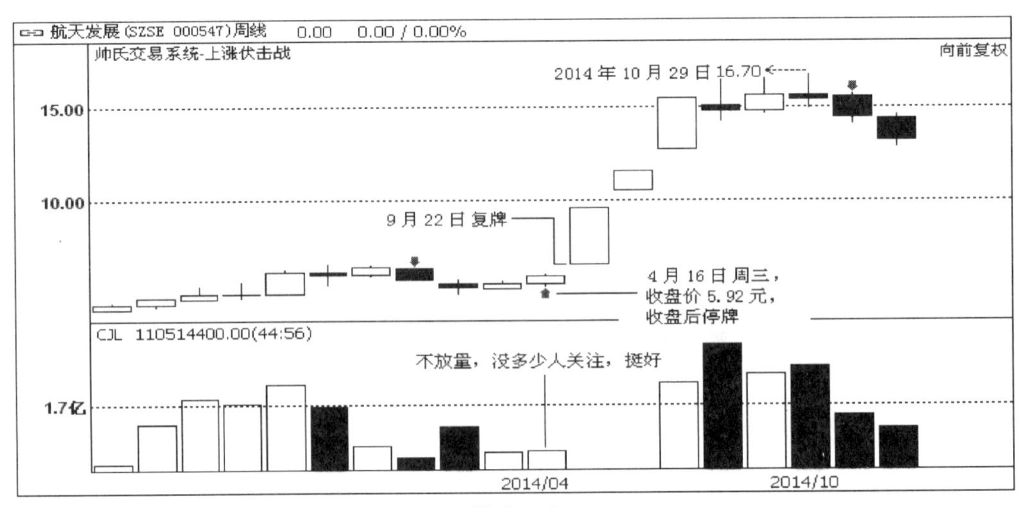

图 1—44

2014年4月16日，该股收盘后宣布停牌。这天在临近收盘前，买入信号一定是有的，谁买进了谁就能“赢在停牌前”。

笔者对帅氏交易系统“上涨伏击战”策略模型的总结就八个字：“一看就懂、一学就会”，它没有“追歼战”那么刺激，但的确比“追歼战”更好学、更易用，能把握的机会更多，对于股市新手尤其适用。

捕捉股价波段行情要靠“追歼战”和“上涨伏击战”，似乎之前还没有人这么提过。但如此划分的确能起到清晰区分波段行情特点的作用，为投资者提供明确的交易策略指引。先学走、后学跑，欲速则不达——笔者的观点很明确，新股民必须先学“上涨伏击战”战法，在熟练掌握该战法之后，再学习包括“追歼战”在内的其他战法才是正途。

二、思路对——炒股少受罪

思路决定出路。

1. 行情永远是自己走出来的

行情永远是自己走出来的，想做好交易就靠六个字：不预测、找对策！

一亿多股民中，真正有一只脚已经迈进持续、稳定获利门槛的人其实很少。大家天天在股市里受罪，日子着实不好过——

“这大盘到底要跌到什么时候啊？”

“我的股票都横盘大半年了，怎么还不涨啊？”

“炒房受到了抑制，资金该流进股市了吧？”

“×××说的那个内幕消息，到底准不准啊？”

……

整天琢磨这些，得死多少脑细胞啊！想再多都没用。

另外，在当今这个资讯发达的时代，当你随便翻开几张证券投资类的报纸，也会发现一些模棱两可、含糊其词的标题——

《××××点或将成为此次反弹的目标位》；

《××板块估值或已见底》；

《××类股票有望……》；

……

股民该怎么办？别迷茫，思路决定出路，有出路自然有活路。正确的交易思路到底是什么？六个字：不预测、找对策。

开车到路口该不该过去，你看一眼交通信号灯就行了。这种生活常识，放到股市里一样有效。看盘、交易的正确思路就是——不预测、找对策。行情是自己走出来的，我们不要再干“越俎代庖”的事了。你此时此刻看到的行情，它最后走到哪里，也就是它究竟是涨、是跌？涨到哪里，跌到何处？这些从来都不以任何一个投资者的意志为转移。预测不靠谱！

读者们能预测一下这只股票后市的走势吗？

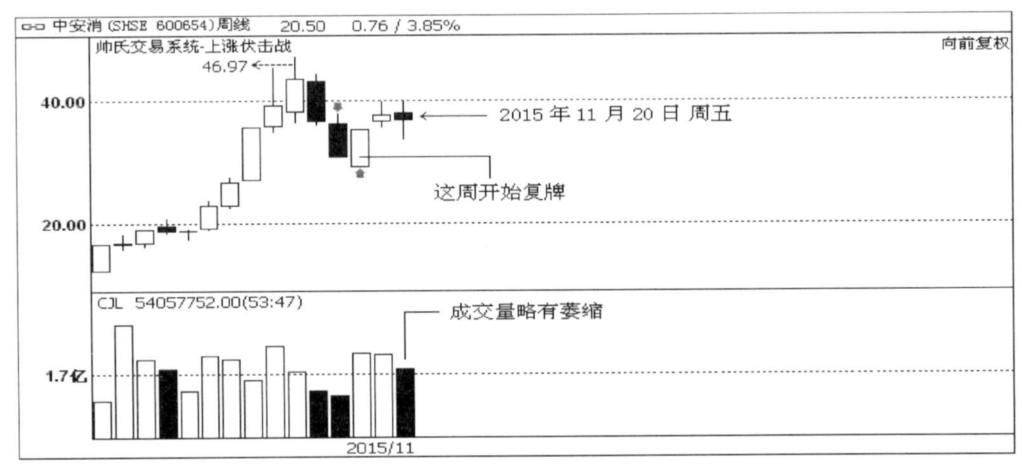

图 1－45

如图 1—45 所示，中安消（600654）于 2015 年 11 月 5 日周四复牌，5 日、6 日这两天和接下来的一周放量明显、换手充分。进入反弹的第三周，周 K 线呈一根小阴线状态，成交量略有萎缩。这就是典型的缩量回调——前两周进场的大资金是逃不掉的，哪里有明显的获利空间嘛。

感觉股价要上涨了，实际走势请见下图。

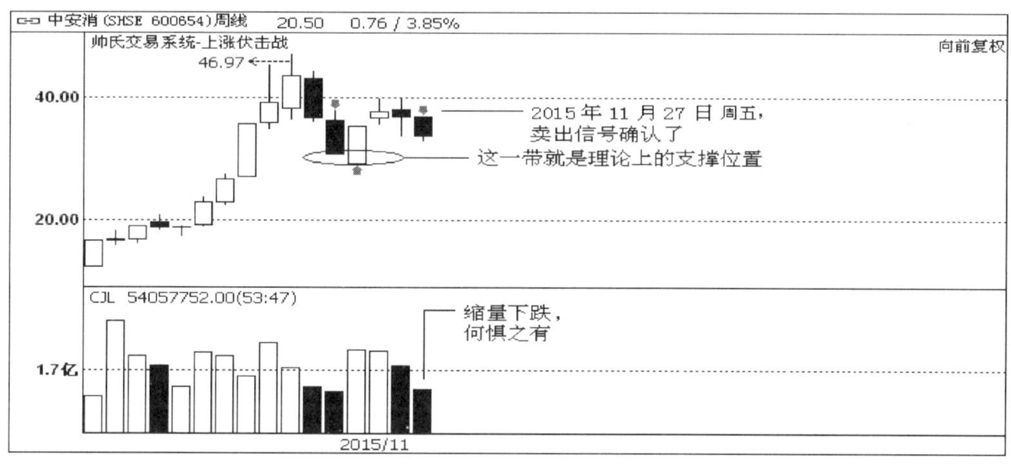

图 1—46

再接下来一周，股价继续缩量回调，到周五收盘时价格为 33.74 元，卖出信号确认了。然而这很令人担心吗？按常理推断，一来本周缩量明显，而价格上没有获利空间，大资金逃不掉；二来复牌后的开盘价附近构成了技术上的支撑位，想必后面不会再有大跌了吧？

图 1—47 所示的股价实际走势或许让你大吃一惊。

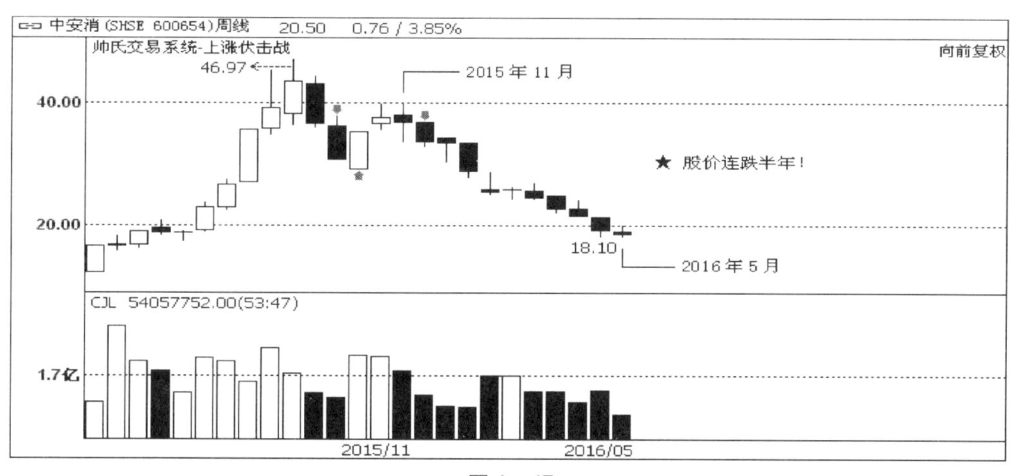

图 1—47

有图有真相！实际上，直到2016年5月12日周四，该股的一路下跌创出了最低价18.10元，然后在接下来1周继续收阴，并于5月18日周三再次停牌。此时此刻，从最高价算来，已有60%的跌幅了。

没人能解释清楚为什么股价竟会演绎成单边下跌的行情！其实这也没什么好琢磨的——市场永远是对的，股价是自己走出来的，它想怎么走就怎么走，没人能拦得住。

中安消后面的走势依然在教我们一定要尊重股价自己的选择。

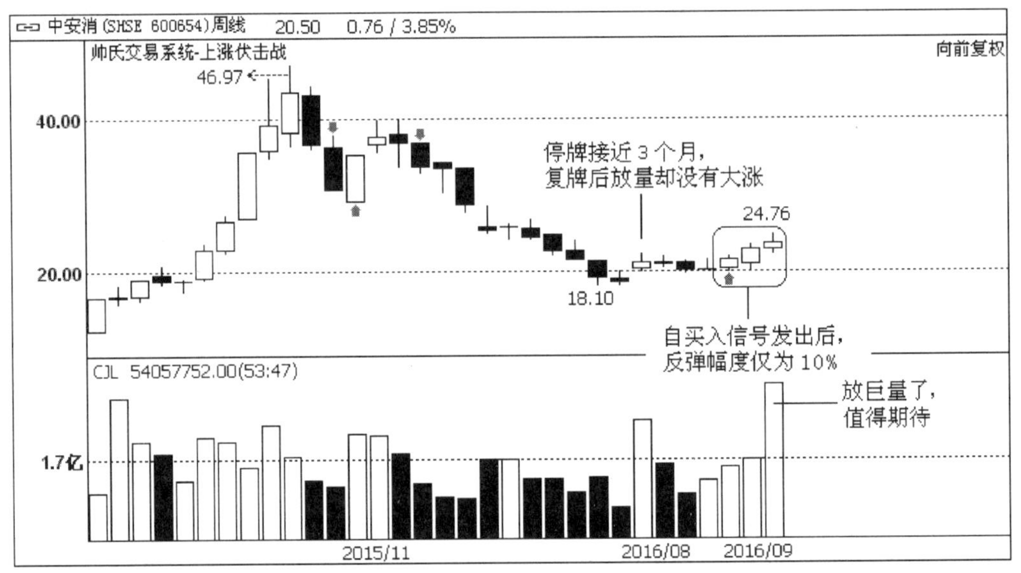

图1－48

2016年8月9日周二该股复牌，抄底资金涌入。当天收盘价达到22.32元，成交量约为该周后3个交易日的总和。可是到8月12日周五，该股收盘价仅仅为21.13元，之前进场的资金又全部被套了，这在周K线的上影线上有所反映。“到底怎么回事?”“为什么成交量都放这么大了，股价却不涨反跌?”这问题没人能说清楚——反正股价就是那么走的。

复牌进入第七周，即9月19日至23日，该股股价终于实现了周级别的三连阳，但股价却只涨了10%。好在这一周放出天量，既然“底部放量”好，那就期待吧！当然，又有更多人冲进去了。

这次股价会涨吗？下图中有答案。

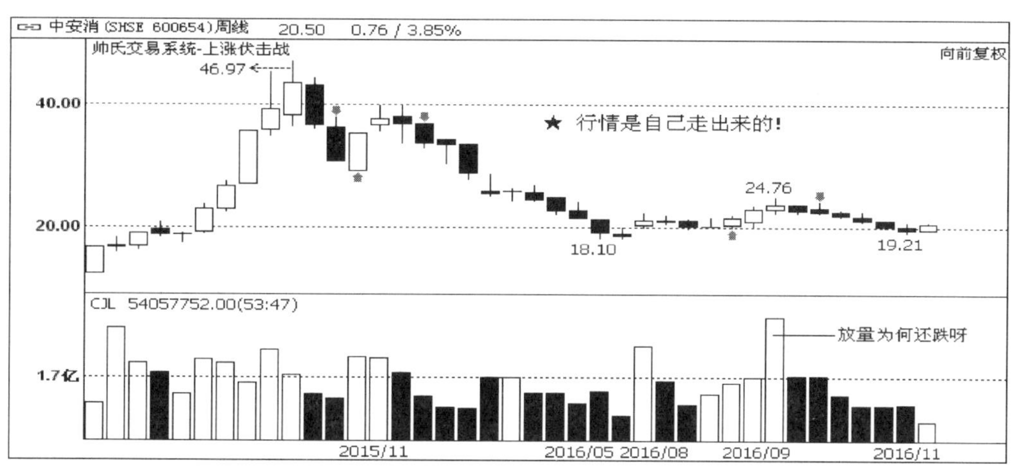

图 1－49

答案全在市场那里，股价是自己走出来的。

2016 年，股价走势和中安消一样或相似、以下跌为主的个股比比皆是。下跌由它去，跌到哪里不是咱该操心的事，我们该操心的只是对策。

下面这个例子也很有代表性。

佳都科技（600728）

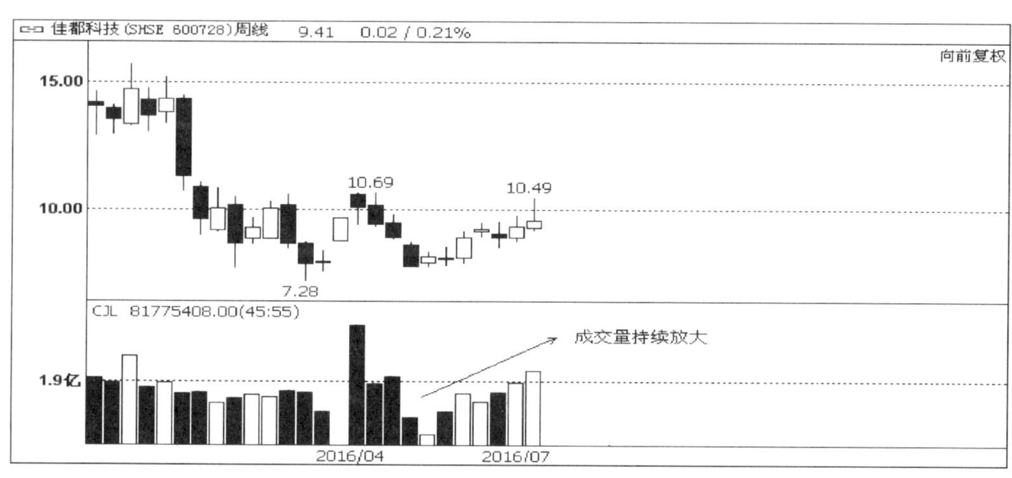

图 1－50

看到这样的图形，一般人会怎么想？这还用说——价升量增，下周股价继续上涨，第一目标当然是先突破 4 月份的 10.69 元啊！

炒股真这么简单就好了。看完图 1－51 所示的股价实际走势，相信你能明白什

么叫“人间正道是沧桑”。

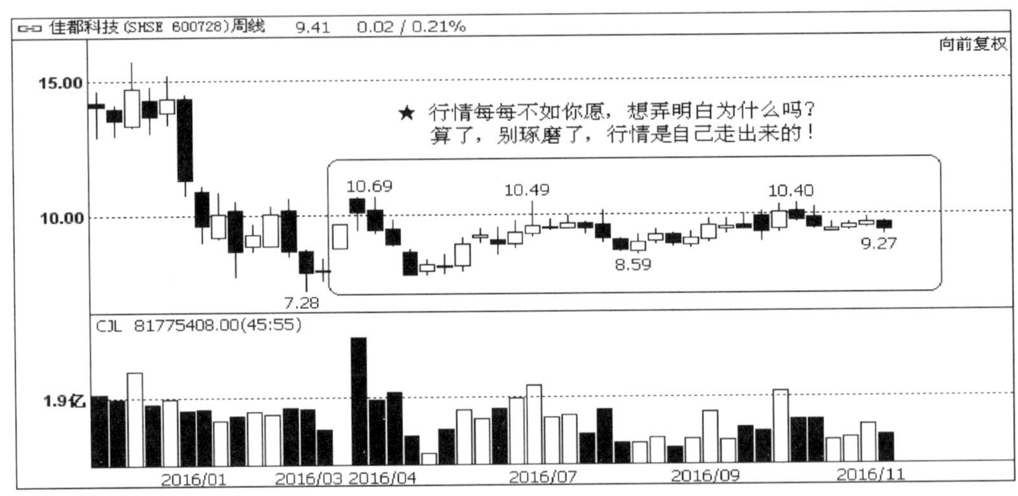

图 1-51

佳都科技从 3 月份见底，直到 11 月，窄幅震荡 8 个月，依然没有明确的方向。这只股票未来走势会怎样？绝对股价这么低，难道就没有主力关注吗？经济转型、产业升级，科技股的估值难道不该提高一些吗？唉，想什么都没用，行情是自己走出来的，没走出来我们就耐心等着吧！

再看看下面的股票。

天孚通信（300394）

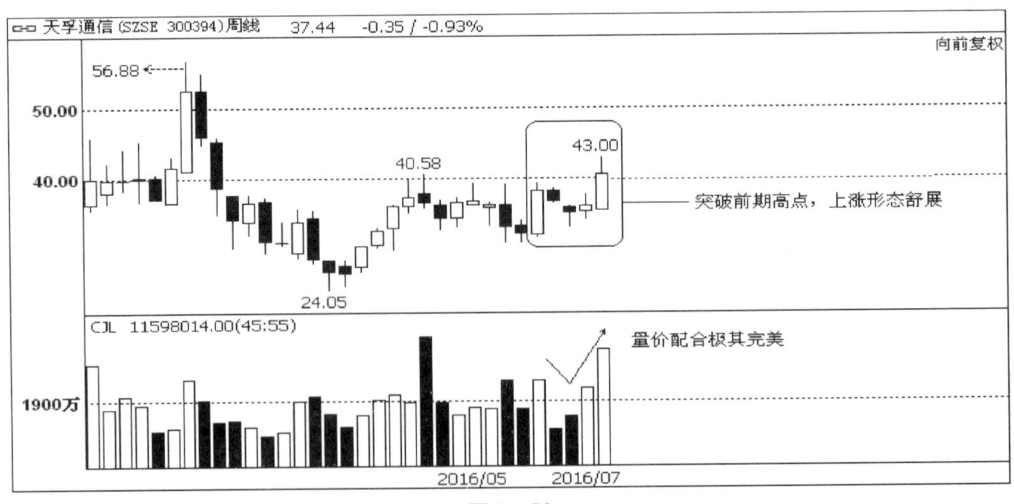

图 1-52

如图 1—52，从 5 月 30 日到 7 月 1 日，总共是连续 5 周时间。以周为单位看，股价第一周放量上涨，第二、第三周缩量回调，然后第四、第五周又放量收出阳线。量价配合堪称完美！

我们用日 K 线图看一下细节。

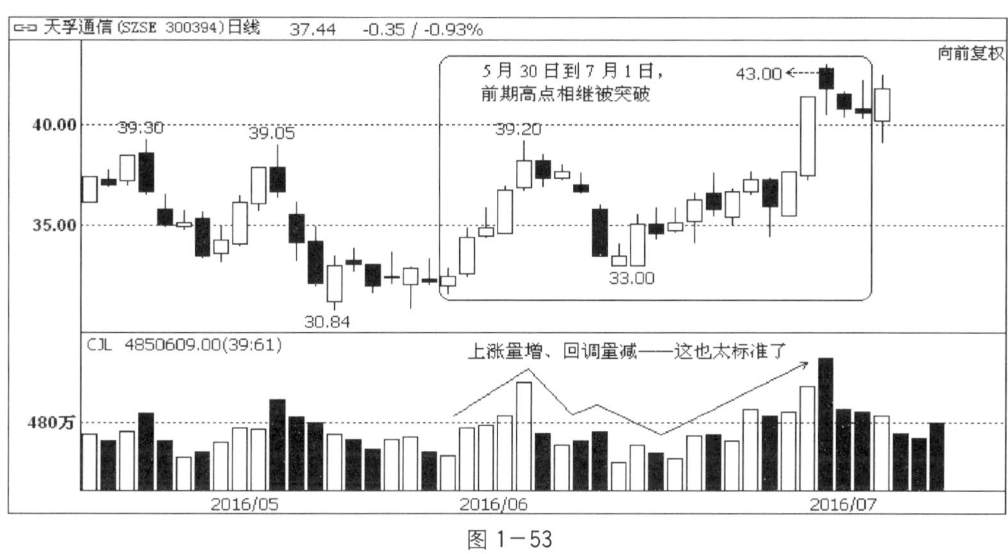

图 1—53

如图 1—53，日线图没问题啊，底部逐渐抬高、成交持续放量，之前的几个高点被一举突破了，大有再下一城的意思！

而股价的实际走势令人大失所望。请见下图。

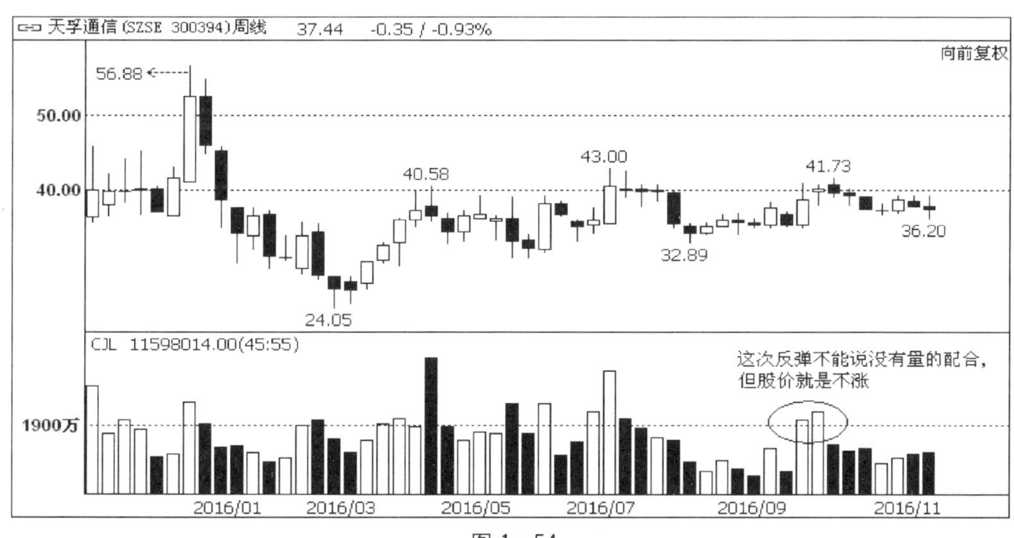

图 1—54

请看吧，这才是真相，是行情真实的走势！

43 元成为了年内的高点，这股后来出乎所有人的意料，就是那么“不争气”地慢慢盘跌下去了。跌到 32.89 元止跌，然后一个弱反弹之后又跌下去了。

“看量只是雾里看花”，笔者在《超级大布局》一书中已经表达过这个观点了。成交量放大的背后，究竟是主力进货多、还是主力出货多，这个根本说不清楚，除非你就是这只股票、这波行情的主力！股价到底往哪儿走，传统投资理论书里写的是一码事，而行情真正怎么走是另外一码事。猜测、预测，都是瞎耽误工夫。失望、焦虑、悔恨、气愤……这些都不解决问题。

正确的交易思路是什么？六个字——不预测、找对策。

不预测、找对策。行情如果这样了（比如股价突破箱体上沿涨起来了），你就要有基于它已经上涨这个事实的一系列对策；而行情一旦那样了（比如破位下跌了），你必须有相应的处置办法。“顺势而为”光嘴上说说没用，我们必须为这四个字的落地而殚精竭虑。

2. 永远在山脚买、在山顶卖

思路对，炒股才能不受罪。如果一名投资者的交易思路错了，那他的操作一定对不了。

尽管中国股市已经是一个双向交易的市场，做多、做空都有赚钱的可能，投资者可选择适合自己的交易方式，而最简单的赚钱方式当属低买高卖，即在股价从低位向高位上涨的过程中赚取其中的价差。正确的交易思路是山脚买、山顶卖，投资者们千万不能搞颠倒了。

山脚和山顶在哪里呢？请看下图的说明。

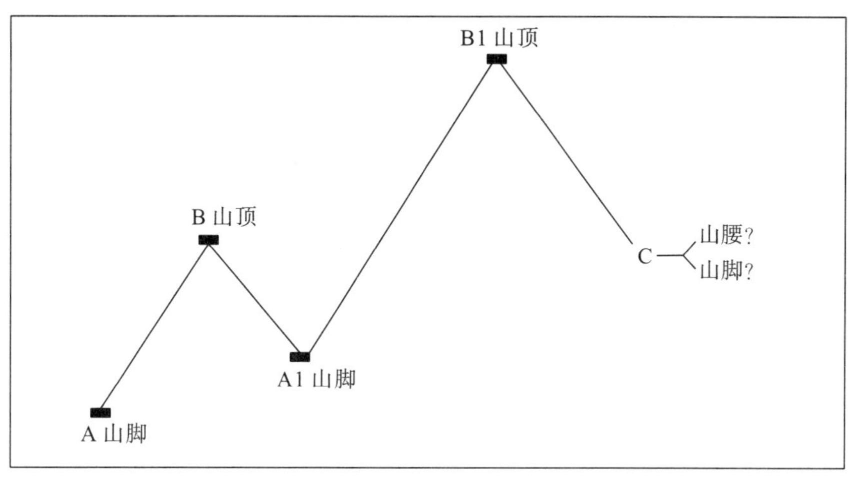

图 1—55

图中的 A 和 A1 就是山脚，这两个位置分别是股价阶段性的最低点和次低点，而在山脚之后就都是上坡路了。从山脚 A 到山顶 B 是第一段上涨，这中间肯定存在价差机会。同样，从山脚 A1 到山顶 B1 也有钱可赚，并且后面这段行情就是俗称的“主升浪”。

在山顶 B 和山顶 B1 之后，分别是两段下坡路。如果从 B 到 A1 或从 B1 到 C 这两段你是持股的，那么这期间你股票账户里的市值肯定是在不断缩水，此时你的投资之路也一定处于下坡之中。

股价从山顶 B1 开始下跌，到某一天跌到 C 的位置（比如 C 是某个整数位，或者 C 刚刚是 30 日均线所在的位置，再或者 C 正好是某股评人士宣称的“铁底”“钻石底”），此时 C 是山脚了吗？我们可以在 C 的位置抄底吗？这两个问题的答案是：不知道，有待进一步观察。

根据我们在上节中已经掌握的投资常识“行情是自己走出来的”可以得知，如果过了几个交易日我们回头看，发现没有价格再比 C 更低了，那么 C 肯定就 B1 下跌以来阶段性的最低价，它所处的位置就是山脚。只要 C 真的是最低价，那它的价格就会被标注出来，永远地保留在 K 线图中。我们在 C 这个阶段性最低价诞生之后，在高于它的某个价位进场就是在做右侧交易，属于典型的顺势而为。毫无疑问，做右侧交易赚钱的概率要明显大于亏钱的概率。反之，如果股价跌破了 C 的位置继续创新低，则毫无疑问 C 只是山腰而不是山脚，股价的探底过程并没有结束。而如果投资者在股价没有跌到位就进场抄底，其后果想必大家都明白——买了就被套、越套越深。

那么究竟在什么位置买、在什么位置卖才对呢？请看下图。

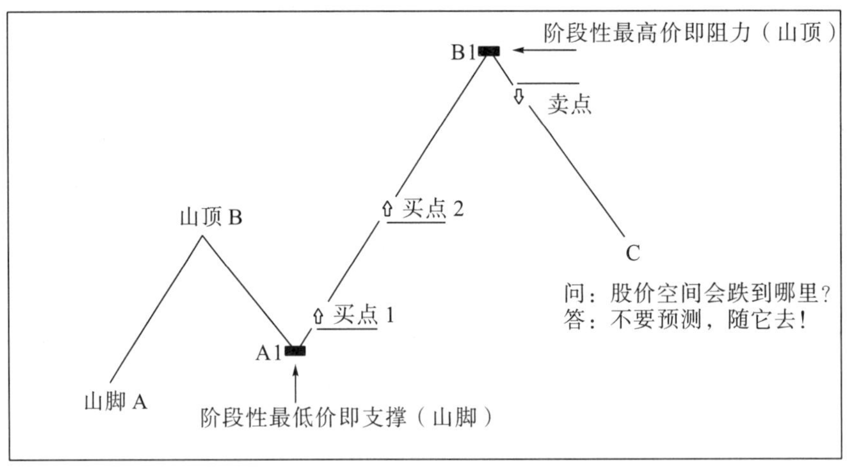

图 1－56

为了让读者能看得清楚，笔者只选取从山脚 A1 到山顶 B1 这段涨幅大的上涨走势来说明买点的位置。同时，从山顶 B1 到 C 这段下跌来说明卖点的位置。

在 A1 到 B1 这段上涨中，买点有两个。

买点 1，这是山脚 A1 之上不远的某个位置。A1 这个阶段性最低价出现了，股价不再跌了、开始走“上坡路”了，因此我们当然要果断地进场博取价差机会。这种操作的方式，就是“上涨伏击战”。当然，“买点 1”究竟在哪里，每个人有自己的依据和理由。

买点 2，这是在山脚 A1 之上，且价格高于山顶 B 的某个位置。投资者进场的理由是，上涨趋势不但没有改变，而且还超越了前期高点 B，股价走势属于超级强势。如果此时配合有成交量放大的盘面特征，则股价快速的拉升将是大概率事件，这种操作就是标准的“追歼战”。由于有了山顶 B 做参照物，因此“买点 2”其实是在明面上的。

买点 1 差不多就是山脚的位置，买点 2 往往是股价上升途中山腰的位置。一般情况下，买点 1 风险小、买点 2 获利快。买点 1 和买点 2，就是笔者强调的“该买的位置”。投资者在这两个位置进场问题都不大，怕就怕你是在股价都已经接近山顶 B1 的位置时往里冲！尽管你进场时阶段性最高价 B1 还没有出现，也没有人真能精准地预测出山顶 B1 究竟是几元几角几分、会在哪天出现，但你别忘了，山脚 A1 可是早早就有了的！其他投资者已经在这只股票上赚一大截了（或许只是浮盈），你干吗一定要在高位进场去帮他们兑现利润呢？截至 2016 年底，股市里有 2900 多只股票，请你务必想办法找到股价尚处于山脚位置的那些股票去建仓，而绝对不要再在山顶去当接盘侠了。

说到卖股票，其实原理挺简单的，无非基于三个逻辑判断：首先，没有只涨不跌的股票，该股从山脚 A1 算起来，股价的涨幅已经很大了；其次，股价处于山顶 B1 的下方了，跌势中持股会令股票账户的市值缩水，没有任何意义；最后，市场里任何一只股票都会有从山脚走到山顶的上坡路，这只股票的这段上坡路已经走完了，不该再幻想、再留恋，要换另外一只股价刚刚处于山脚的股票去炒，以便让自己的投资一直走在上坡路。

下面通过几幅图来做个验证，看看当一只股票的阶段性最低价（即山脚）和阶段性最高价（即山顶）出现后，能否按照“山脚买、山顶卖”的思路挖掘出它的买点和卖点（说明：我们把阶段性最低价和最高价出现后的第五个交易日设定为操作日）。

乐凯新材（300446）

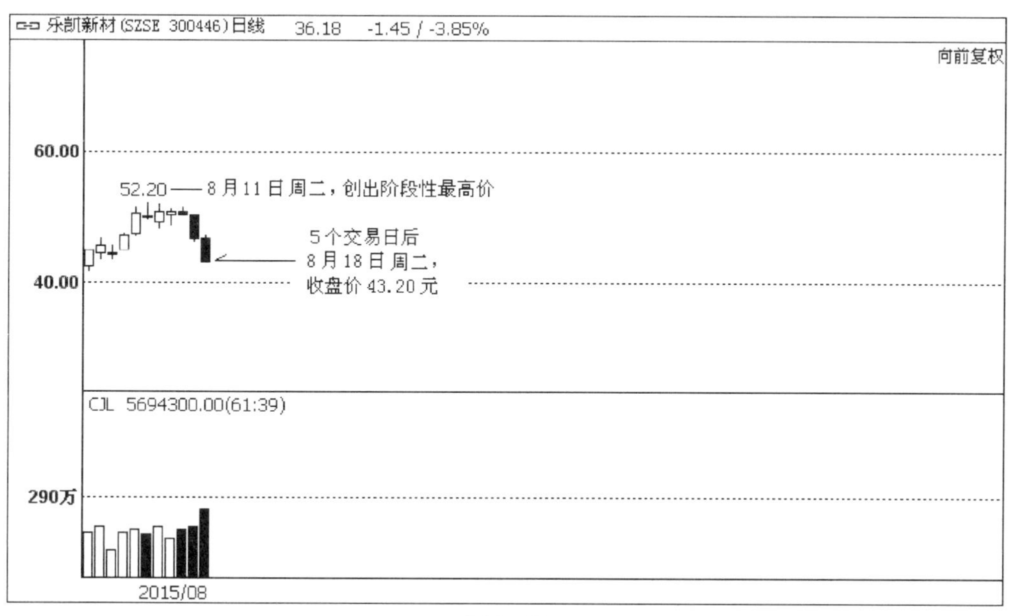

图 1－57

2015年8月11日周二，乐凯新材的最高价是52.20元，它高于前一个交易日，即8月10日周一的最高价51.48元。因此从52.20元这个价格出现的那一刻开始，一直到8月11日收盘为止，“52.20”这个数字始终出现在当天的日K线上方。8月12日周三的最高价是51.91元，由于它低于8月11日的52.20元，因此“51.91”再也没有亮相的机会，我们在K线图中所能看到的依然是上一个交易日的“52.20”——阶段性的最高价就是这样被记录下来的。

股价是冲高到52.20元开始掉头向下的，既不是52.19元，也不是52.21元；从时间上看，既不是8月10日，也不是8月12日——这一切都是行情自己走出来的。8月11日之后的第五个交易日，即8月18日周二，这天股价收于43.20元。已经过去了5个交易日而股价明显在回落，毫无疑问，8月11日的52.20元就是山顶。

这波下跌，股价最终跌到什么位置了呢？请看下图。

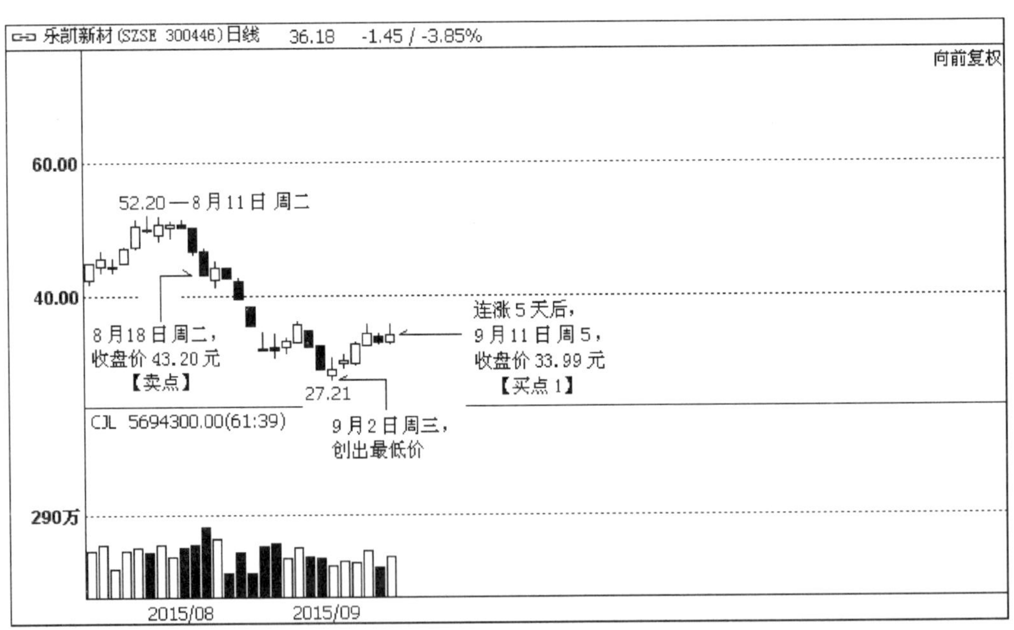

图1-58

“下跌”的定义是什么？是股价不能再创出新高了。而一旦阶段性的最高价被标示出来后，卖点就不再那么难找了。根据之前的约定，既然山顶已经被确认了，那么它之后的5个交易日，即8月18日周二就是卖点了。

图中显示得很清楚，在这波凌厉的下跌中，乐凯新材的股价直到 9 月 2 日周三，在创出了 27.21 元的阶段性最低价之后才止跌。从整体上看，下跌让股价几乎腰斩。

“上涨”应该如何定义呢？当然是股价不再创新低了才叫上涨。只有在股价不创新低的基础上，我们才能去找“买点 1”。在图 1—58 中，“买点 1”很容易就被找到了，这就是 9 月 2 日之后的第五个交易日 9 月 11 日周五。9 月 11 日的收盘价是 33.99 元，这时当我们回过头去看就会发现，9 月 2 日的 27.21 元无疑就是山脚。尽管 33.99 元这个价格比 27.21 元已经高出了近 25%，但这一带所在的区域显然就是图 1—56 中的“买点 1”，投资者进场没有问题。

乐凯新材在此之后的整段上涨行情见下图。

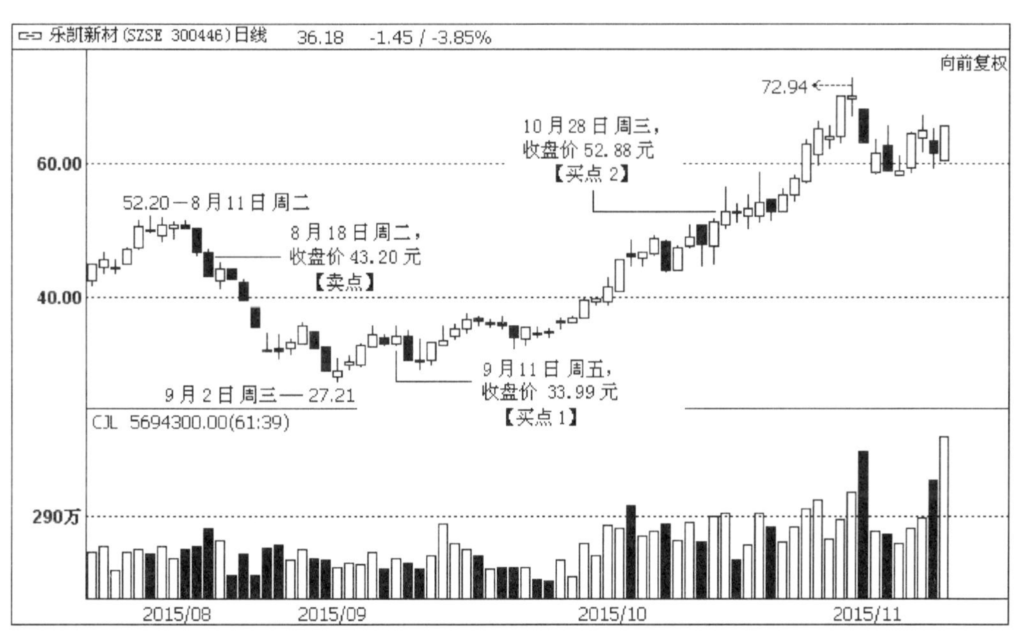

图 1—59

如图 1—59 所示，“买点 1”无疑是成功的。尽管乐凯新材的筑底走势很复杂，是一个复合型的 W 底，但只要我们等待并瞄准阶段性最低价（即山脚），进场的位置就肯定是对的。

随着行情的发展，该股的“买点 2”随后也出现了。10 月 28 日周三，该股放量收于52.88元，超越了8月11日的52.20元。因此10月28日下午临近收盘时52.20元以上的位置就是图1—59中的“买点2”，这天投资者进场或加仓是可行的，毕竟此时此刻上涨的趋势并没有发生改变。

投资者想要在股市里盈利，就必须永远去追“势”。股价止跌后的“势”你要追，股价超过前波上涨高点的“势”你也应该追，凡是属于顺势而为的操作，都是正确的操作。

2015年11月12日，这波反弹的高点72.94元诞生了。几天之后，这个新的山顶被确认了。

下面是乐凯新材股价见顶后的走势。

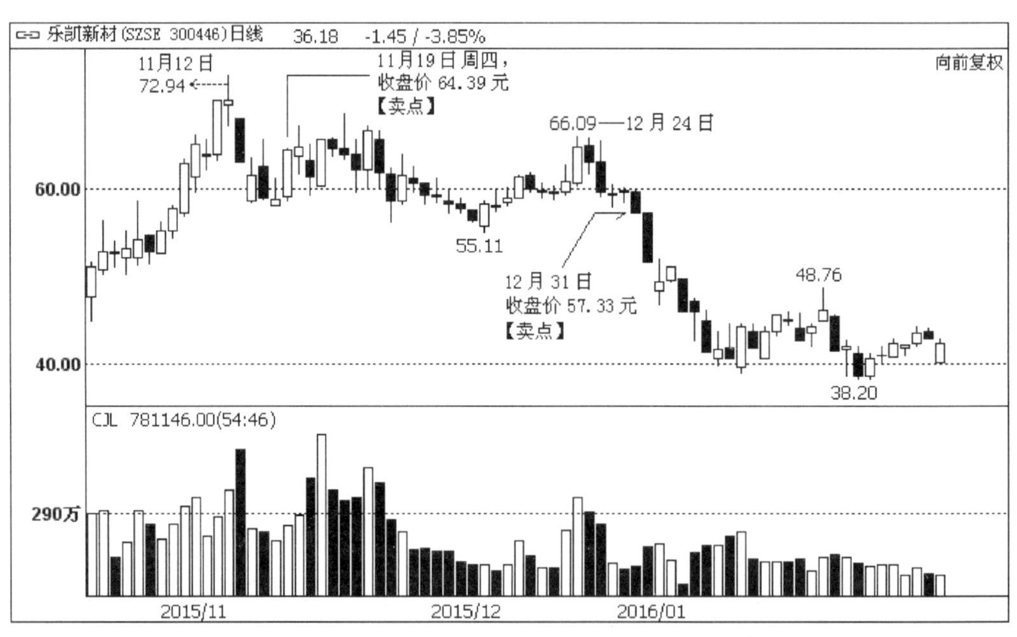

图1—60

在11月12日创出阶段性的最高价72.94元之后，该股股价急挫3天一举跌破了60元整数位。到第五个交易日后的11月19日反弹终于出现，当天的涨幅为9.4%，股价收于64.39元，日K线呈漂亮的大阳线。如果之前是持股的状态，笔者会选择在这天离场。道理很简单，既然5个交易日都过去了股价却没能超越1周前的72.94元，那72.94元就是山顶！既然现在的股价明显处于山顶之下，那为什么还要继续持仓呢？72.94 元一带已经聚集了巨大的套牢盘，那里是高风险区。投资者对于踏空的担心是多余的，什么时候股价放量冲过了 72.94 元再进场才是正确的操作。

不是越跌越买，而是价格向上突破了才进场！

整个 11 月下旬，乐凯新材的股价在冲高不成后只能选择继续下探，55.11 元之后的短暂反弹也未能改变趋势性下跌的格局。12 月 24 日的反弹高点 66.09 元被永远保留在日 K 线图中了，5 个交易日后，即 12 月 31 日，股价收于 57.33 元。在笔者看来，既然 66.09 元的山顶那么明显，12 月 31 日就是最后的离场日，一刻都不能再等了！如果按传统的技术分析理论，55.11 元是日级别“M 头”的颈线位置，那一带应该有一定的支撑力。但从该股的实际走势看，55.11 元并没起到丝毫的支撑作用，股价一路跌了下去，最后跌到了 38.20 元才止住。

乐凯新材在 2016 年里有不错的波段行情机会，投资者只要按照上面介绍的思路，买点、卖点在什么位置很容易找到。请见图 1－61。

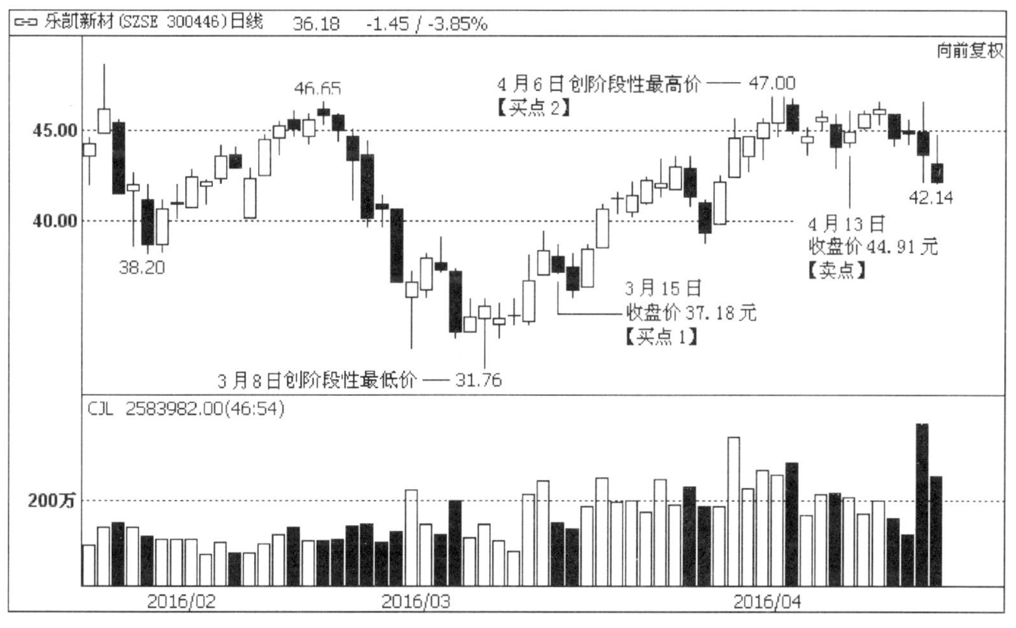

图 1－61

2016年3月8日，乐凯新材的最低价为31.76元。1周后，股价已经放量反弹到37元附近。据此我们大致可以做出31.76元就是山脚的初步判断，同时要做好进场的准备——只要3月15日之后的几天股价没有大幅下杀再次跌破31.76元，那37元附近无疑就是“买点1”。

股价一路冲高，到4月6日收盘于47元，突破了前期46.65元的高点，因此投资者在4月6日进场或加仓都是合理的——那里就是“买点2”，对应的战法是“追歼战”。当然，股价涨到哪里、跌到哪里都是它自己的事，从47元开始再上一个台阶是有可能的，持股的投资者也可以有这种期待，但是绝不能认为价格向上突破前高就等于“一定能上涨”。这不，到4月13日时我们看得很清楚，4月6日股价完成突破后不涨反跌，“卖点”已经在不知不觉中悄然降临。

投资者在股市里赔钱，说明他的思路是错的，思路错方法当然也跟着错。

涨跌无限循环的股市规则永远在发挥着作用，乐凯新材的买点和卖点在后来又曾多次出现，它们在下面几幅图中会被非常清晰地展示给各位读者。

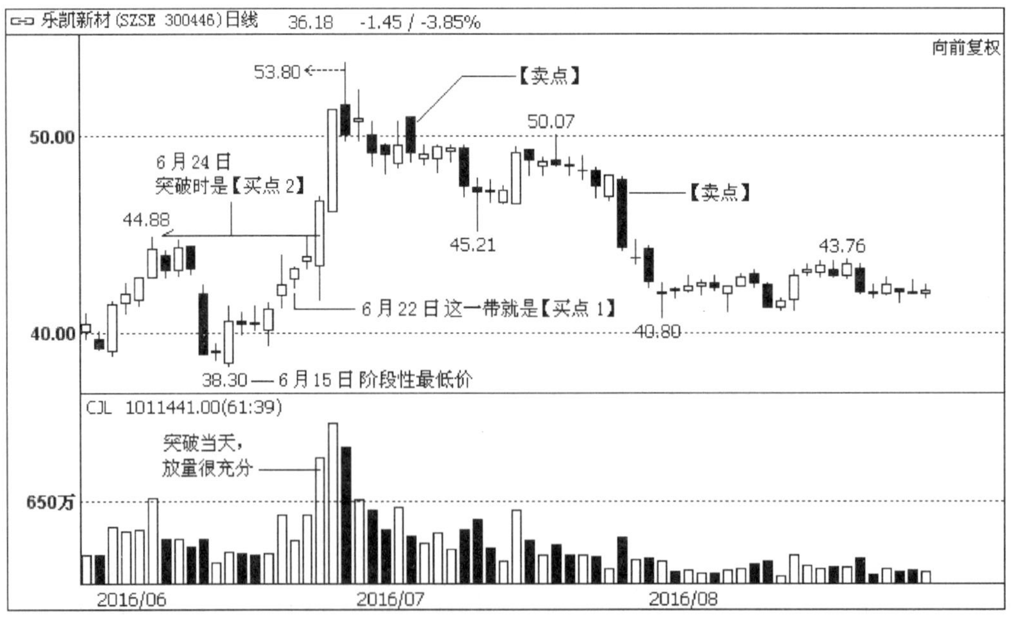

图1-62

如图 1—62 所示，该股 6 月 22 日的收盘价高于 1 周前 6 月 15 日所创出的最低价（即山脚）38.30 元，股价已经明显止跌并处于山坡上了，因此“买点 1”出现。又过了两个交易日，股价于 6 月 24 日突破了之前 44.88 元的高点，因此“买点 2”出现。这次“买点 2”之所以有效，“追歼战”之所以成功全是凭借成交量的明显放大。

在冲高到 50 元上方之后，由于成交量快速萎缩导致股价回落并逐级走低。6 月 28 日的 53.80 元和 7 月 20 日的 50.07 元这两个阶段性的最高价（即山顶）是不难识别的，并且它们后面的“卖点”也很好找。

整个下跌中是否有操作的机会呢？答案在下图中揭晓。

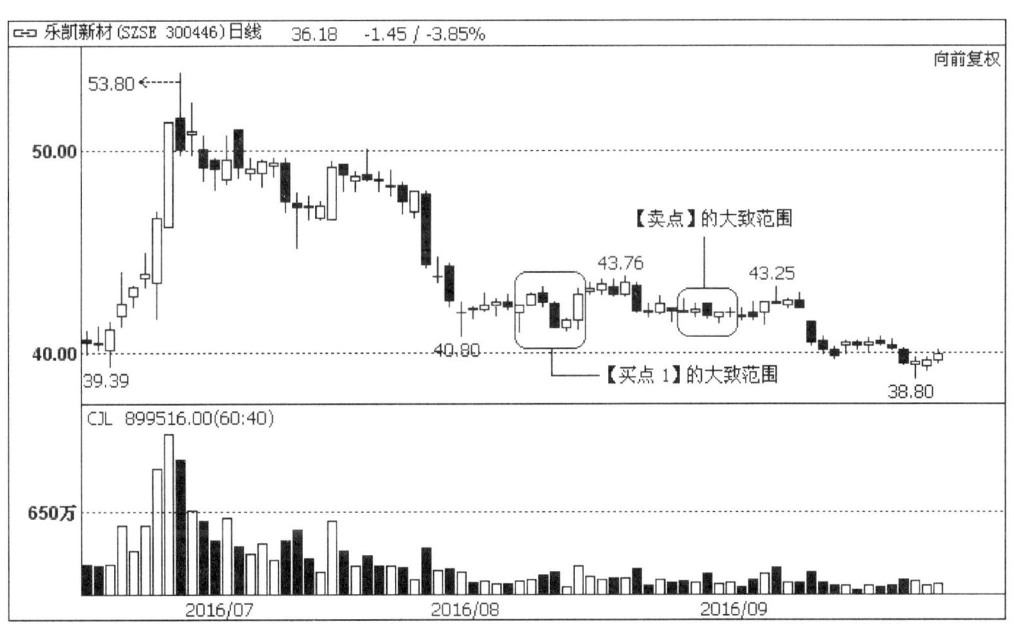

图 1—63

在图 1—63 中我们看到，股价先是跌到了 40.80 元这个位置暂时止跌，然后是持续一个半月之久的窄幅震荡。窄幅震荡里没什么行情，只要投资者能严格按照“山脚买、山顶卖”的原则操作就行。同时，对于一般股民而言，做不到将买点和卖点精确到某个交易日也无妨，找到大致的范围就可以了，关键是千万别把这二者搞反了！

在图 1—63 的最右侧我们可以看到 38.80 这个数字，它是股价从 53.80 元开始下跌以来的最低价。否极泰来，下图将展示乐凯新材在 2016 年里的最后一波上涨行情。你会看到“买点 1”和“买点 2”是多么的清晰。

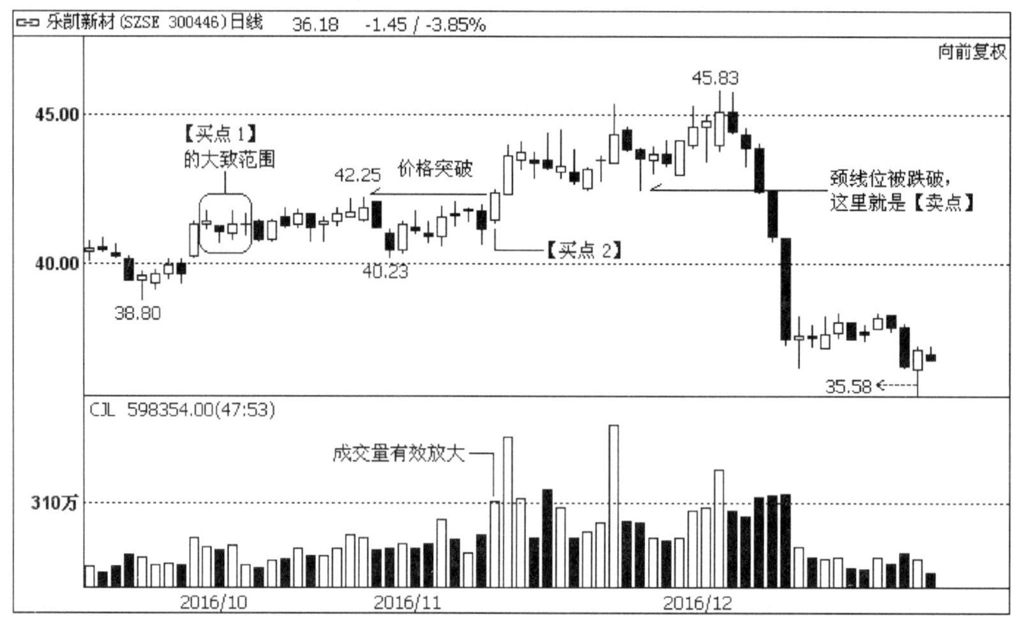

图 1—64

如图 1—64 所示，38.80 元的阶段性最低价（即山脚）诞生之后，“买点 1”早晚会出现，到时候你要勇敢地进场。42.25 元的第一波反弹高点被再次放量突破时，“买点 2”给投资者带来加仓的机会。而 45.83 元的阶段性最高价（即山顶）出现后，你心里想着“卖、卖、卖”而不是“买、买、买”就对了。

“山脚买、山顶卖”，这就是低吸高抛的精华所在，是把握波段行情的要点。具体到乐凯新材这只股票而言，从图 1—57 到图 1—64，买点、卖点多次出现，这样明显的价差机会到底要还是不要，每个投资者都会有自己的判断。

三、做三年好徒弟，换一生大赢家

1. 无师自通只是黄粱美梦

世界上没有人可以无师自通，谁都得靠专业能力吃饭。“成功”“财富”“发展”“机会”……“能力”才是摆在第一位的。而能力的支撑点，就是专业性，即我们常说的“能力”的大小——谁都要靠能力有效地解决问题，或达成预期的任务目标。

不具备专业能力就得学、就得练。像周润发、梁朝伟、刘德华、周星驰、梁家辉、吕良伟、甄子丹、刘嘉玲……这些大明星，他们当初哪一个没有经过香港无线电视广播公司（TVB）艺员训练班的严苛训练？

开车，你是在驾校跟教练学的，还是自己边开边摸索的？

……

“师傅领进门、修行在个人。”没有第一句话，能直接蹦到第二句上头去？

在此不用再多举例了。请读者们思考一下：炒股赚钱这件事，你跟哪位师傅学过吗？你向市场学过吗？大家肯定都看过书、听过网络上的视频讲座，也经常看电视里的股评节目，各位手机的微信里说不定还订阅了某些专业投资者的公众号。

但是我们却忽视了一样东西——敬畏心！你对市场敬畏吗？对炒股这门技术敬畏吗？如果答案是否定的，想赚钱简直比登天还难。

2. 学炒股其实并不难

为什么很多人感到学炒股很难，难就难在之前你学炒股犹如刻舟求剑！任何关于炒股的知识绝对都是“死的”，而股价永远都是“活的”——静态的知识永远跟不上盘中 4 小时股价动态的变化。

炒股犹如打仗。兵法云：“兵无常势、水无常形。”一种方法，或者一个技术分析指标，用在股票 A 的这波行情里对了、准了，而用在下一波行情里却不对了、不准了，这种现象非常普遍。股票 A 的行情会永远持续吗？不可能。所以，这个方法你肯定会找机会再套用到股票 B 上去。结果还是一样的——在股票 B 的这次行情中对了、准了，可到了下一次行情中又不对了、又不准了。所以，尽管书里讲的东西看上去似乎挺有道理，但为什么很多技术分析方法最后竟没人用了呢？原因是根本不能用啊！——某个方法、某个指标，一次准、N 次不准；一次赚钱、N 次亏钱，到最后谁还敢坚持用那种方法？

股民亏钱的原因，其实就是“在该买的位置没买、在该卖的位置没卖”。行情是动态的，是“活的”！买点和卖点都在盘中，不是在某一本书里。

股价的买点、卖点只在盘中的 4 小时里，只在你眼前那台显示器的 K 线图中！所以，甭管你有多高的学历、多高的智商，只要是你没学到如何在盘中找股票买点和卖点的方法，只要你没有接触到靠谱的交易辅助工具，只要你没有获得必要的服务支持，三年也好、三十年也罢，你还会一直赔下去的。

学炒股难吗？这叫笔者怎么回答好呢——请问，治病难吗？如果找对了大夫、吃对了药，药到病除。同样的道理，学炒股，如果找对了师傅，这事就不难！

笔者有投资方面的著作《复利增长——从百万到千万的中产之路》，在《投资者报》上也发表过几百篇专栏稿。尽管这些文章洋洋洒洒几十万字，其实总结出来也就三句。凡是想入股市之门、想在股市里扭亏并实现财务自由，大家一定要牢记下面这三句话：

第一句：下跌不要做！

第二句：震荡不要烦！

第三句：上涨不要放过！

★第一句：下跌不要做！

“不要做”，就是卖掉股票，空仓的意思。

山顶不卖你白干——破位了你还不舍得走，股价能长到多高呀？很多人一次次浮盈变浮亏、越套越深。

买在山顶你被套——当初你为何追高进场？是主力机构堂而皇之发布的公告，还是你打听来的小道消息？

下跌不要做！坚决不要做！你必须在“该卖的位置”及时卖掉股票、空仓，任股价去跌。当然，有条件的投资者可以开通融券业务，先在高位卖出股票然后再在低位买回来，但“该卖的位置”究竟在哪里呢？请看下面几个例子。

中国中车（601766）

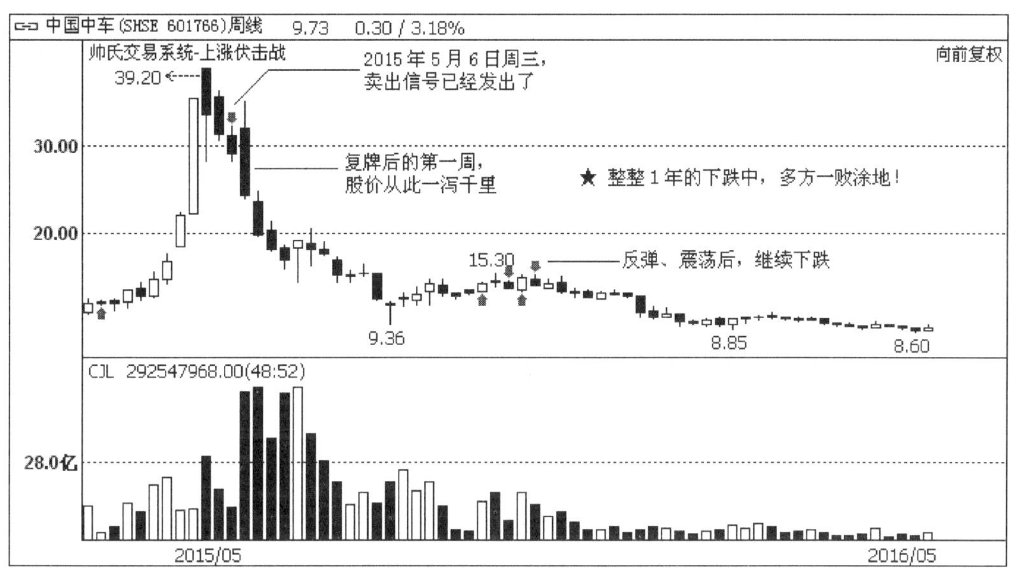

图 1－65

2015 年 5 月 6 日周三，这一天是整个交易周的第三天，收盘后该股停牌。由于涨跌概率计算的结果已经出来了——股价继续下跌的概率大于上涨的概率，因此周 K 线上的卖出信号在周三这天就已经发出。随着停牌，全周交易结束，这个卖出信号被永久地保留在了周 K 线图中——这里就是“该卖的位置”。

南车、北车合并，诞生了中国中车，并让它跻身于“2015 年十大牛股”之一。该股股价从 5 元附近启动，最高时涨到了 39.20 元。正是因为在中国中车上赚了钱、赚了大钱，很多人觉得自己就是“股神”了。尽管中国中车有如此疯狂的涨幅，但笔者坚决不认为股市存在所谓的“暴利”机会，宁愿就把自己在股市的年收益预期设定在 20％—30％，毕竟投资收益率跟果树产量的“大小年”现象极其相似，光截取丰产年（即“大年”）的数值来说事，没有任何意义。

没有只涨不跌的股票，牛股上涨终有尽头。看到图中卖出信号发出后是什么景象了吧？一旦股价破位下跌，该卖就得卖——不要再做了！

下面的例子同样能说明问题。

双鹭药业（002038）

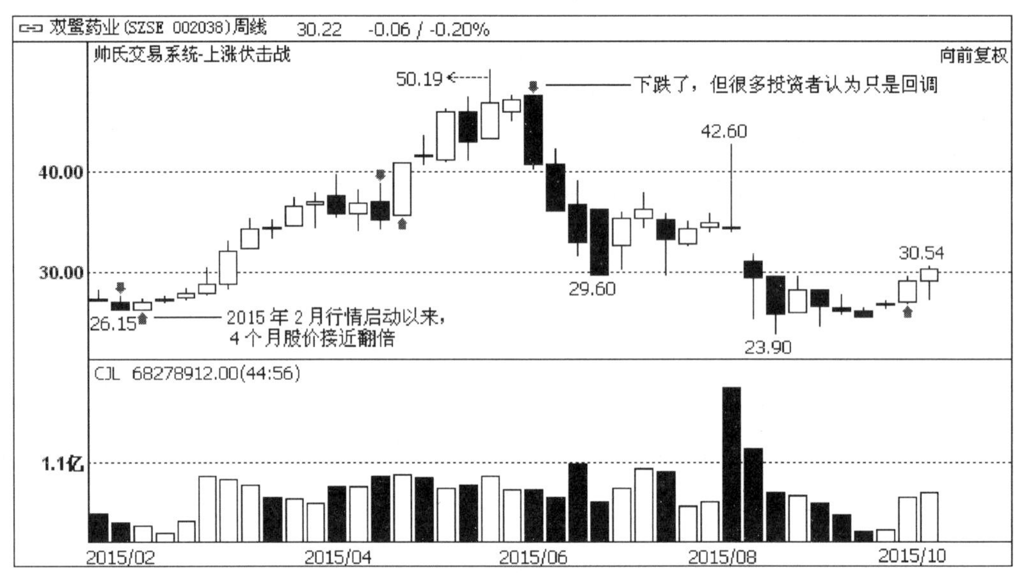

图 1－66

一只股票，它已经从 25 元涨到了 50 元了，然后价格慢慢地回落。49 元、48 元、47 元……这时你为什么不卖？因为你说——

“媒体上都在讲，现在牛市刚刚起步！”

“怕什么，股价上涨难道不允许有回调吗？”

“这只股票是×××推荐的，他说一定能涨到 100 元呢！”

……

总之，你会找出无数个理由为自己的持股行为做辩解。其中有一个理由恐怕是你不肯说出口的，那正是你心底的秘密：“在这波牛市中，人家的股票都翻了好几倍，而我这只股票刚翻倍，所以我不能卖。”

其实你基本的逻辑判断是错的——人家的股翻了好几倍，这跟你手里的股票有关系吗？

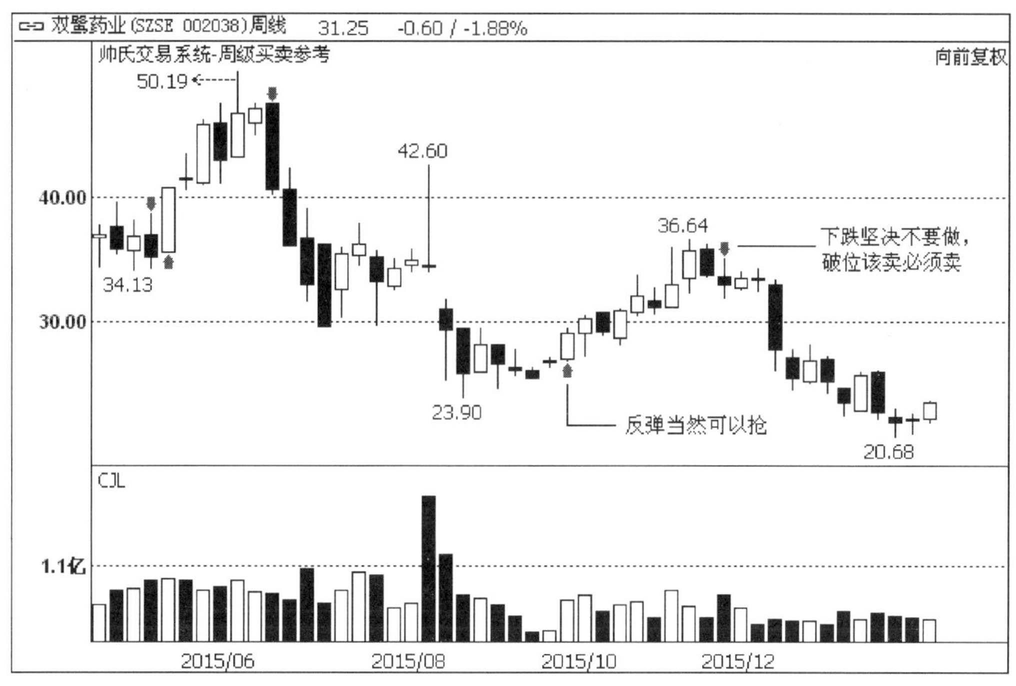

图 1－67

如图 1－67 所示，从 50 多元开始一路暴跌之后，双鹭药业的股价甚至跌回到起涨位置以下。如果当初没舍得走，这趟过山车坐得是够郁闷的。

跌多了必涨。该股在 2015 年 10 月迎来了反弹机会，减亏不是不可能。但如果投资者在卖出信号发出后依然心存幻想、继续恋战的话，当股价再次下跌并回落到 20 元一线时，简直让人欲哭无泪了。顺便提一句，该股在 2016 年里有两波不错的反弹，但到本书截稿时，该股股价依然没能到达 36.64 元的位置。

在 2015 年上证指数冲高到 5178 点的这波牛市里，没赚到钱的大有人在——牛熊转换太突然了，令很多人措手不及。其实所谓的熊市以及个股暴跌，在最初刚刚破位的阶段，都是有迹象、有特征的。因此帅氏交易系统卖出信号的设计原理就是“宁早勿晚”，尤其在股价涨势看上去很强劲时，每一次回调都要引起我们的高度重视。一旦卖出信号发出并确认了，请你赶快清仓。

帅氏交易系统“上涨伏击战”策略模型中，卖出信号会在任何一天中出现，当看到周 K 线上方出现卖出信号之后，投资者要敏锐地意识到：该股的股价已经破位了。假如新的一周开始后，你发现上周周 K 线上方的卖出信号已经固定住了，那很可能说明，股价的下跌已经正式开始了。请看下例。

曙光股份（600303）

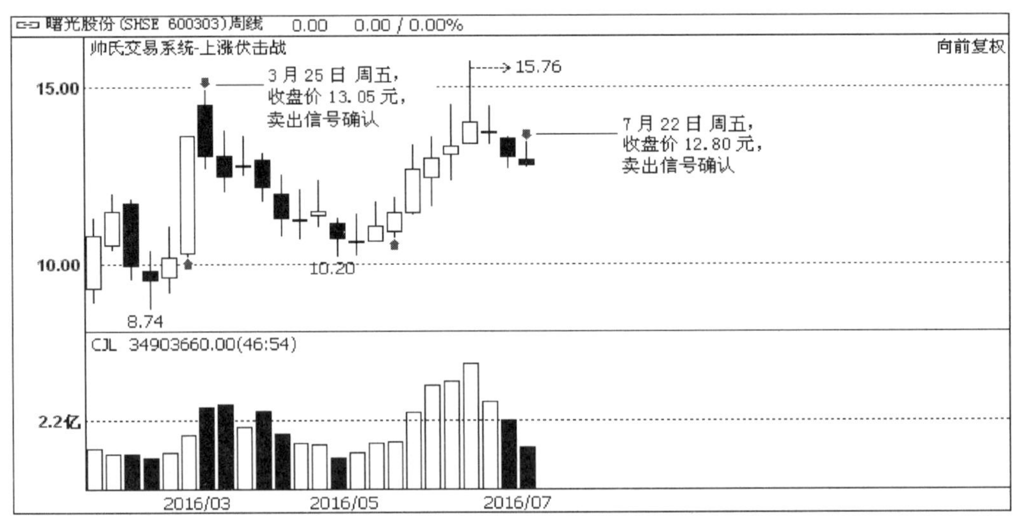

图 1－68

2016 年 3 月 25 日的卖出信号被确认后，股价在第二周有向上的反抽，这时候投资者不应该有任何幻想——既然上周的卖出信号都被确认了，那你还是先赶紧清仓吧，能保住一点胜利果实就算成功，即使出现了轻微亏损也没时间计较了！如果你心存幻想，后果在图上看得很清楚，到了 5 月，这一波杀跌股价最低到了 10.20 元。

7 月 22 日，卖出信号再次被确认了，死扛的后果是什么，请看图 1－69。

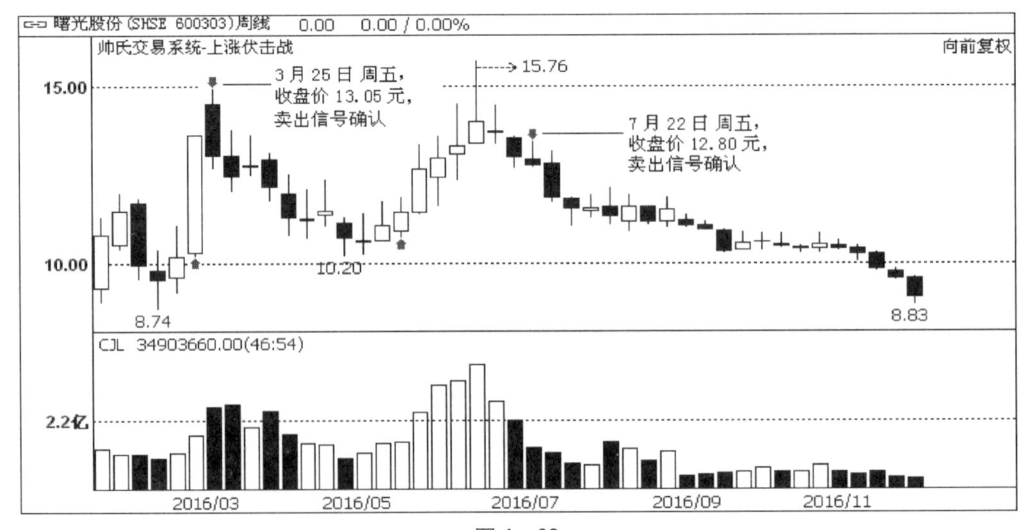

图 1－69

该股 2016 年下半年的走势就是一个字——跌，这是对上半年反弹行情的正常修复。

2016 年里，三大指数中上证指数的反弹延续性较好，而中小板和创业板指数都是上半年走势较强、下半年明显转弱，见图 1—70 和图 1—71。因此这两个板块里的不少股票在 2016 年下半年，尤其是第四季度，出现了大幅或持续的下跌。

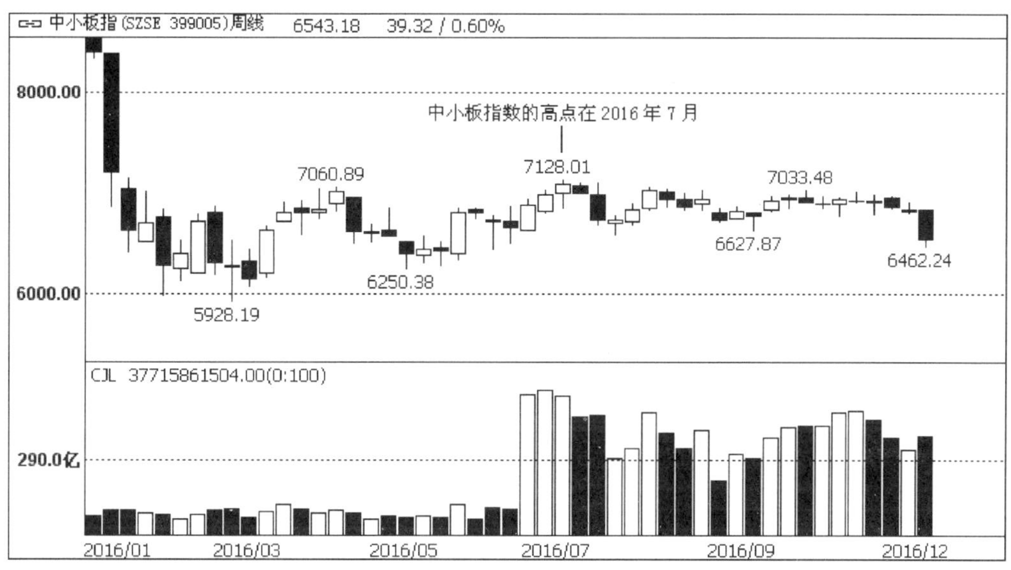

图 1—70

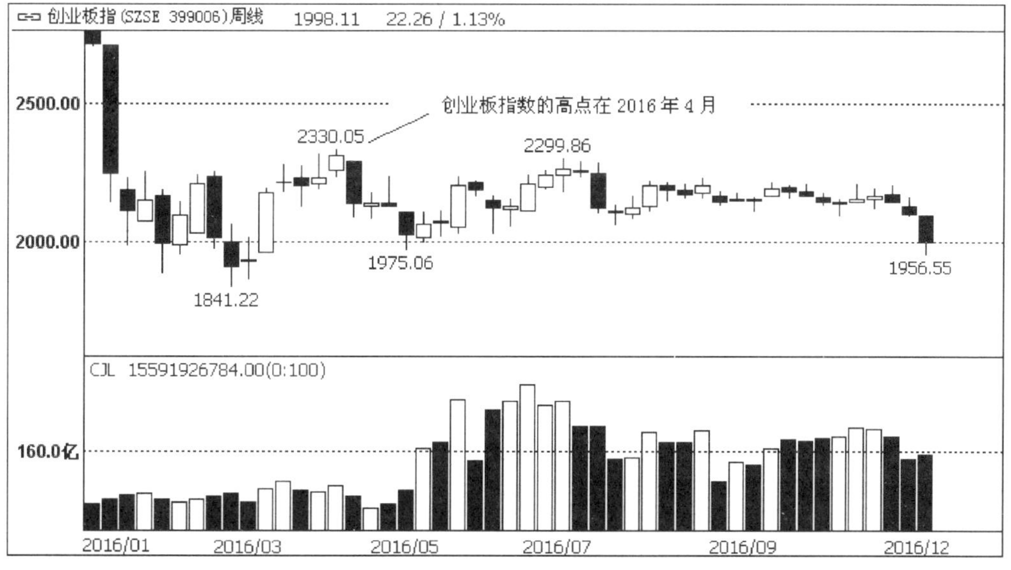

图 1—71

所谓的"炒股票"，笔者的理解就是"只做上涨段"。不管你认同还是不认同，反正股票一开始破位下跌，你的好日子就算到头了。如图1－72所示的丹邦科技(002618)，凡是在34.58元以上没跑的投资者，9月2日之后，哪一天舒服过？

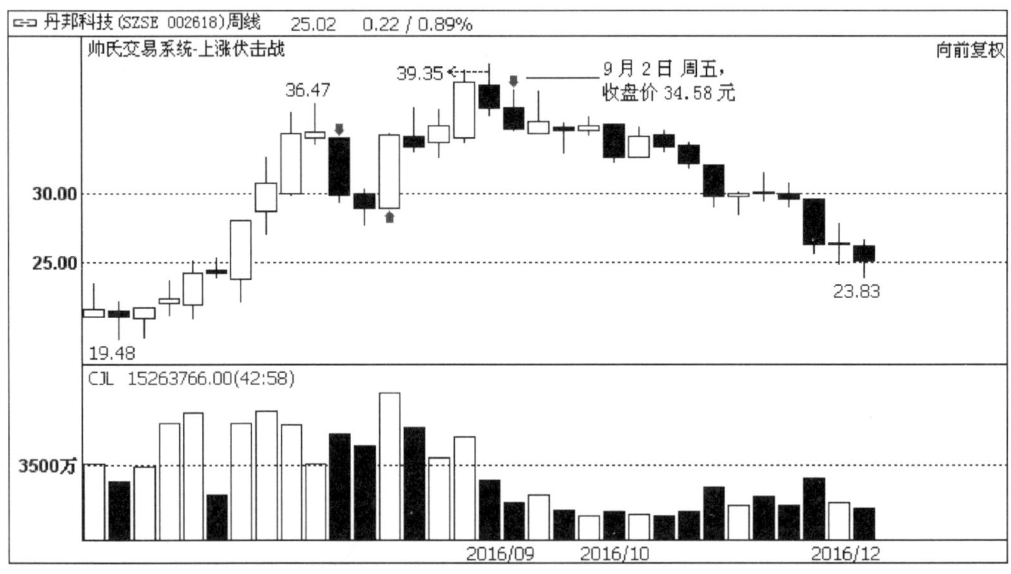

图1－72

双杰电气（300444）

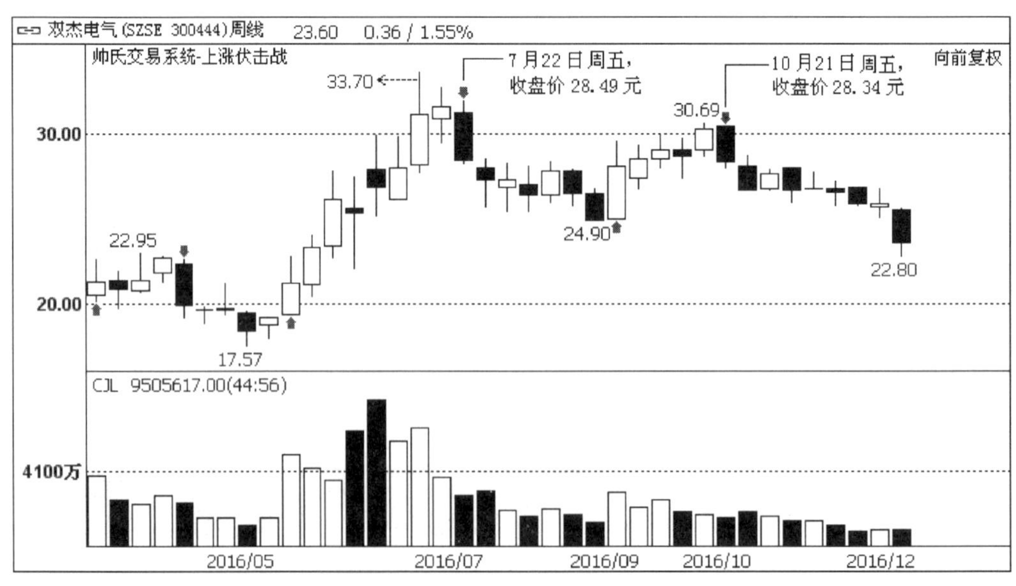

图1－73

如图 1—73 所示，这种周级别的 M 头形态你看出来了吗？其实卖出信号都发出了，只要肯照着做，你还会被深套吗？

说到底 2016 年只是 2015 年“股灾”过后的指标修复年，由于之前亏损严重，投资者信心普遍不足，再加上 2016 年中国的楼市再次刮起了新一轮涨价风，因此社会资金有很多被分流到楼市里去了，股市严重缺血。因此，在指数刚刚止跌、反弹基础尚不牢固之际，对牛市重来的幻想是非常不切实际的。在 2016 年里，个股能有一两波反弹已经很不错了，投资者能减亏则减亏，千万不要有太多的奢望。

在一只股票上，当股价经历了一轮涨幅不错的反弹后，当你看到卖出信号已经被确认了，也就是周 K 线上方的卖出信号固定住了，只要你肯清仓，就能够保住胜利果实。正所谓“留得青山在，不愁没柴烧”。

其实有些破位下跌的顶部形态是非常好识别的，将周 K 线和日 K 线对照着看，你就能及时发现该在哪里清仓，如下面的例子。

神州信息（000555）

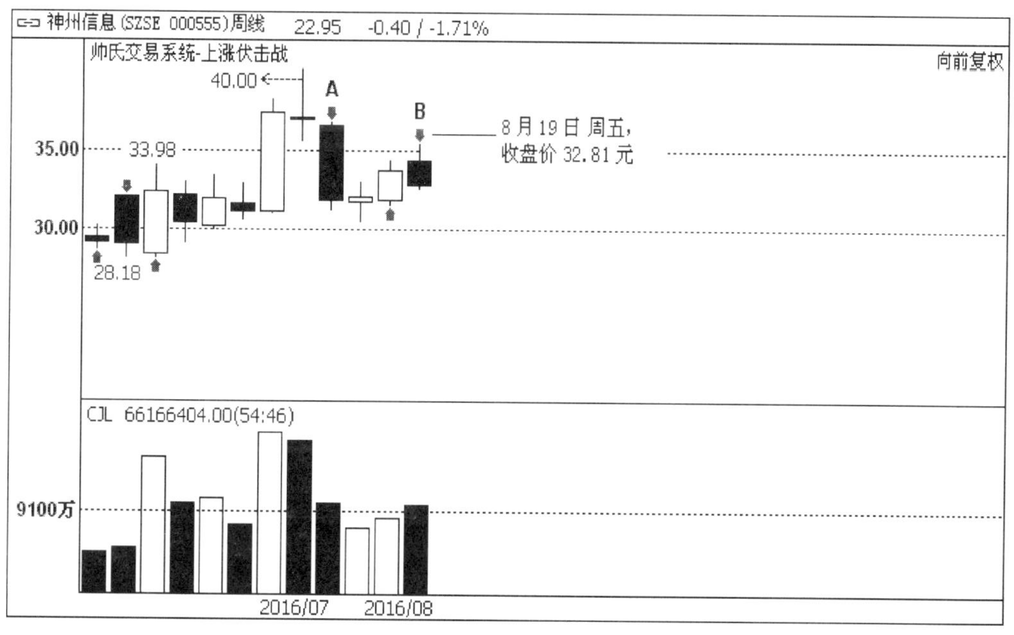

图 1—74

如图 1—74，在 K 线 A（2016 年 7 月 25 日至 29 日）和 K 线 B（2016 年 8 月 15 日至 19 日）的上方，卖出信号都发出并被确认了。K 线 A 是一根大阴线，但后来股价反弹了上去，连续两周周 K 线都是阳线。K 线 B 上方这次的卖出信号就越发让人不能理解了——前一周刚刚是买入信号得到了确认，而且到这周结束时股价依然在上升中，疑似正在做正常的回调，说是破位下跌开始了，怎么看都不像。

看来，发现行情走势的细节，还真得回到日 K 线图中。见图 1—75。

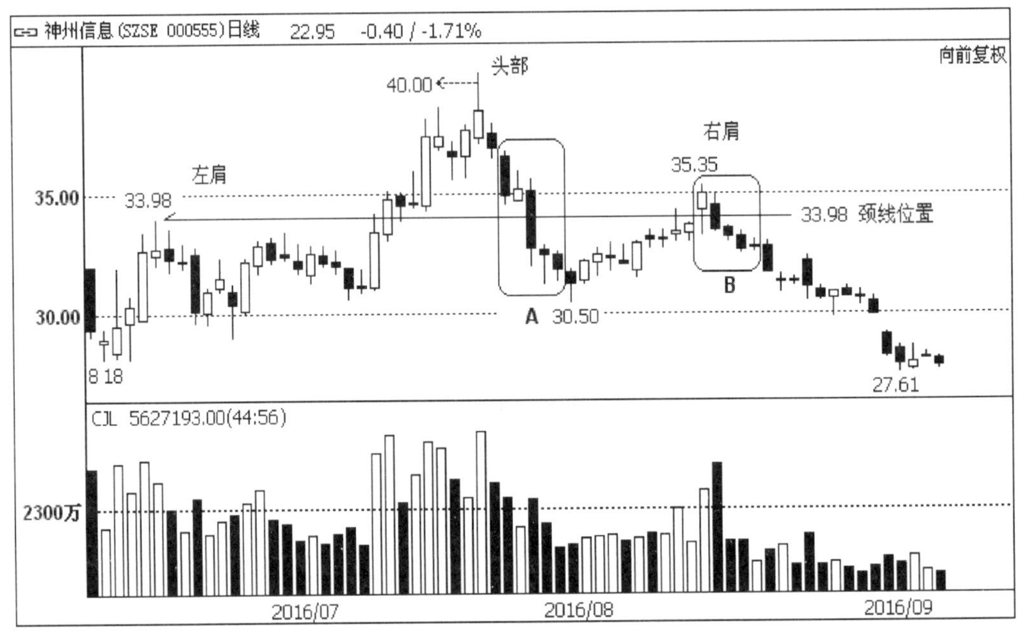

图 1—75

在图 1—75 中，上面的疑问能够得到圆满的解答。我们必须重视股价的整体形态——该股在冲高到 40 元之后的回落再反弹，如果继续创出新高则多半要发展成为大级别的上涨行情了，40 元将是未来上涨的第一目标位。然而，30.50 元的反弹实际上受制于之前 33.98 元颈线位置的严重压制，股价先冲过 33.98 元再跌下来，这就是破位！所以，当 B 这周结束时，一个清晰的“山”字形头肩顶形态已经初具规模，股价就等着向下的突破了。如图 1—76 所示。

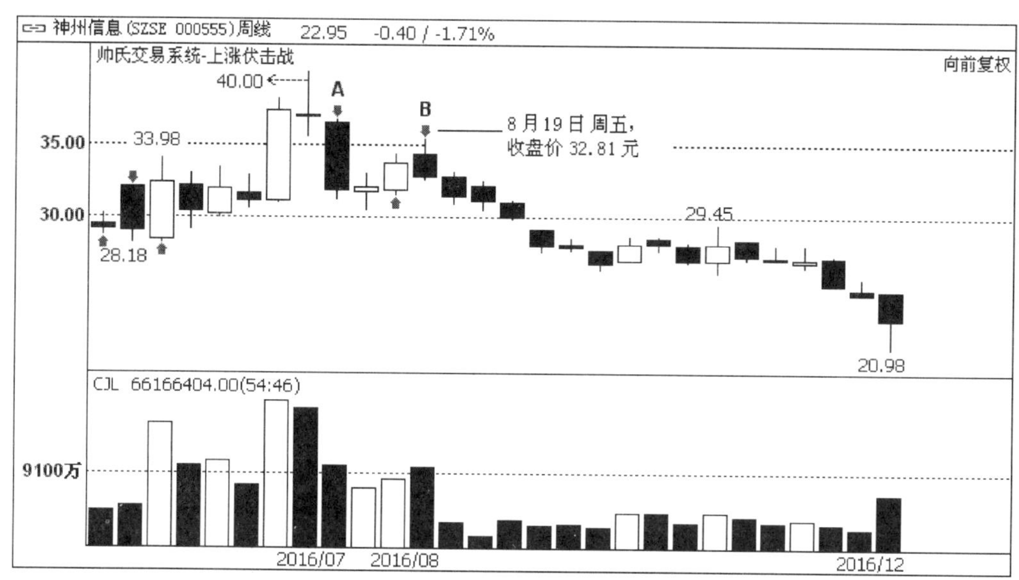

图 1－76

怎么样，“上涨伏击战”的卖出信号准不准？

尽管看日 K 线图分析股价走势费时费力，有时候买点、卖点也会找错，但笔者自己就是 20 多年来一只又一只股票、一张又一张日 K 线图这么看过来的。

保千里（600074）

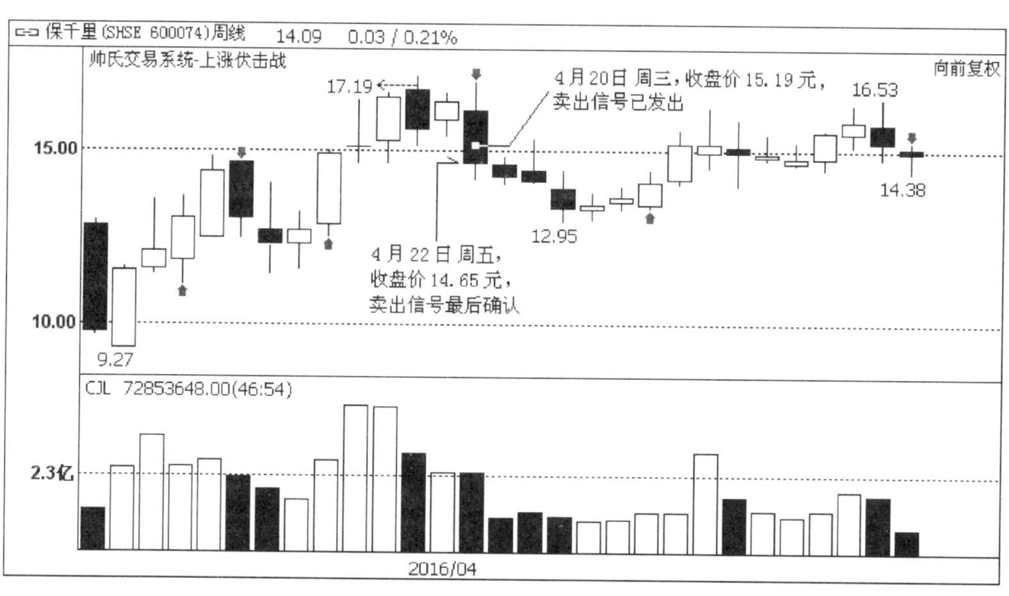

图 1－77

有一点需要说明的是，周 K 线上的大阴线，不代表卖出信号是在周五才发出的。其实在一周中的某一天股价破位之后，卖出信号就发出了，投资者不用等到周 K 线走完就应该赶快清仓。

保千里的这波行情是从 10 元左右的位置开始启动的，冲到 17 元上方渐渐回落。4 月 22 日周五卖出信号被最后确认，而此时股价已经跌到了 15 元下方。能不能早一点发现股价破位呢？当然可以。在图 1－78 的日 K 线中，股价破位时的形态非常清晰。

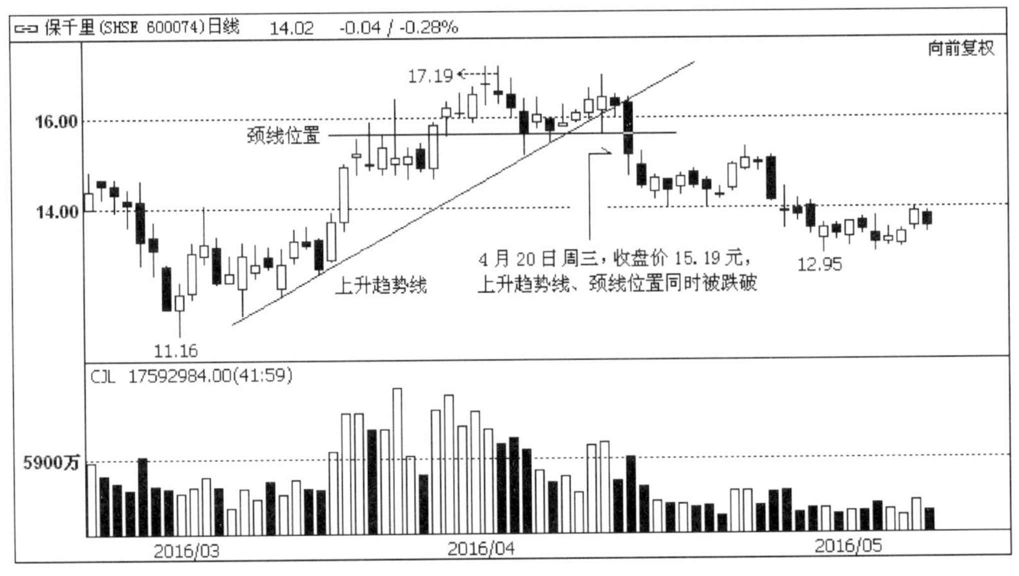

图 1－78

股价在上涨过程中，一定会沿着一条上升趋势线运行，只要涨势还没有终结则股价将始终处于这条线的上方。尽管这条上升趋势线没有直接出现在 K 线图中，但你只要将处于上升中的两个最低价格做连线就能画出这条线。一旦这条上升趋势线被跌破，那你可就要格外小心了。同时，M 头和头肩顶是最典型的股价顶部形态，在通常情况下，这两种形态都会出现一个涨跌分界点（或分界区域），也就是技术分析上的“颈线位置”。当你找准了顶部形态的颈线位置之后，就要时刻盯紧这个位置。一旦哪一天股价杀出长阴线，跌破上升趋势线，或是跌破颈线位置，你当天就清仓，根本没必要在股价下跌中熬到周末再做决定。如图 1－78 所示，有经验的投资者都会在 4 月 20 日这天毫不犹豫地选择清仓，因为上述两条线竟然被同时跌破了。

股价在上升趋势线之上，可视为有支撑；股价在颈线位置之上，也代表有支撑。只要有支撑，股价从最高点回落是可以接受的，你可以继续持有股票，即俗话说的“扛着”。你一边扛，一边要密切关注股价下一步的走势。一旦上述两条线的任何一条被跌破了，那就叫“破位”。而只要股价一破位，你可就别再扛了。如果破位了你还扛、甚至死扛，那十有八九会被套、被深套!

该股接下来在2016年10月份的下跌行情中，再次清晰地向我们说明了什么叫“破位”。

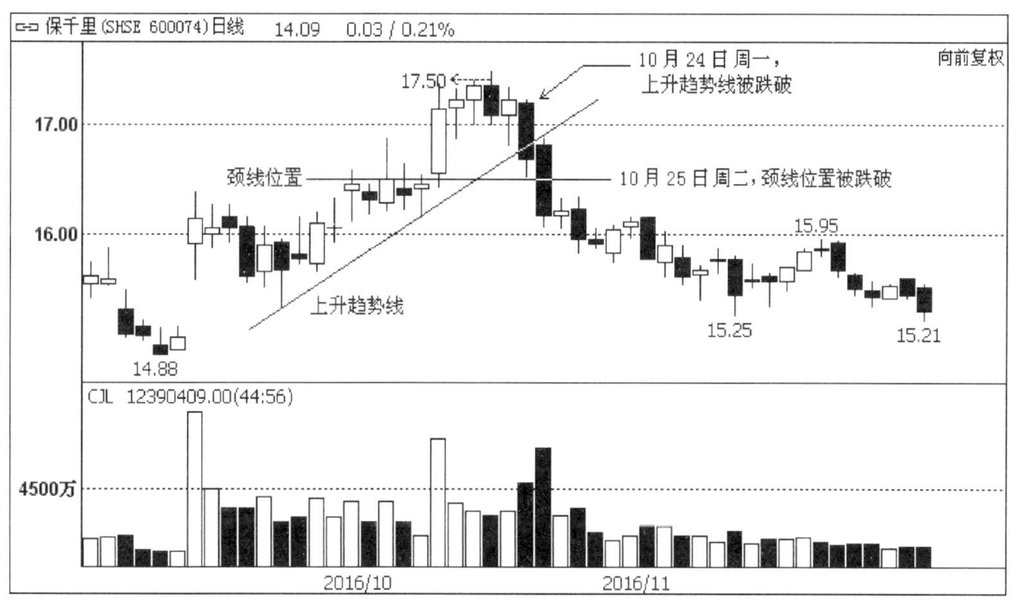

图1—79

10月24日周一，收盘价16.68元，股价跌破了上升趋势线。如果连同前面的两根K线一起看，此时三根K线的组合形态已经是“空方炮”了。

10月25日周二，收盘价16.17元，股价跌破了颈线位置。同时，K线两连阴。因此，10月25日这天，该跑的人早就跑了。股价破位了，咱干吗要冲进来接盘呢?

同时，图1—80再次说明，周K线上的卖出信号不代表股价是周五才破位的，只是周五最后确认了卖出信号。

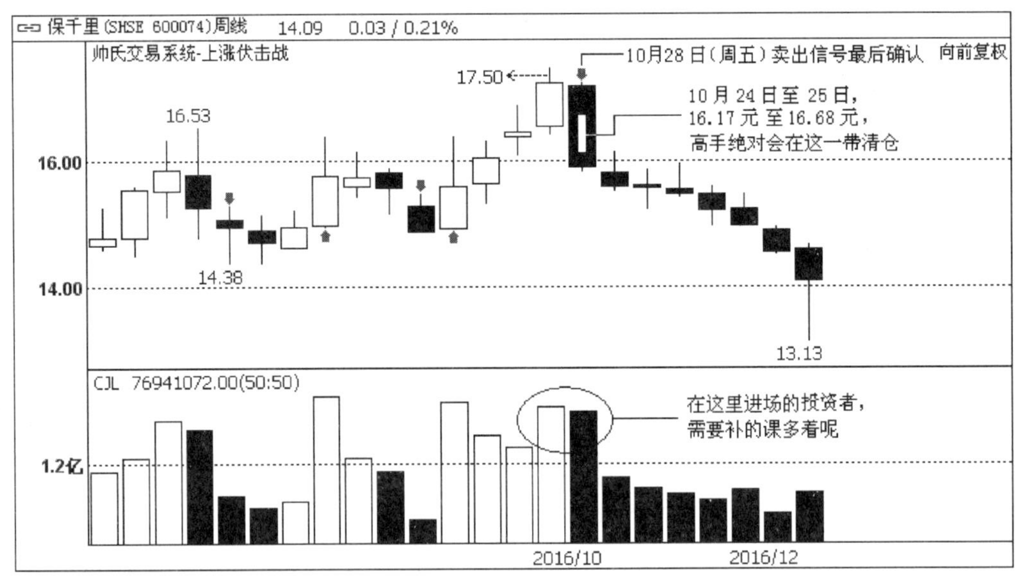

图 1－80

一句话，下跌不要做！

★第二句：震荡不要烦！

全面了解股价走势，对炒好股票是相当重要的。

股价走势一共只有三种：上涨、下跌、横盘震荡。最后这种不涨不跌，或者是在一个不大的价格区间里小涨便跌、小跌又涨、涨涨跌跌、跌跌涨涨、反反复复、来来回回的走势，就是震荡，也叫箱体震荡，俗称“牛皮市”。看看，仅仅是名称和对这种股价走势的形容，就需要这么多字，可见震荡是多么的烦人！据大致统计，震荡时间占个股股价走势的约 70％。对指数来说，这个比例也差不多。

在震荡市里赚钱是相当艰难的。首先，你要能判断出（窄幅）箱体震荡的上下区间，然后做高抛低吸；其次，你需要有足够的时间盯盘；再次，你需要有足够的耐心。震荡行情不是不能做，不是没有价差机会。但毫无疑问，能在震荡行情里赚钱的人少之又少。笔者在这里，只告诉大家遇到震荡该怎样做。

首先，请放慢交易节奏。尤其在每次大跌之后，当市场尚处于慢慢筑底恢复元气的过程中，这个阶段成交量根本不可能有效放大，因此指数和个股走势以震荡格局为主，即便有反弹也是很弱的。很多股票的股价在震荡区间里会来回反复，股价走出震荡区间需要较长的时间，所以我们有必要放慢交易节奏，在做技术分析时要参考较长的时间周期，比如周级别。这样一来，我们就不会被反反复复的牛皮行情搞得心烦意乱、进退失据。

其次，行情永远是自己走出来的。不预测、找对策。对策其实很简单——该买就买、该卖必卖，坚决按照信号的提示去操作。

请看下面的几个例子。

罗普斯金（002333）

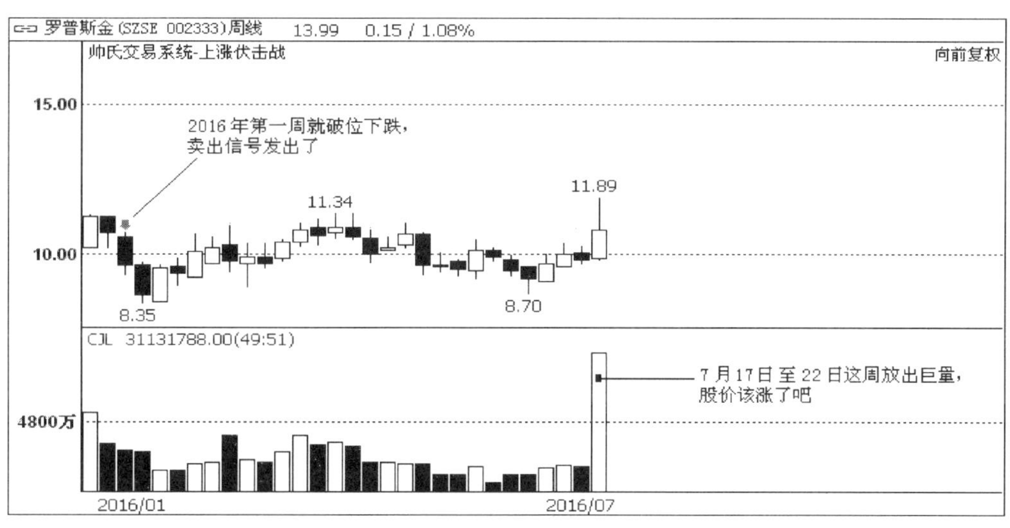

图 1－81

该股自 2016 年新年伊始便开始下跌，然后在长达半年的时间内窄幅震荡。这期间股价大致以 10 元为中间位置，上下振幅各 10%，即 9 元到 11 元之间来回折腾。9 元到 11 元，这个价格区间也是事后我们才看清楚的，而真能在 2016 年上半年做到操作上每次都踩对点，简直太难了！

该股在 7 月 17 日—22 日这周股价上涨明显，并且终于放出了巨量！都说“量为价先”，股价总该涨了吧？做这样的判断很正常，因为一般的技术分析理论就是这么理解的，或者说是这么预测的。

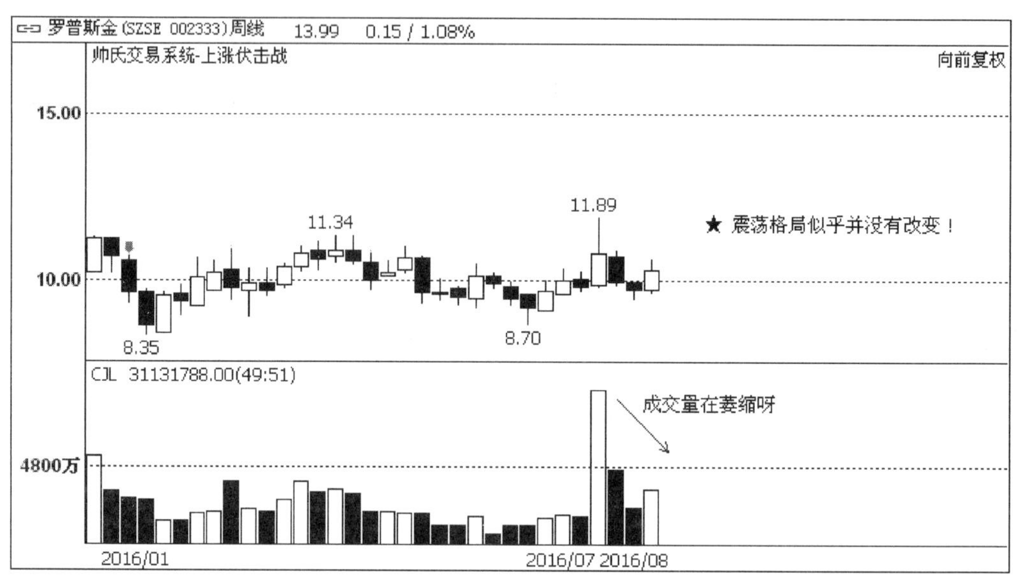

图 1-82

股市哪儿有那么简单！看，股价又震荡了 3 周！——股价先是连续两周回落，以阴线报收，第三周（8 月 8 日到 8 月 12 日）周五收盘价为 10.31 元，低于放量那周的收盘价 10.80 元，哪里有行情即将启动的样子？关键是，成交量没能继续放大呀！

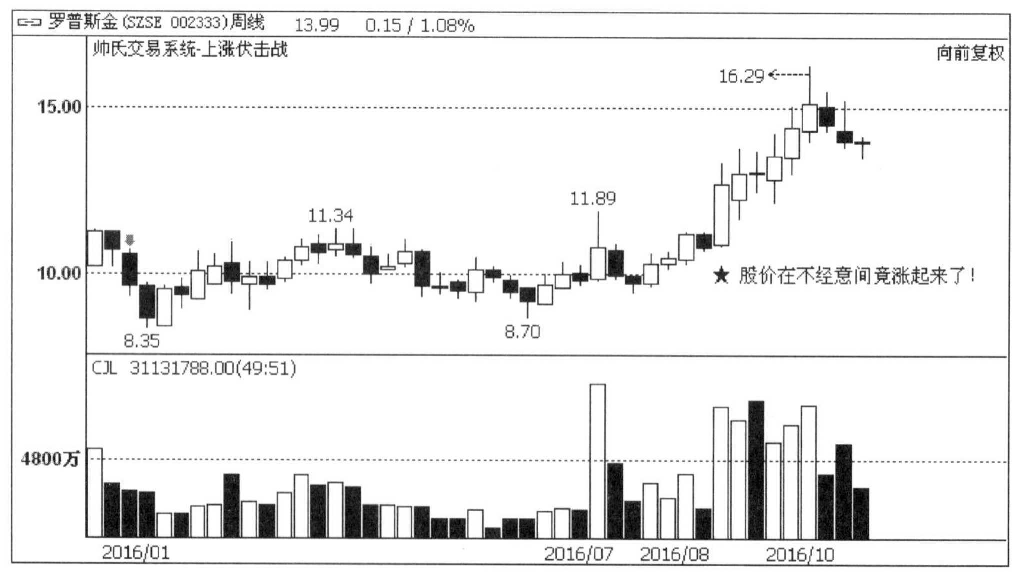

图 1-83

有谁会想到，在令人感到无聊、无奈甚至绝望的时刻，股价真的就涨起来了！到 10 月时已摸高到 16 元了。你想不到就对了——行情是自己走出来的，别瞎猜、别预测，老老实实按照买卖信号的提示操作就对了！可买卖信号在哪儿呢？——见图 1—84。

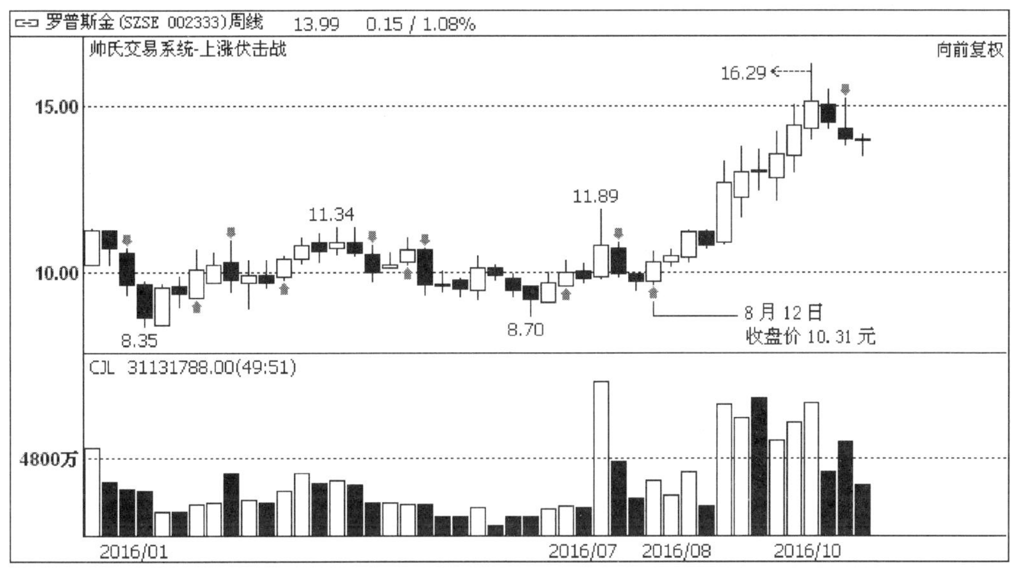

图 1—84

这是在周 K 线图中加载了“上涨伏击战”策略模型后的样子。包括 8 月 12 日（周五，收盘价 10.31 元）股价开始启动的那次在内，2016 年里，买入信号总共发出了 5 次。

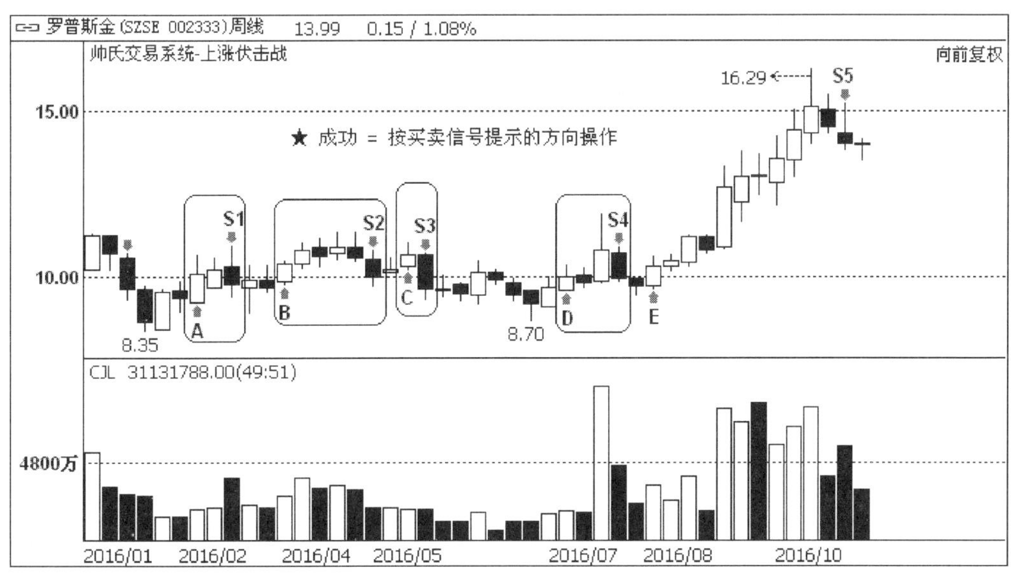

图 1—85

如图 1—85 所示，在大幅的拉升行情启动前，最后这次买入信号 E 的最终确定日期是 8 月 12 日周五，而之前的 4 次买入信号之后，股价依然在做箱体震荡。

A—S1、B—S2、C—S3、D—S4 这 4 次买进⇨卖出的操作，投资者的确被震荡行情折磨得挺惨，每一次都将造成或多或少的“价差损失”。也许有人会说，假如在 K 线 A 的位置（即 2016 年 2 月 5 日，收盘价 10.07 元）进场后一路持有也没错啊，股价最后不是也涨上去了吗？笔者负责任地说：错了，绝对错了！正确的操作就是要严格地按照信号的提示进行买和卖，否则要信号还有什么用？既然是震荡格局，被洗和承受亏损都是必需的。“亏损是利润的组成部分”，千真万确！

面对走势如此纠结、震荡长达 7 个月的行情，能够仅仅用 5 次买入提示就捕捉到了一波最大涨幅达 60％的行情，“上涨伏击战”的效率可见一斑。今后再遇到（窄幅）箱体震荡，投资者真是没什么可烦的了。

请继续看下面这只股票的走势。

安利股份（300218）

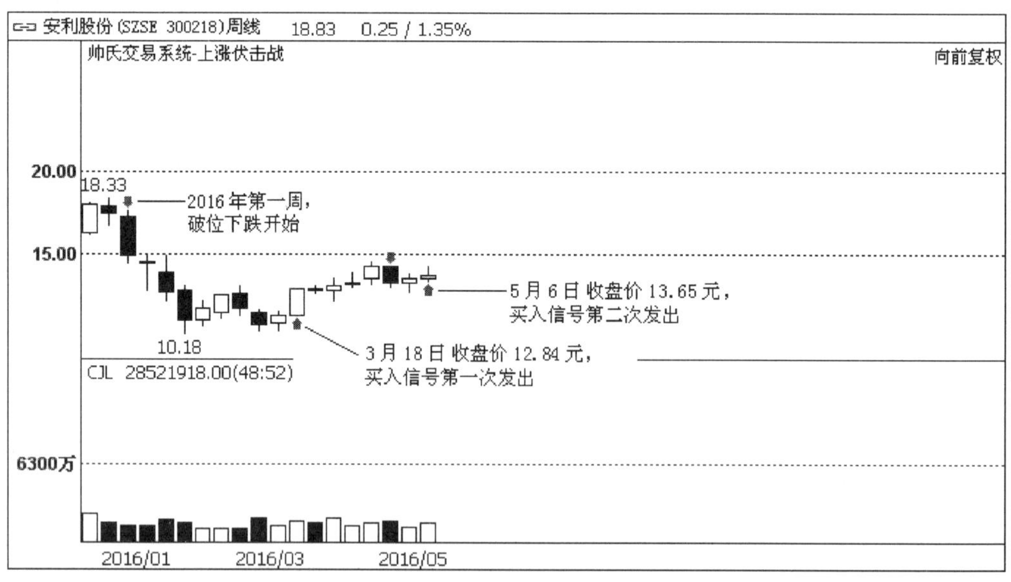

图 1－86

如图 1—86 所示，自从 2016 年第一周开始，股价就破位下跌了。3 月 18 日周五买入信号确认了，反弹到 4 月中旬时，股价算是勉强爬出了底部。5 月 6 日，买入信号第二次发出，成交量也在温和放大，拉升行情是否马上就要展开了呢？请看图 1—87。

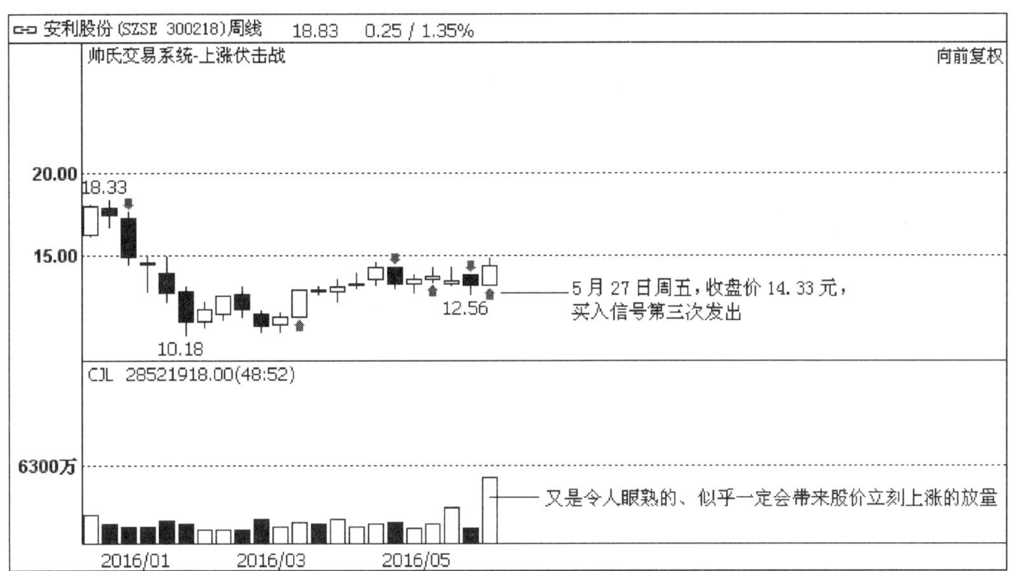

图 1－87

行情是自己走出来的，我们瞎猜没用——安利股份的股价继续又横向走了几周，并且还砸出了 12.56 元的近几周最低价，卖出信号也出来搅和了一下。好在到 5 月 27 日周五，买入信号第三次发出并确认。这次行情似乎很值得期待，因为这一周成交量放大了 3 倍，莫非是增量资金进场了，拉升近在眼前了吗?

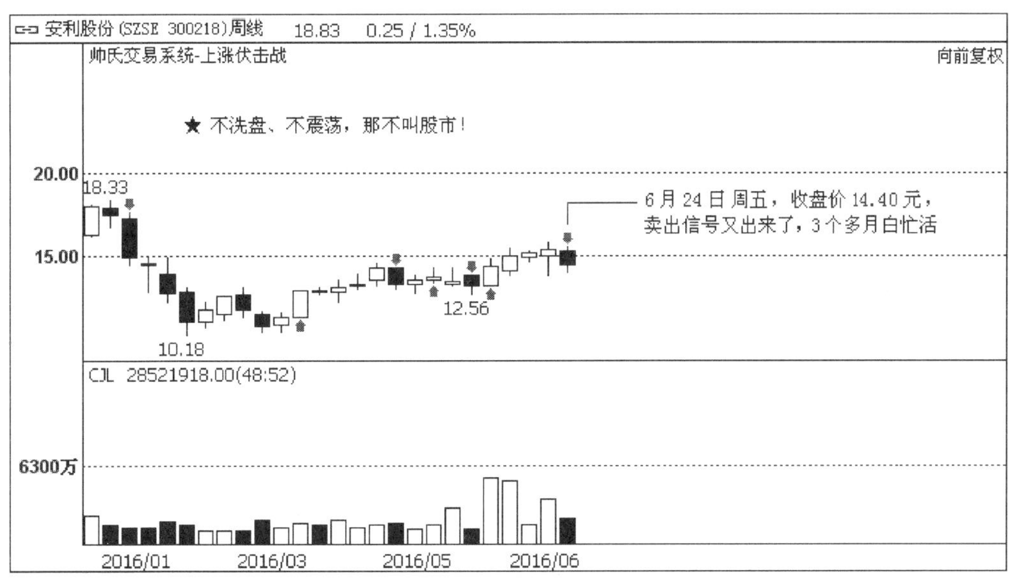

图 1－88

成交量还在放大，股价也涨了，可并没涨多少啊！这不，没过多久股价又给拍下去了，重新回到15元下方。此时已经是6月底了，半年来坚守在这只股票上的股民八成还没赚到钱呢。

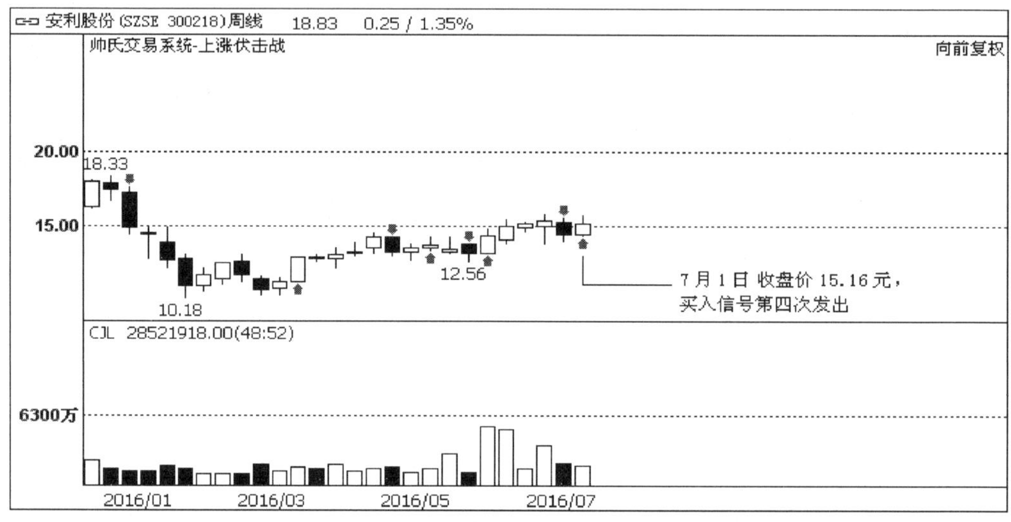

图1—89

“山重水复疑无路，柳暗花明又一村。”就在投资者百无聊赖、心灰意冷的时候，7月1日周五，买入信号在年内第四次发出并被确认。这次要买进吗？都洗了那么久、这次也没见放量啊……请问各位股民朋友，你每次买入、卖出的依据究竟是什么呀？难道是心情吗？

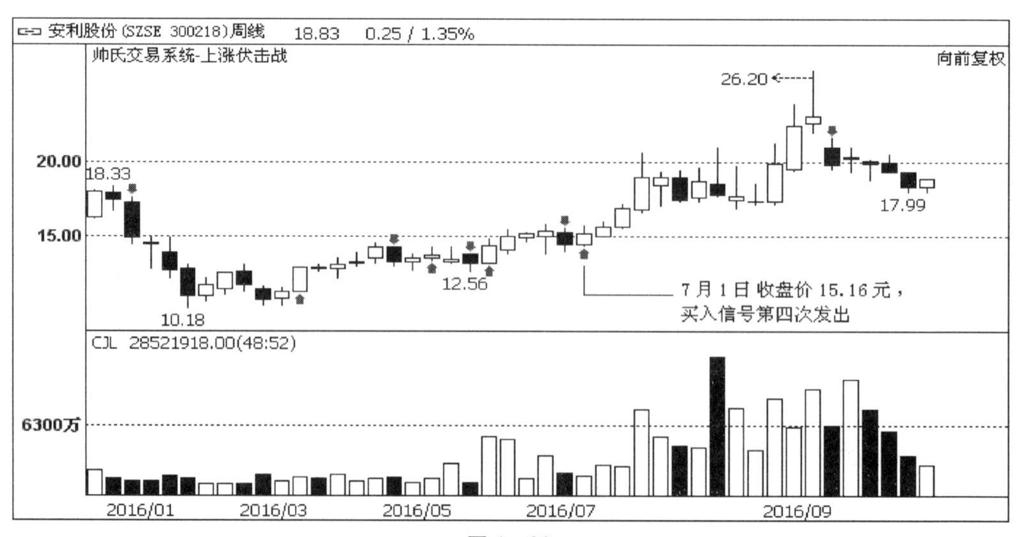

图1—90

第四次买入信号确认后，股价终于迎来了大行情！该股 9 月冲高至 26.20 元，从 7 月 1 日的收盘价 15.16 元算起，涨幅接近 73%！

既然买入信号都出了，那就应该一直执行下去！

“伟大是熬出来的”，的确很有道理。从事后看，在股市赚钱的机会有，可很多人都熬不到那一刻的到来。请看下例。

金路集团（000510）

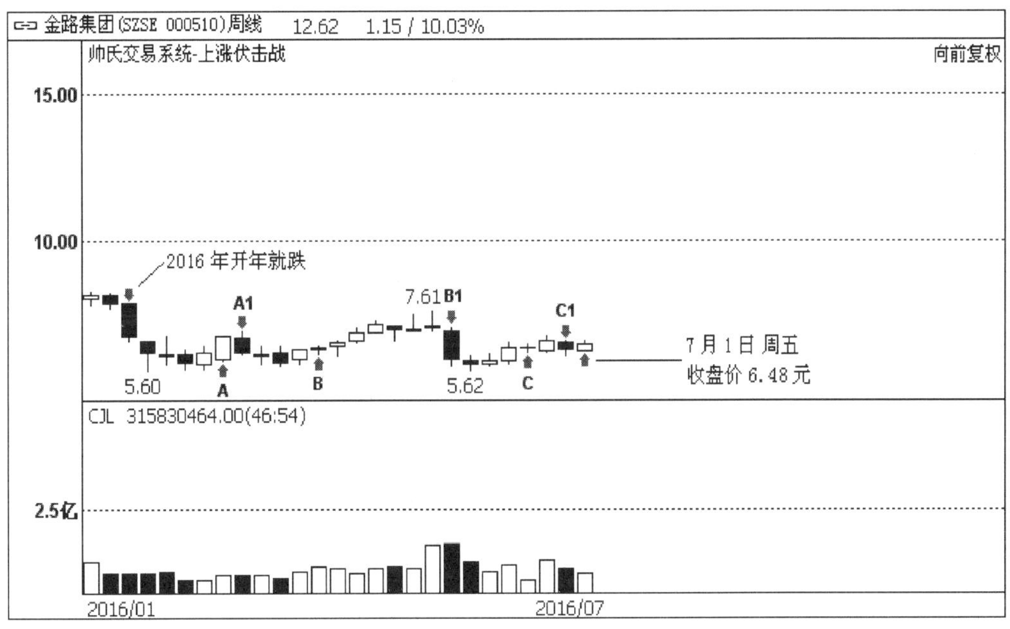

图 1－91

2016 年 1 月 8 日周五，该股发出的卖出信号被确认了，并于下一个交易周创出了阶段性的最低价 5.60 元。前 3 次买入信号 A、B、C 被确认后，令人期待的拉升行情实际都没有，股价分别在 A1、B1、C1 三周破位下跌。这三轮买进⇨卖出的操作，会带给投资者一些亏损。尽管该股的绝对价格很低，每次的亏损也不大，但是它会动摇人的信心啊——要知道，该股在 2015 年的大牛市中，最高价不过才 11.25 元，会有主力机构的资金在 2016 年关注这样一只股票吗？下次买入信号再被确认时，你还要不要进场？

这不，7 月 1 日周五，买入信号再次在周 K 线下方被确认了，你该怎么办？

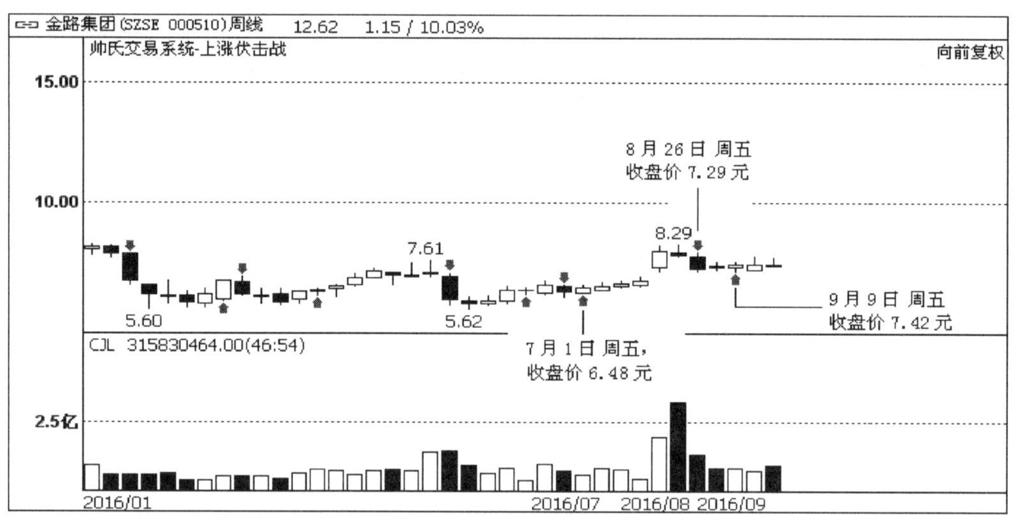

图 1-92

7 月 1 日之后，这只股不但创出了 8.29 元的阶段性新高，而且从 7 月 1 日进场到 8 月 26 日的这次操作，总算是没赔钱。当然，最低价和最高价我们只是看得到却摸不到，所以实际具有可操作性的价格区间比从 5.60 元到 8.29 元要小很多。

现在的问题是，9 月 9 日的买入信号被确认后，你已经再次进场了。可两周时间过去了，股价似乎没有要涨的样子，反倒是最近两周周 K 线上方的上影线很令人担忧。

切记：震荡不要烦，请你就简简单单地按照买入信号和卖出信号的提示去操作，除非你有更靠谱的进场和出场理由。

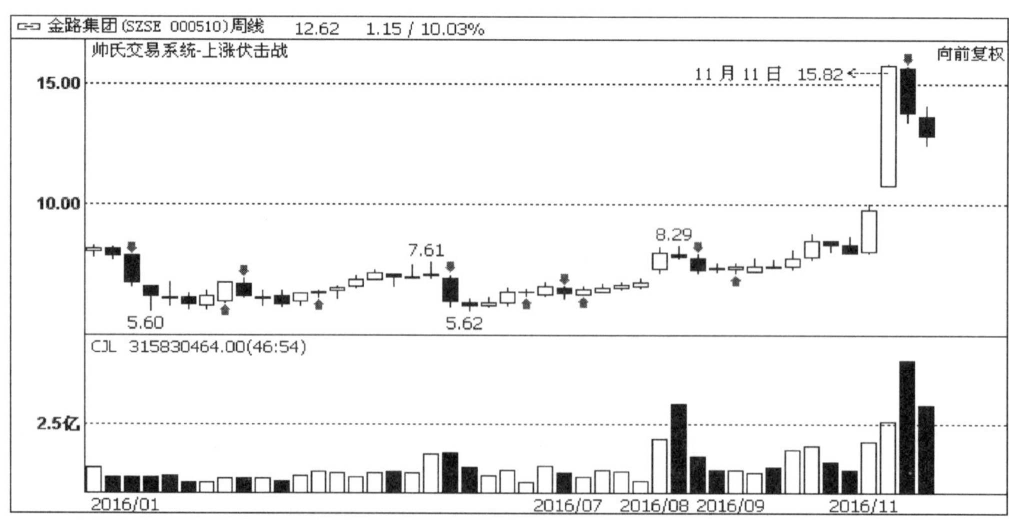

图 1-93

这回股价终于大涨了！

该股在 2016 年总共有 5 次买入信号被确认，前三次赔钱，后两次赚钱。

股市里有三个“不知道”：①每年的年初，某只股票在这年中到底有没有行情，这个谁也不知道；②就算有行情，行情什么时候启动、股价能涨多高，这个也没人能知道；③有行情，但你能够在这波行情赚多少钱，这个更没人知道。

和买进一样，在什么位置卖股票，那也是投资者自己的事——你一定得有买进和卖出的依据！投资是一个漫长的学习和实践过程。其实要说这“熬”，也分两种。一种是永远在稀里糊涂中熬，在一次次错误的操作中不断赔钱却始终走不出“一买就套、一卖就涨”的怪圈；另一种是有底气的熬，由于掌握了方法、使用着高胜算的工具，因此你知道自己的操作始终站在大概率的一侧，你有绝对的把握等来行情爆发的那一天。

有时候，伴随着股价在一段时间内做极其窄幅的箱体震荡，买入信号和卖出信号会频繁出现。遇到这种情况，真的要考验投资者的执行力了。如下图所示。

中国太保（601601）

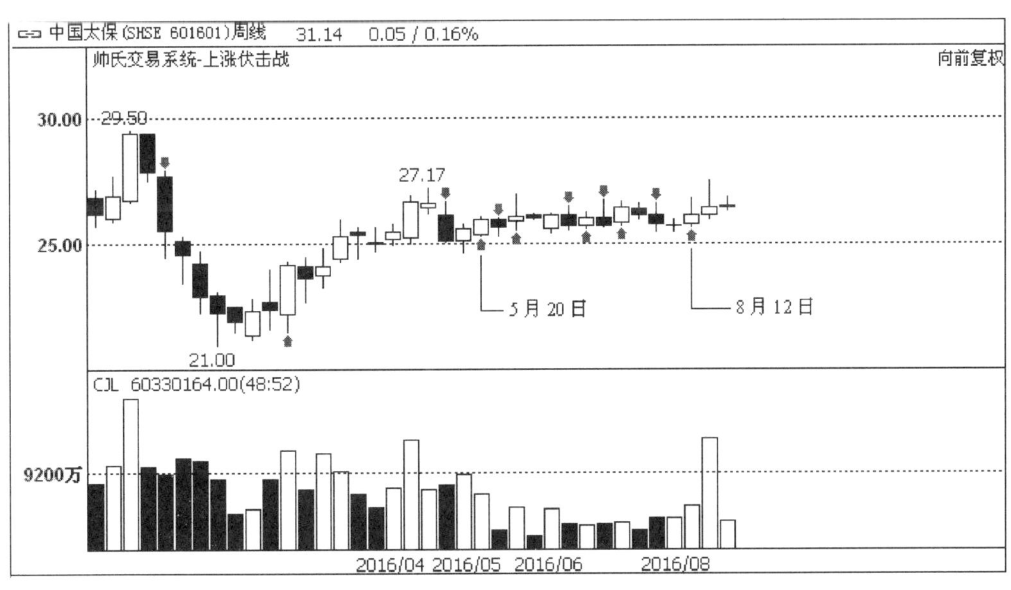

图 1－94

你见过行情如此窄幅震荡，而买卖信号也如此频繁出现的情景吗？这只股票从4月末创出27.17元的第一波反弹高点后，就开始下跌，然后一直盘整。在5月到8月4个月的盘整期内，“上涨伏击战”策略模型总共5次发出买入信号并最后确认，这是不是相当烦人呢？我们要辩证地看问题，既然是窄幅震荡，那在每次买进⇨卖出之间，价差损失也实在大不到哪儿去。

这里笔者将股价拉升前的4次买进、卖出价差做了详细统计，结果见下表，供读者参考（说明：均以当周的收盘价计算，并忽略手续费成本）。

表1－1

序号	交易日期	操作方向	交易价格	价差
1	2016—05—20	买进	25.96元	
	2016—05—27	卖出	25.66元	亏损0.30元
2	2016—06—03	买进	26.08元	
	2016—06—24	卖出	25.72元	亏损0.36元
3	2016—07—01	买进	26.03元	
	2016—07—08	卖出	25.73元	亏损0.30元
4	2016—07—15	买进	26.44元	
	2016—07—29	卖出	25.79元	亏损0.65元
合计				亏损1.61元

4个月的窄幅箱体震荡期内，4个回合不成功的交易，总计亏掉1.61元，约合第一次买进价25.96元的6.2%。如果股价一直这么震荡下去还真是个麻烦事，毕竟帅氏交易系统“上涨伏击战”的买入信号早晚还是要发出的，并且买入信号和卖出信号一定交替出现，如果每次都亏钱，投资者怎么受得了啊！

如今买入信号第五次已经出现了，要不要进场呢？答案请见图1—95。

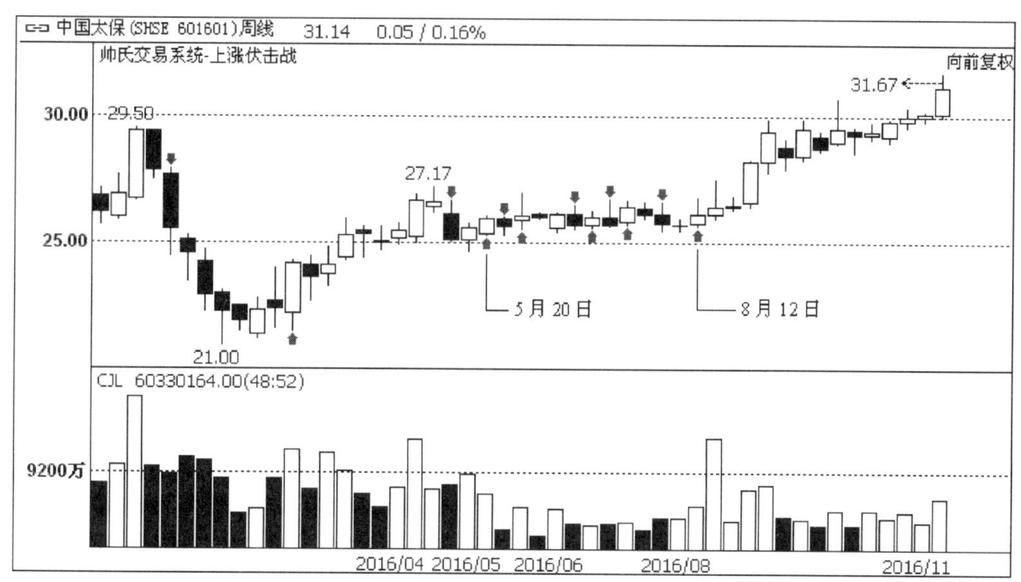

图 1－95

进场就对了！

该股股价在 8 月 12 日第五次买入信号发出后开始上涨了，这次是持续性的，涨幅很大。有图有真相。到 11 月本书截稿时，该股涨势还没有结束！

面对这种行情，你该如何是好？如果缺乏对一套交易系统或者一种股市战法的自信，投资者很难做到严格按照买卖信号提示的方向操作。篮球运动员姚明曾经说过一句话，令人印象深刻："坚持不一定成功，但放弃一定失败！"

一句话，震荡不要烦。

★第三句：上涨不要放过！

股民炒股赚钱主要靠股价上涨。笔者提倡的"下跌不要做"和"震荡不要烦"，就是为了把真正应该出手的机会留给股价（大幅）上涨的拉升行情。

证券投资是一种带有博弈性质的操作，没人能次次做到买了就涨，但只要实现小亏大盈，让赚钱的次数多于亏钱的次数，你就是最后的赢家。行情是自己走出来的，为什么有时候股价会出现（大幅）上涨？还有，本书提到的"上涨概率大于下跌概率"是什么意思？其实，笔者对"上涨概率"的计算主要参考下面四个因素，在对这四个因素赋予不同的权重并进行量化处理后，得出的计算结果就是上涨概率值。

第一个因素：股价是否真的已经止跌了。

假如某只股票从10元开始下跌，跌到5元后跌不动了，在此之后它连续20个交易日的收盘价始终处于5元之上的某个价格区间。有了这20个交易日不再创新低的盘整，就可以定义该股未来上涨的概率大于再次破位下跌的概率。万一该股股价在未来的某个交易日跌破5元继续向下寻底怎么办？那就再等、再观察好了，直到它真的不再创新低了为止。只要股价真的跌不动了，投资者进场就是合理的和安全的，之后股价只是涨多涨少的问题。

第二个因素：跌幅是否足够大。

一般来说，股价的跌幅越大，越具备反弹的可能。两只同为10元的股票，在经历相同时间的下跌后，股票A跌到8元，而股票B跌到了3元。如果要你选，你会选哪只呢？当然是股票B，因为它比股票A跌得狠。请读者们注意，“强者恒强”这个词一定是用在股票上涨阶段的。如果非要在两只上涨的股票中做选择的话，我们当然是要选走势更为强劲的那只去持有。而在比较下跌的个股时，我们要尽可能关注那些跌得较惨的股票，越惨越好。原因何在呢？因为股票是一种有价证券，撇开经营业绩、分红等因素不考虑，股价最起码还有上市公司的净资产值在为其“托底”呢。请大家回忆一下，每当银行股大面积破净后，哪一次大盘不是很快就见底回升了？所以，股价涨跌无限循环，机会是跌出来的。

第三个因素：止跌已持续了多长时间？

“横有多长、竖有多高。”这句股谚的意思是说，股价横盘震荡的时间越长、蓄势越充分，则其未来上涨阶段的持续时间就越长，涨幅就越大。两只最大跌幅均已达50%的股票，股票A在5元到6元之间横盘震荡了2个月，而股票B已经在5元到6元之间横盘震荡10个月了。从理论上讲，当然是股票B更值得投资者关注。

第四个因素：反弹是否有成交量的配合？

成交量是摆在明面上的指标，一般人习惯说“量为价先”。但是笔者在判断股价的上涨概率是否足够大时，成交量是被赋予权重最低的一个因素。有成交量配合的上涨固然很好，但没有成交量的配合股价就一定涨不起来吗？当然也不会这么绝对。在本书后面的很多例子中读者会发现，其实在股价启动那一刻（即那一周）成交量没有出现明显放大的情况非常多。

总之，价格、时间、空间、成交量是计算股价上涨概率时用到的四个变量。股价的上涨、行情的启动，就是一个从量变到质变的过程。股价在每个交易日开盘的240分钟里不停地在动，因此上述四个变量的值也不停地在动，最后导致上涨概率值的计算结果也无时无刻不处在变动之中。

怎样才能发现上涨的股票、实现“上涨不放过”呢？投资理念固然重要，但交易无非就是找买点和找卖点这两件事。炒股可繁可简，烦琐的方法是笔者把复杂的演算过程传授给好奇心强的读者，读者自己再去慢慢调整参数，花大量时间继续不断验证。简单的方法是你直接使用已经将价、时、空、量这四个要素经量化处理后生成了买卖提示的工具。

“上涨伏击战”策略模型这个交易辅助工具怎么用、它究竟好不好？请看本书下面的内容。

3. 师傅工具巧，好股跑不了

徒弟能不能掌握一项技能，学不学得会一门手艺，关键看他肯不肯学。现在的人可是有判断力的，师傅手里有真本事大家才愿意学。

帅氏交易系统的“上涨伏击战”策略模型有一整套详细说明，这在后面的章节中笔者会一一向读者呈现。这一节只谈它最突出的特点：发现行情刚刚启动的股票，并及时提醒投资者。请看下面几个例子。

三聚环保（300072）

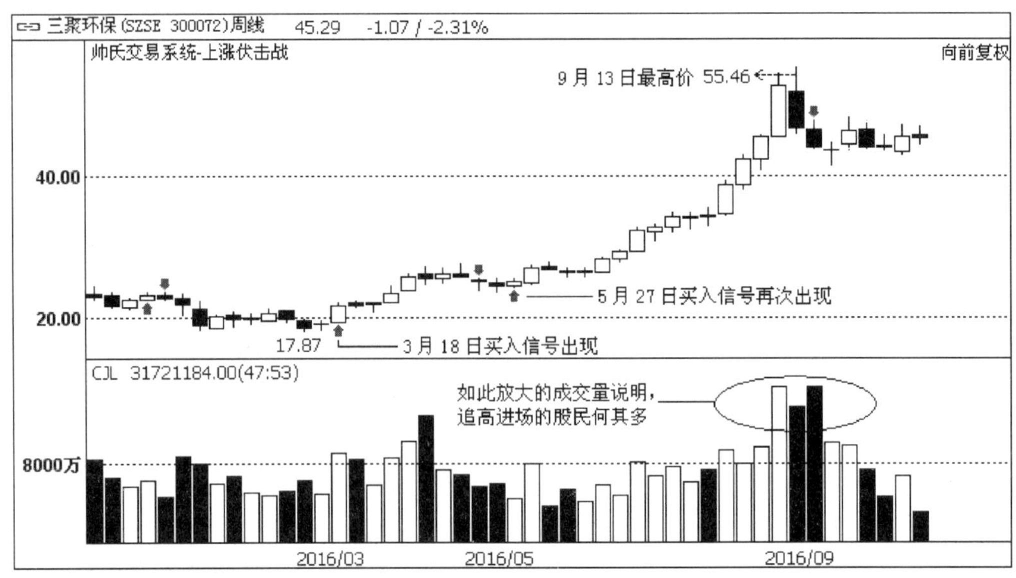

图 1—96

2016 年 3 月 18 日，买入信号第一次发出并确认时，该股收盘于 21.70 元；5 月 27 日，买入信号第二次发出并确认时，该股收盘于 24.96 元。在约 3000 只股票中，谁会知道这只股后来一路涨上去，股价在 2016 年 9 月实现翻倍，成为了一只名副其实的大牛股？

我们常念叨的“好股”“牛股”，是指那些涨幅大、上涨持续时间长的股票，比如图 1—96 的三聚环保。

“我怎么不知道居然还有这么一只股票？”“××大牛股刚刚启动时也没人告诉我呀！”假如你都不能发现哪些股票已经开始启动了，那好股、牛股跟你有关系么？像三聚环保这种股票，假如在股价仅仅 20 多元时你发现不了它，尽管等它涨到 40 元甚至 50 元，你再进场也能赚到一截价差，但做一个后知后觉者好，还是做一个先知先觉者好，答案还用说吗？

买在起涨点！“上涨伏击战”设计得就是这么巧。只要股价涨起来后趋势不改，大牛股一只也跑不了！什么叫“让利润飞奔”，你再看看下面几个例子就知道了。这里特别说明：本书中所选股票案例，凡是上涨的，一律不选2014年7月至2015年6月这段牛市期间个股的走势。因为那太简单、太明显了。在整个牛市期间，没有任何一只暴涨股票在行情启动之初，帅氏交易系统的“上涨伏击战”漏掉了买入提示。本书中所选的案例，绝大多数来自2016年“股灾”过后，市场整体尚处于弱势反弹格局里的个股走势。

天赐材料（002709）

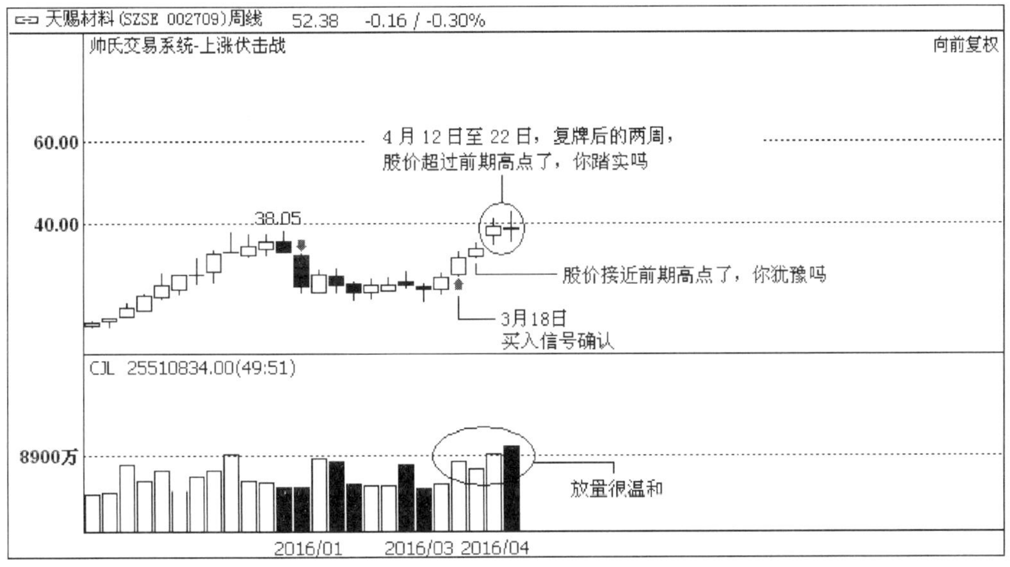

图1—97

如图1—97，该股启动初期圆弧底形态较为明显，2016年3月18日周五买入信号得以确认，当天收盘价为31.62元。进入下一周，股价继续小幅上涨，到3月25日周五收盘时股价为33.53元。此时距离之前上涨的高点38.05元不远了，但由于这周略有缩量，因此会让不少投资者变得犹豫起来。

股票3月25日收盘后停牌，4月12日复牌。到这周周末，即4月15日时，股价已经收在了39.01元，突破了之前38.05元的高点。再下一周，4月18日到22日，股价收在38.33元，依然高于38.05元。说实话，这种时候你心里踏实吗？至少3月18日进场打“上涨伏击战”的投资者心里应该是踏实的，此时他们的盈利已经达到20%了，相当从容。

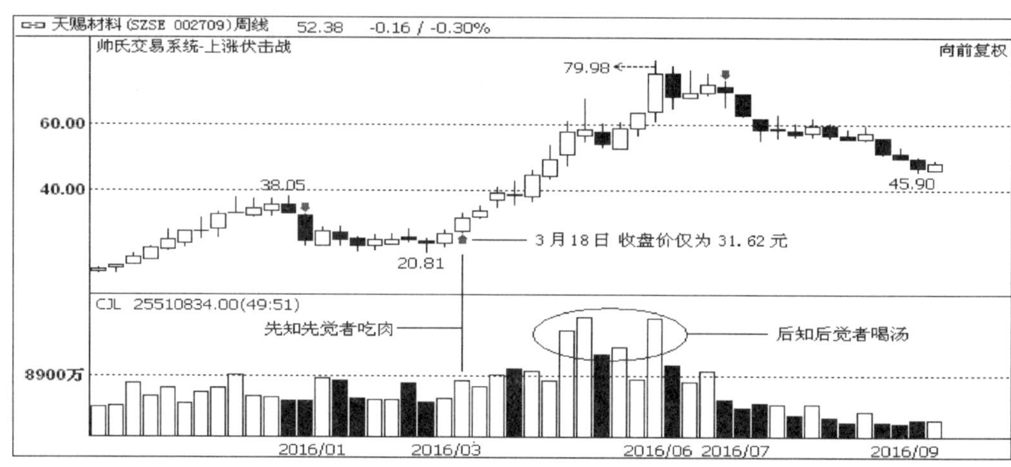

图 1－98

买入信号确认后，股价暴涨！“行情在犹豫中发展”，此话果真不假。股价总是在我们感到绝望的时候止跌，然后在不经意间开始慢慢一点点涨起来了。同时，股价都是在你认为它马上会下跌、不该再涨的时候，在你没有任何思想准备的情况下，它竟然又涨了很多。最后，它终于涨成了大牛股！

“先知先觉者吃肉，后知后觉者喝汤。”在天赐材料这个例子中，后知后觉者之所以还能喝到汤，是因为该股涨幅巨大的原因所致。当然，不需要你在股市里有多深的资历，你只要按照买入信号的提示及时进场，就能够买到好票，让自己始终处于非常有利、非常安全的境地。

东旭光电（000413）

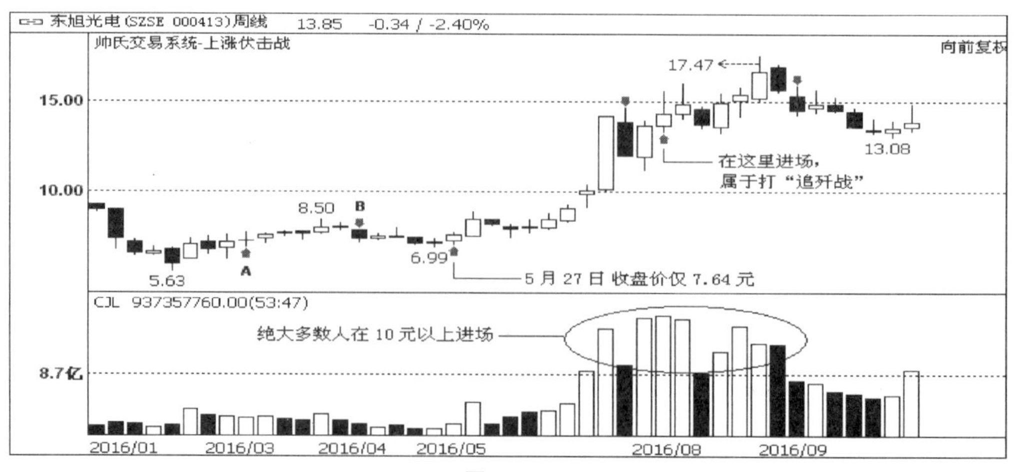

图 1－99

东旭光电这只股更是不得了！图中最左侧那个 5.63 元是该股 2016 年 1 月 27 日周三创下的，随后股价止跌企稳。K 线 A 下方是第一次买入信号，其对应的时间是 3 月 11 日周五，收盘价 7.33 元。后面的反弹虽然曾一度冲高到了 8.50 元，但是在 K 线 B 的位置（4 月 22 日，收盘价 7.44 元）有卖出信号发出，提示投资者要离场。这一次进场勉强不赔不赚。

5 月 27 日周五买入信号第二次确认了，当天收盘价是 7.64 元。如果投资者再次进场依然算是打“上涨伏击战”，因为这个买入信号是在前一周最低价 6.99 元基础上发出的。这一周成交量小得可怜，这次反弹的命运真不知道究竟会如何。

谁也不会想到，7.64 元进场的人实际算是抄到了大底。虽然股价在冲高过程中有一次震荡，可能会让投资者损失 2 元的价差，但收益依然相当可观。从 1 月的 5.63 元到 9 月的 17.47 元，股价绝对涨幅相差 3 倍，这种事居然能发生在市场整体呈弱势反弹的 2016 年，真是令人不可思议！

瑞和股份（002620）

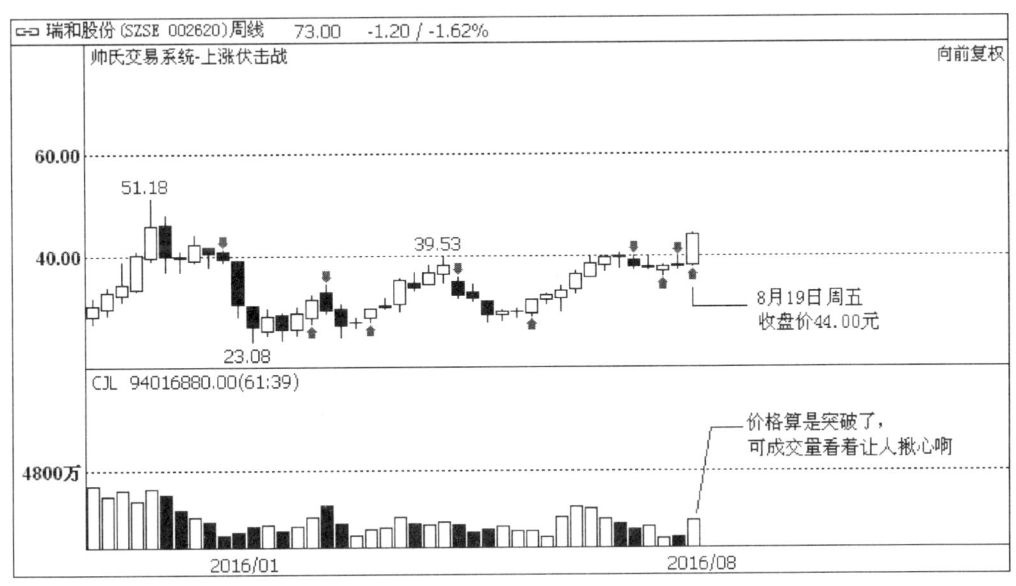

图 1—100

谁也不能说瑞和股份这只股没有涨，从年初的最低价 23.08 元，到 8 月 19 日的 44 元，涨幅还是不错的。只是 8 月 19 日这次买入信号确认时的成交量不能令人十分满意，股价实际走势如何，请见图 1—101。

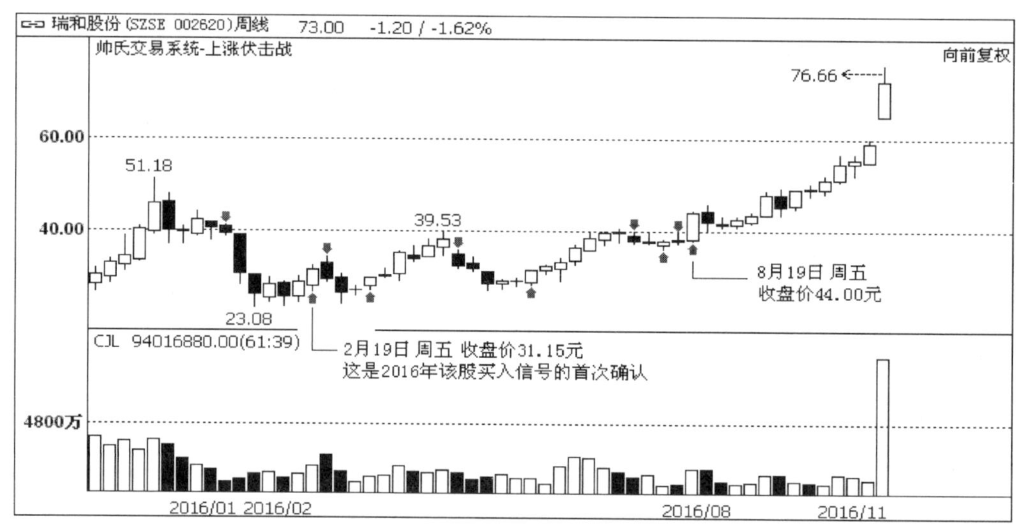

图 1－101

成交量不能持续放大，或不能放出巨量，股价就一定涨不动吗？不见得。8 月 19 日之后，该股股价从 44 元慢慢推高到 11 月的 60 元附近。

从 2 月 19 日（周五，收盘价是 31.15 元）该股的第一次买入信号发出并确认，到 8 月 19 日的第五次买入信号发出，你只要盯着这只股做，买入信号确认就买进，卖出信号确认就卖出，翻倍的收益怎么会跑得掉呢？

海虹控股（000503）

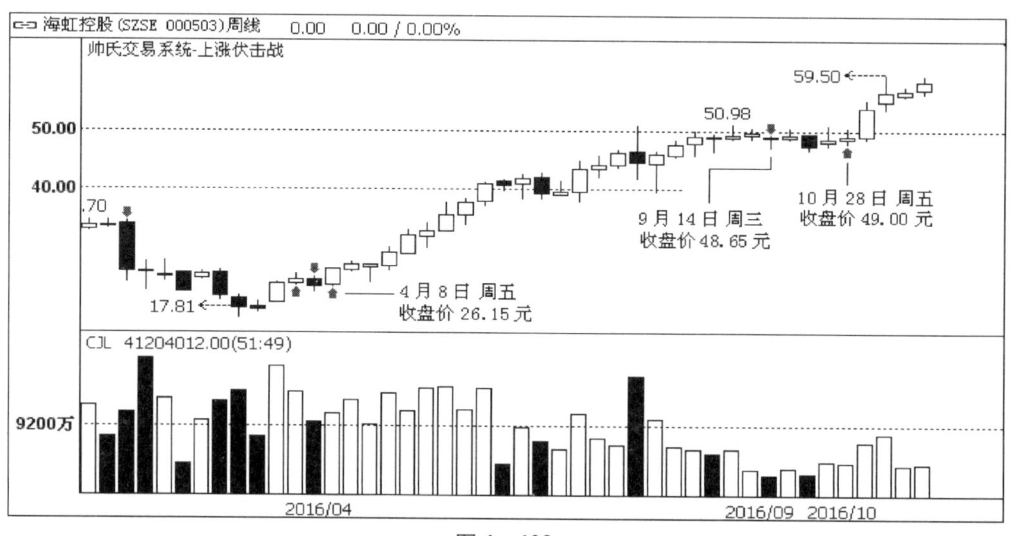

图 1－102

如图1—102所示，海虹控股在2016年里被最后确认的买入信号只有3次，它们都被永久地保留在周K线图中了。把全年的股价走势压缩到一张图中，我们发现该股的上涨其实就是一个周级别的V形反转。17.81元的阶段性最低价我们可以发现它，但抓不到它，而第一轮的买入⇨卖出操作也无功而返。但这些都不重要，重要的是4月8日的第二次买入信号确认时，股价仅仅是26.15元，而且后来行情走的是《超级大布局》一书介绍过的“N形冲高”式上涨，只要投资者在4月8日之后的两周内进场，都能买在最合理、最具价格优势的位置上。由于股价在上涨过程中没有卖出信号出来“捣乱”，因此在涨到50元之前，你就踏踏实实持仓好了。9月份冲过50元之后，股价做了几周窄幅震荡，按照卖出信号及时止盈是可以的，收益已接近翻倍。如果再次买回，这一卖一买的价差损失只有0.35元，之后10月份股价的最后一波快速拉升又能带给投资者将近20%的获利。

美锦能源（000723）

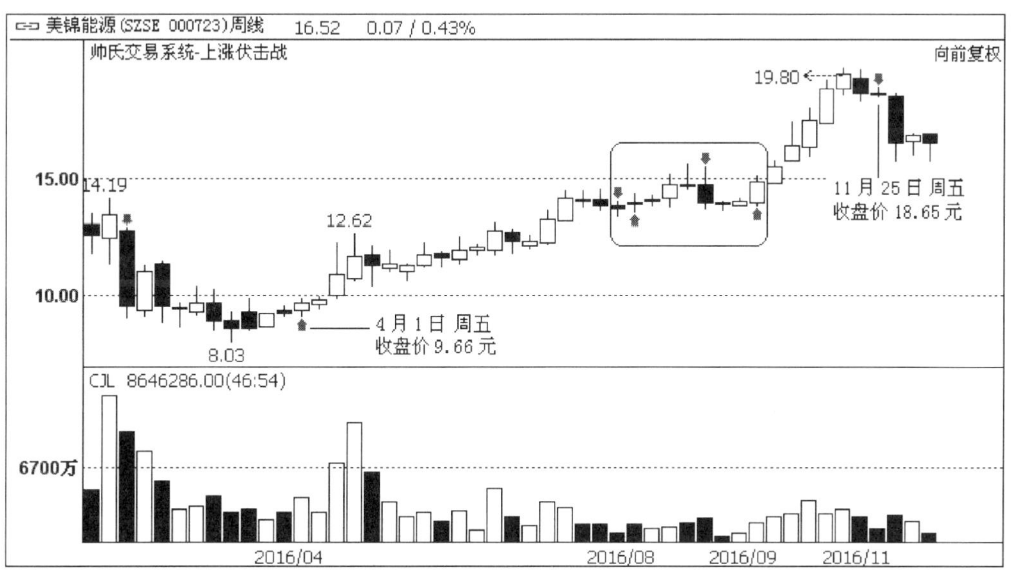

图1—103

如图1—103所示，由于美锦能源在行情启动之初的底部形态是极其标准的圆弧底，因此仅凭4月1日这一次买入信号的确认就开启了全年的上涨之旅。图中被框起来的部分是8月初到9月底这段时间，股价在一个窄幅空间里震荡。如果投资者严格按照买卖信号的提示操作，并且以发出信号那一周的周五收盘价计算，这个震荡会让投资者亏损 1.20 元。但是就全年的收益率而言，仍然可达到 80%。

笔者很愿意跟各位读者分享一个研究心得，那就是：在现在市场约 3000 只股票里，每年都会选出当年涨幅最大的“年度十大牛股”，你只有发现这些“年度十大牛股”的起涨点并及时进场，才能在该股上赚到大钱。假如某一只“年度十大牛股”从年初到年底实际的涨幅是 200%（比如从 10 元涨到了 30 元），而你是当年在 12 月等它已经上涨了 90%之后才知道它、关注它并买进它（比如在 28 元进场），那请问这又有什么意思呢？

在每年 240 多个交易日里，每天都有很多股票发出买入信号，只买其中的一只风险太大。更靠谱的办法当然是撒网打鱼——你同时多买几只已经发出买入信号的股票。我们做个有趣的假设，假如在 2016 年 6 月 3 日周五这天，你发现市场里总共有 7 只股票的买入信号被确认了，包括下面要分析的这只四川双马（000935）。你把资金分成均等的 7 份，同时买进了这 7 只股票。买进之后，其他 6 只在第二个交易日就停牌了，而只有四川双马进行着正常的连续交易。该股股价的实际走势见下面两幅图（图 1—104 和图 1—105）。

四川双马（000935）

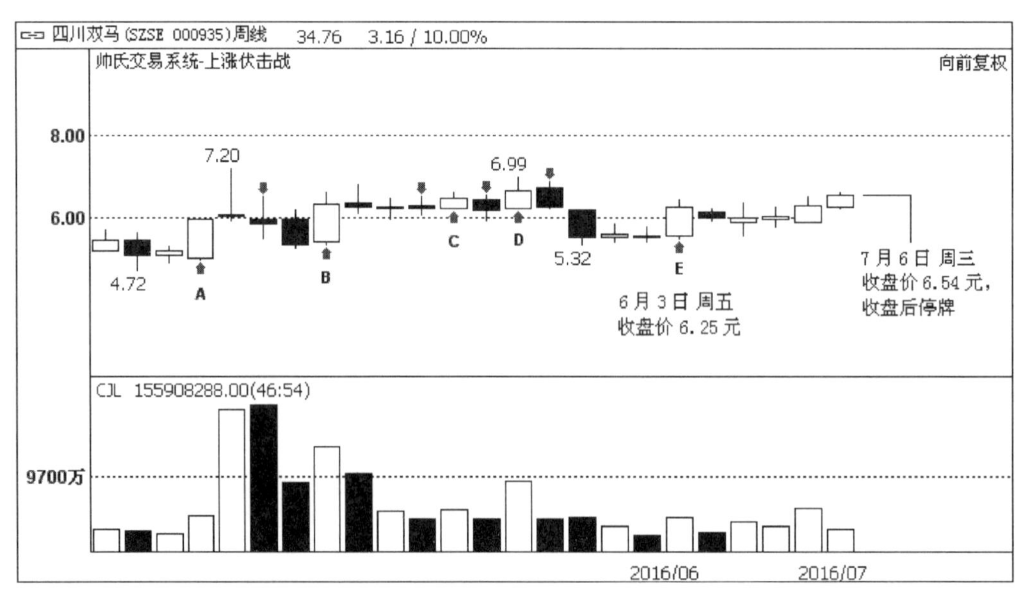

图 1—104

如图 1—104，A、B、C、D 这 4 次买入信号被确认后，四川双马的股价始终没有什么起色，无非就是以 6 元为中轴，在上下各 1 元钱之间做窄幅箱体震荡。第五次买入信号 E 被确认是在 2016 年 6 月 3 日周五，假设你就是以这天的收盘价 6.25 元买进了该股，之后的情况会怎样呢？首先，它又继续不温不火地横盘了 5 周时间。其次，5 周后的 7 月 6 日收盘后，该股也停牌了（说明，这是该股的实际走势）。在经历了短暂的停牌又复牌之后，四川双马的走势将发生什么样的变化，相信下面的图 1—105 会让你看到震撼的一幕！

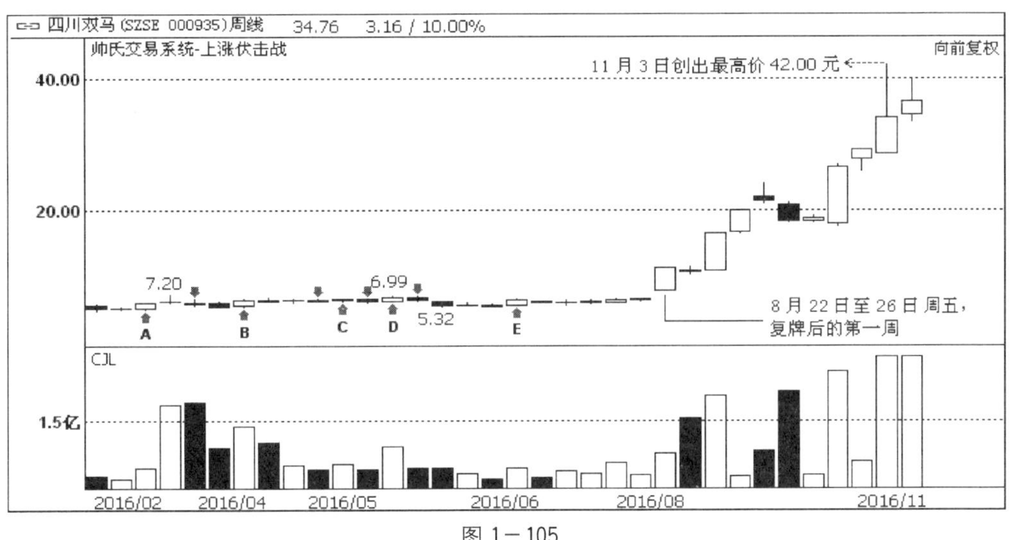

图 1—105

这是四川双马在 2016 年里的全景图。“横有多长、竖有多高”，这只股“竖”得也太高了！看来它跻身“2016 年十大牛股”应该是没有什么悬念了。

我们看到，这只股票 8 月 22 日周一复牌后一路上涨，最高曾到达了 42 元。而作为一名投资者，你的盈亏其实在股票停牌前就已经决定好了——没买的踏空了，买了的赚了 6 倍！当然，我们的假设是你买进了这只股。当股价涨到 42 元，这时你觉得自己赚够了，不想再持股了，于是在 11 月 3 日 42 元时将四川双马卖掉了。从 6.25 元到 42 元，这只股你赚了 6 倍多。好，这时你自己算一算，看看你所有资金的整体收益率是多少（说明：另外六只股票依然在停牌中，就当作它们都不赔不赚好了）？你对这样的收益率满意吗？

相信读者能明白笔者在讲什么——在保证正收益的前提下，追求资金的整体收益率，这才叫作正确的交易！

无论牛市还是熊市，市场里每年都太多太多的好股、牛股，我们赚钱的机会就在这些牛股上面。不知道你发现没有，其实只要股价出现了大幅拉升，踏空行情几乎是不可能的——帅氏交易系统的“上涨伏击战”在起涨点的位置早就把买入信号给你标示出来了。在K线图中加载“上涨伏击战”策略模型后，买卖信号会永久保留在K线图中的，想改都改不了。

请你牢牢记住“下跌不要做”“震荡不要烦”“上涨不要放过”这三句话，同时选一种好的交易辅助工具，熟练掌握配套的战法，这是你炒股赚钱的一条捷径。

4. 师傅办法效率高，好股打包任你挑

我们可以什么都不在意，除了效率这件事，因为效率直接与我们要花掉的时间挂钩，然而我们的生命是极其有限的！

效率＝单位时间内产生的效果

投资者是如何选股票的？可能绝大多数人都还在一只只地选吧？敲几下键盘看一只股，再敲几下键盘换下一只股……另外，尽管你的K线主图可能加载了均线、布林通道、顾比系统等各种指标，副图加载了MACD、KDJ、RSI……但这只股到底该买还是该卖，你需要花多久才能确定下来？是一分钟，还是经过多方论证后，依然很久都无法确定。

确定一只股票到底值不值得关注，笔者只花10秒钟就足够了。

这样的效率，笔者是怎么做到的呢？——当要买进股票时，就在电脑里打开一个事先设置好的页面，这个页面同时显示30只股票，这30只股票都选用周级别这个时间周期，并且都加载了“上涨伏击战”策略模型。于是，哪些股票的K线下方有买入信号便可以一目了然。

然后每换一个页面，就是另外不同的30只股票，以此类推。这套帅氏交易系统对上市交易的所有股票行情走势实现了无死角、全覆盖，还包括各个板块指数、ETF指数基金等的行情。另外，只要你的显示器足够大、电脑显卡足够好，一个页面放更多的股票也没问题。

10 秒钟选出 1 只股，毫不夸张，因为这是“初赛”——笔者可以很快地从所有股票中先选出买入信号已经发出了的股票，然后将这些股票放进备选股票池中。

笔者来示范一下，下面是 32 只股票在 2016 年 11 月 25 日周五停牌后的情景。其中包括中小板按自然排序的前 20 只股票（即 002001 到 002020），创业板按自然排序的前 4 只（即 300001 到 300005），深圳主板按自然排序的前 4 只（即 000001 到 000005）和沪市按自然排序的前 4 只（即 600000 到 600006）。

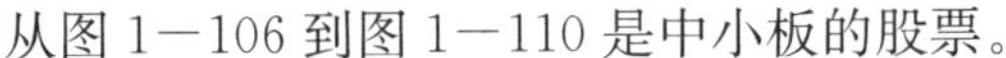

从图 1—106 到图 1—110 是中小板的股票。

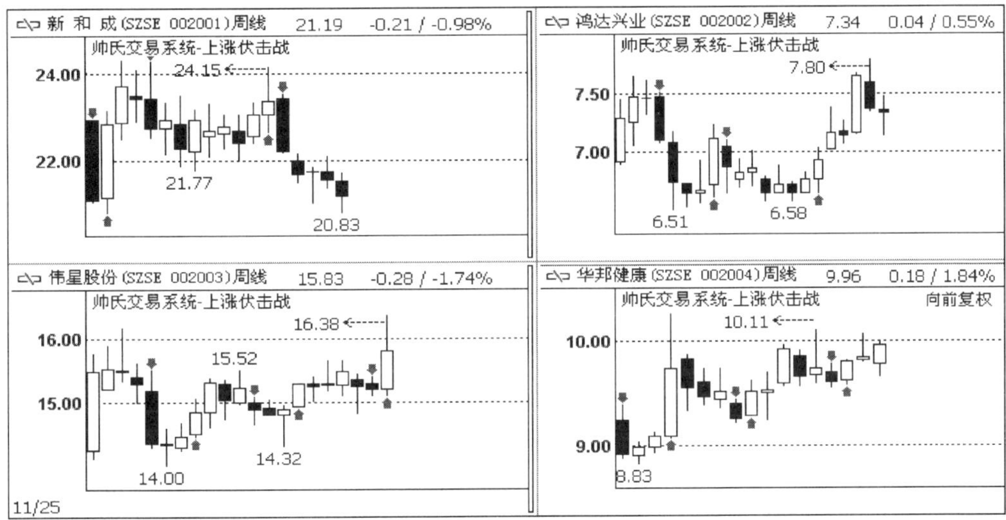

图 1—106

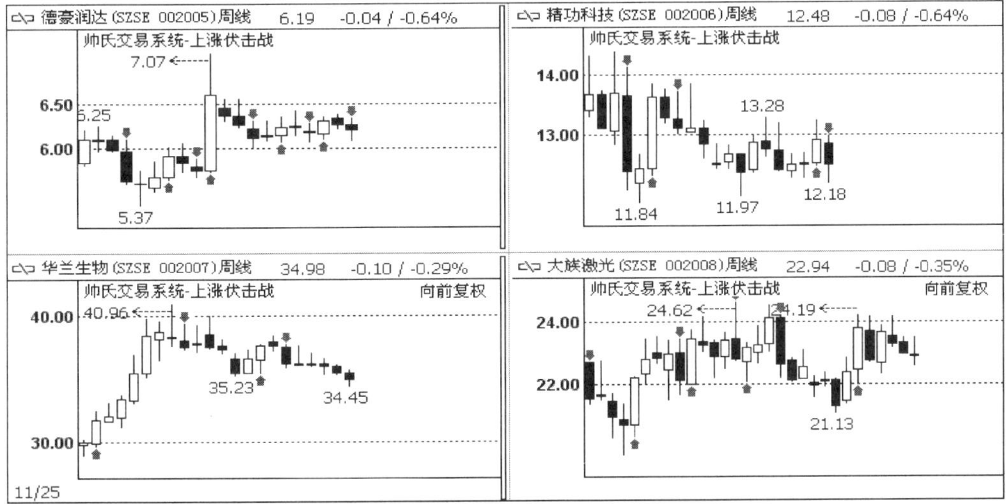

图 1—107

天奇股份 (SZSE 002009)周线 16.67 -0.23 / -1.36%
帅氏交易系统-上涨伏击战
向前复权
18.47
16.00
14.99
传化智联 (SZSE 002010)周线 19.45 0.03 / 0.15%
帅氏交易系统-上涨伏击战
21.20
17.51
盾安环境 (SZSE 002011)周线 11.04 0.11 / 1.01%
帅氏交易系统-上涨伏击战
11.36
10.18
11/25
凯恩股份 (SZSE 002012)周线 10.92 0.05 / 0.46%
帅氏交易系统-上涨伏击战
11.88
10.34
8.80

图 1－108

中航机电 (SZSE 002013)周线 19.10 0.73 / 3.97%
帅氏交易系统-上涨伏击战
19.23
15.51
永新股份 (SZSE 002014)周线 16.95 0.11 / 0.65%
帅氏交易系统-上涨伏击战
18.24
15.71
霞客环保 (SZSE 002015)周线 9.32 -0.19 / -2.00%
帅氏交易系统-上涨伏击战
10.30
9.24
8.66
11/25
世荣兆业 (SZSE 002016)周线 10.78 0.12 / 1.13%
帅氏交易系统-上涨伏击战
12.10
8.35

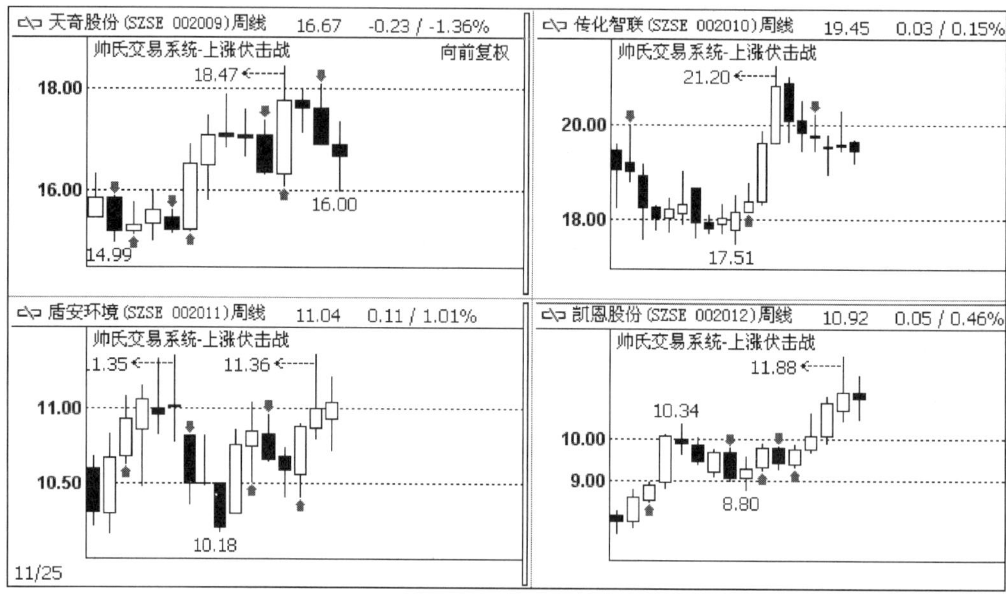

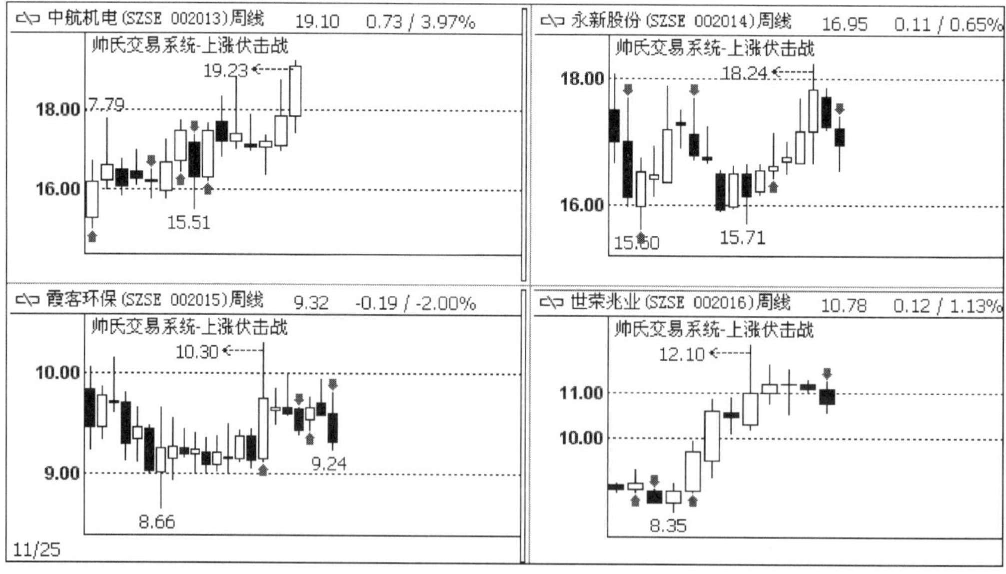

图 1－109

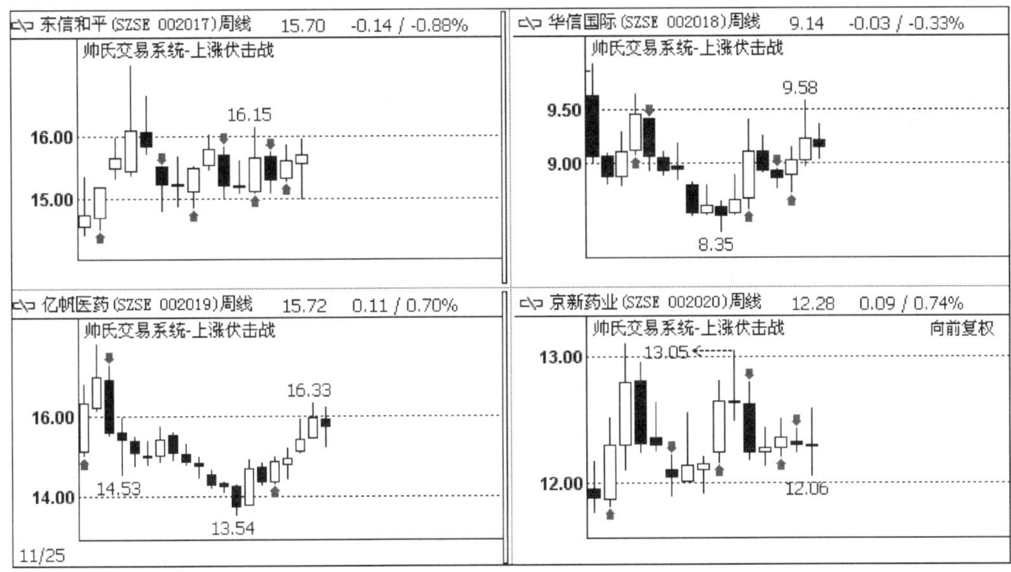

图 1－110

同样，创业板里的股票、上海和深圳主板里的股票，也可以按照上述方法“照方抓药”，把它们排好序，一只一只显示出来。如图 1－111 至图 1－113 所示。

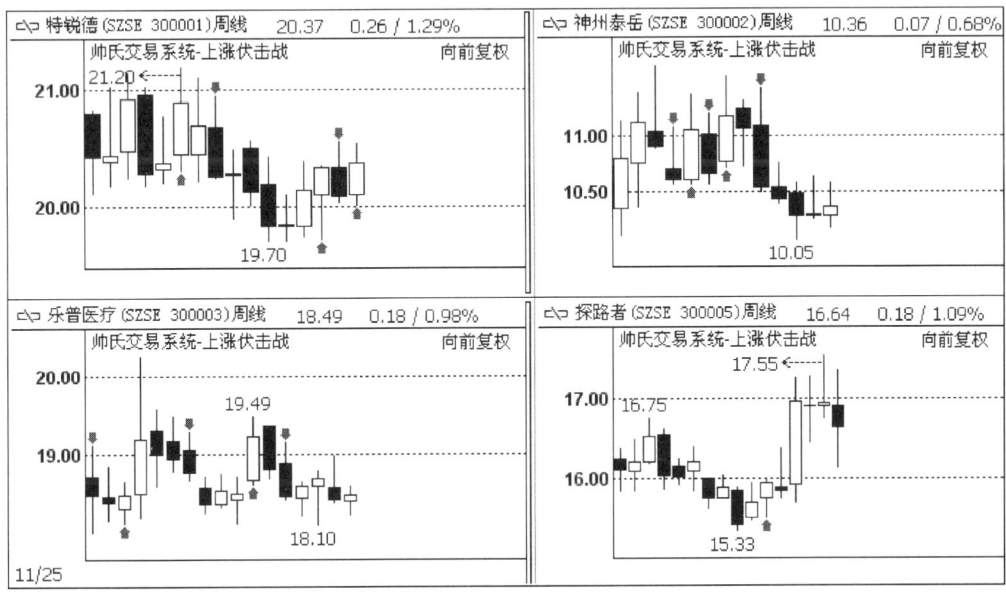

图 1－111

平安银行(SZSE 000001)周线 9.62 0.15 / 1.58%
帅氏交易系统-上涨伏击战
向前复权
9.62
9.50
9.00
9.01
万 科A (SZSE 000002)周线 27.19 0.26 / 0.97%
帅氏交易系统-上涨伏击战
向前复权
29.00
26.00
24.00
24.03
22.50
国农科技(SZSE 000004)周线 43.92 -1.08 / -2.40%
帅氏交易系统-上涨伏击战
向前复权
48.49
40.00
30.00
11/25
世纪星源(SZSE 000005)周线 7.56 0.01 / 0.13%
帅氏交易系统-上涨伏击战
向前复权
7.80
7.40
7.18

图 1－112

浦发银行(SHSE 600000)周线 17.09 0.20 / 1.18%
帅氏交易系统-上涨伏击战
向前复权
17.02
17.23
17.00
16.00
16.01
白云机场(SHSE 600004)周线 15.00 -0.01 / -0.07
帅氏交易系统-上涨伏击战
向前复权
15.32
15.00
14.49
14.00
武钢股份(SHSE 600005)周线 3.43 0.11 / 3.31%
帅氏交易系统-上涨伏击战
向前复权
3.50
3.44
3.00
2.73
11/25
东风汽车(SHSE 600006)周线 7.50 -0.07 / -0.92%
帅氏交易系统-上涨伏击战
向前复权
8.50
8.00
7.31

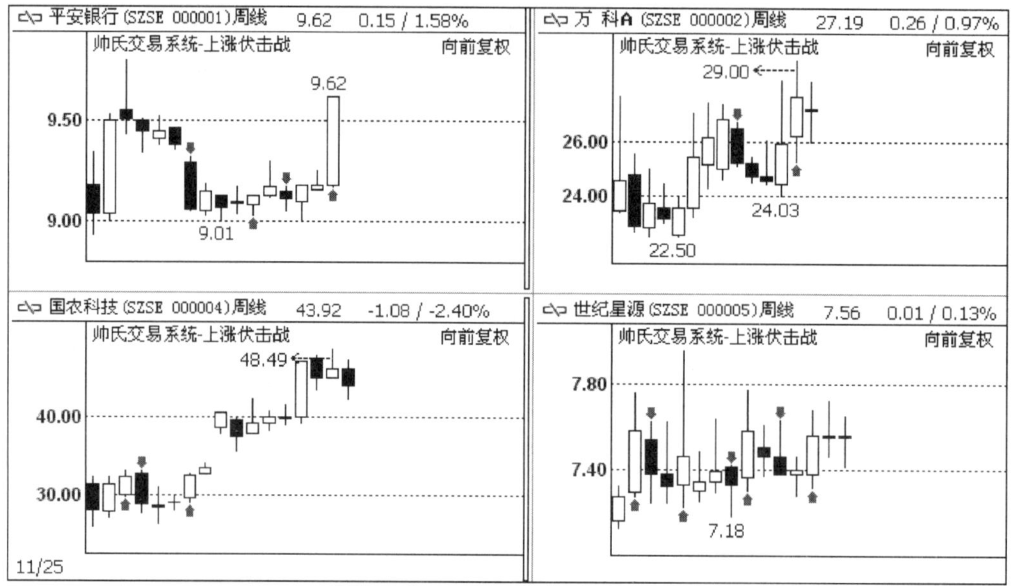

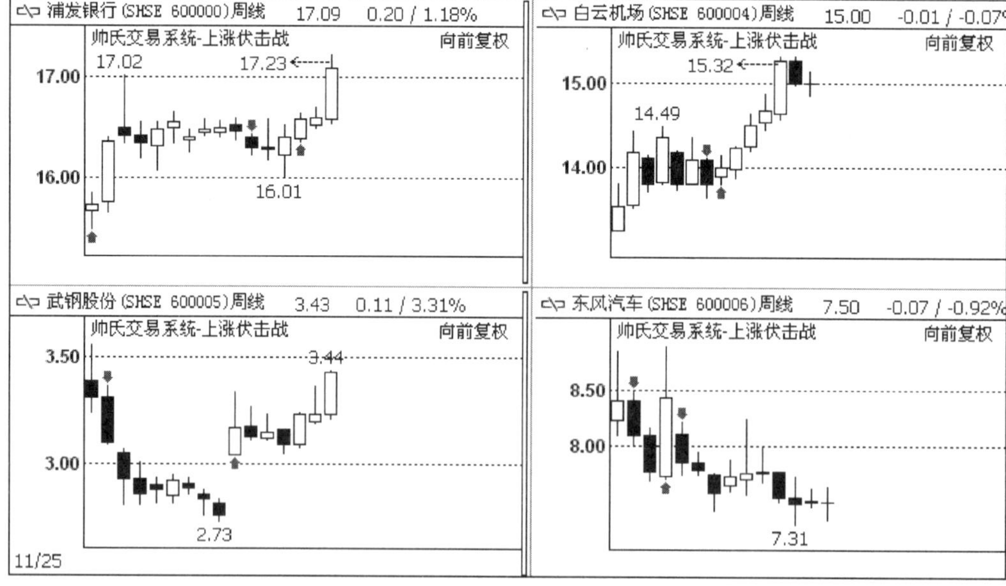

图 1－113

各位读者，你手里这本16开的书由于版面所限，一页放不了太多的股票，而电脑的显示器可就不一样了。

“初赛”的时候，你的每个页面至少应该放20－30只股票。别嫌看着乱，一个屏幕股票多点没事，时间一长你就习惯了。你想想深圳特区当年的口号吧——时间就是金钱、效率就是生命！这话一点儿没错，好几千只股票，你难道要永远一只一只地选吗？

每个股民最好建立一个个性化的备选股票池，其中的股票都是你关注的，可以是媒体、股评节目推荐的，也可以是你向亲戚朋友熟人打听到的。

在“初赛”时只做一件事，看该只股票的K线下方有没有买入信号，只要K线下方没有买入信号的，立即淘汰！

用10秒钟决定一只股票能不能买，一点儿都没夸张！

当然，这时候你也别忘了看一下各个板块的指数情况，看看市场到底处于强势还是弱势。

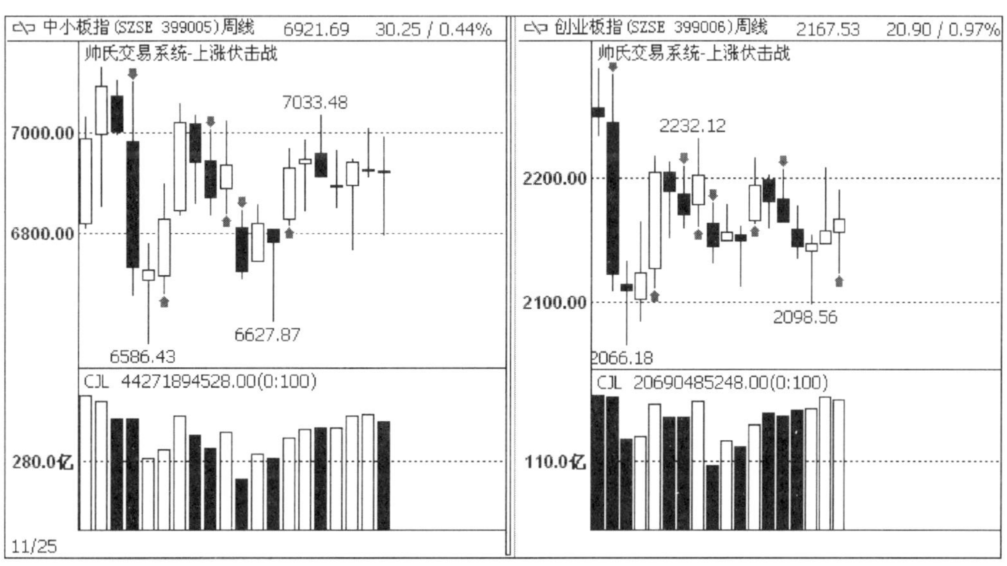

图1－114

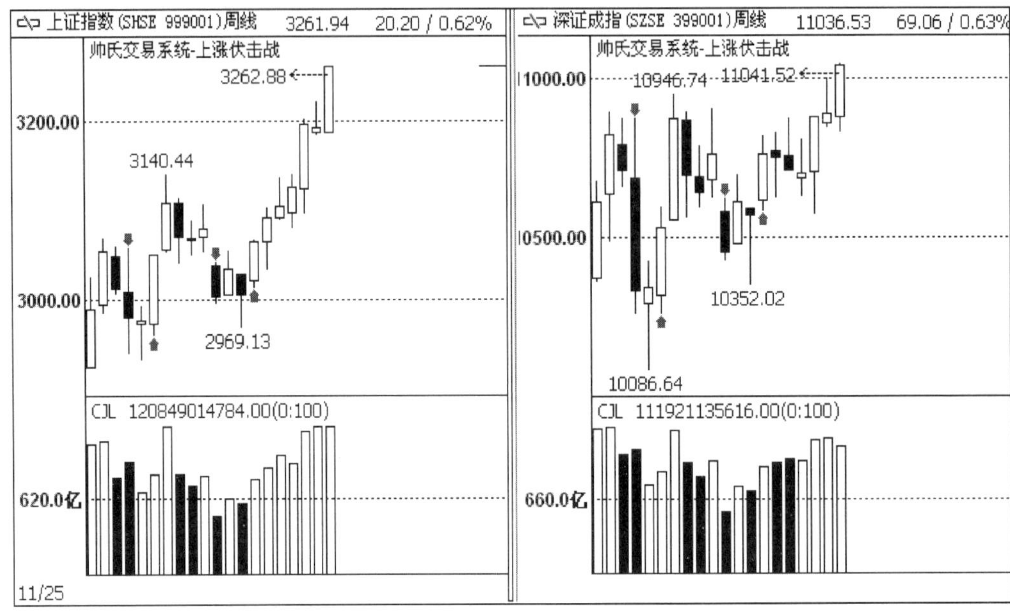

图 1-115

4 个板块的指数周 K 线图给我们的信息是，从 2016 年 10 月开始，中小板在 6800 点到 7000 点之间徘徊，创业板在 2100 点到 2200 点之间窄幅波动。而上海和深圳主板明显强于深圳的中小板、创业板。其中上证指数从 10 月份开始，更是已经高歌猛进 7 周了。

让我们回到刚才对那 32 只股票的第一轮淘汰。“初赛”是从备选股票池中选出本周 K 线下方正好有买入信号的股票（到周五收盘时信号已经固定住了，会永久保留在周 K 线图中），只有这些股票才最值得我们关注甚至出手买进。

很显然，在 2016 年 11 月 21 日到 25 日这一周，符合条件的股票一共有 3 只：伟星股份（002003）、特锐德（300001）、平安银行（000001），这 3 只股票就是应该在本周进场建仓的股票，早一周都不行！

我再把这 3 只股票的图单拿出来，大家仔细研究一下它们吧。

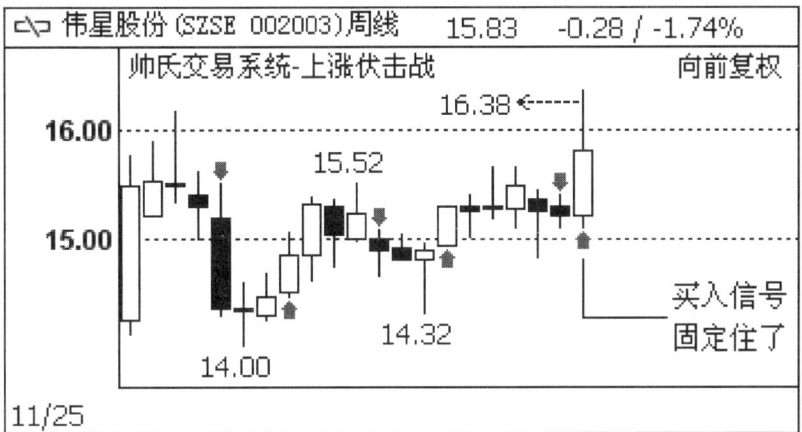

图 1－116

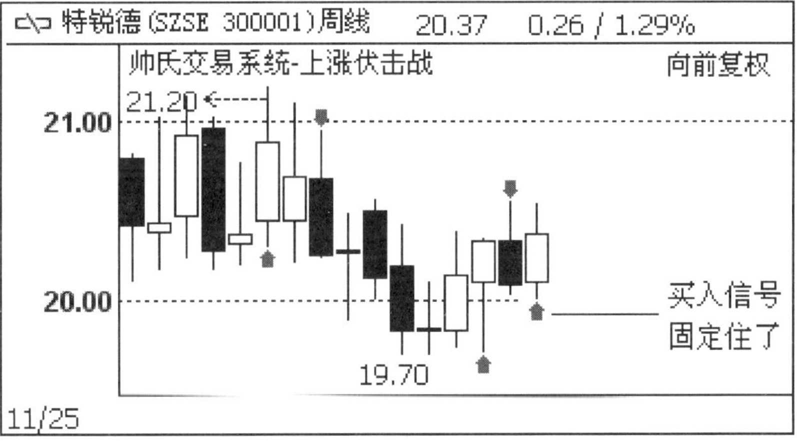

图 1－117

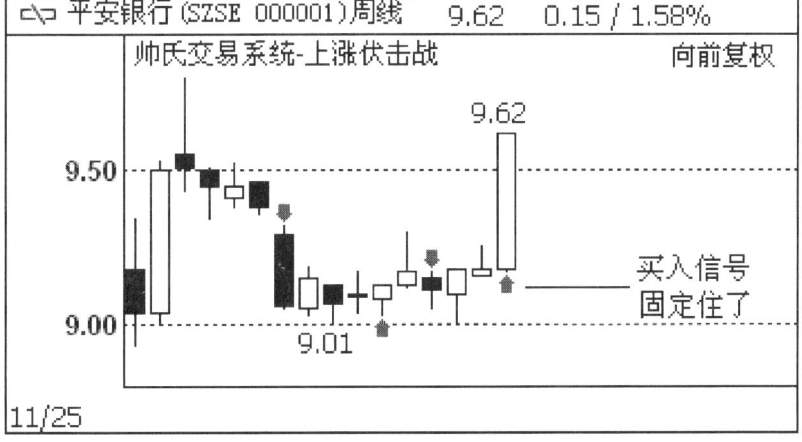

图 1－118

“初赛”之后当然是“复赛”，这个工作有一点点技术难度了——“初赛”胜出的3只股票是本周的明星，但是别忘了，在上述的32只股票池中，还有那些已经发出了买入信号的股票呢。它们属于应该在之前就已经被买进、并且到本周（即11月21日—25日）结束时继续持有的股票，因为它们还都在买入信号的“管辖”范围之下。

总之，符合“买入信号是最后的信号”这一条件的股票是：

中小板：002002、002004、002008、002011、002012、002013、002017、002018、002019

创业板：300005

深主板：000002

沪　市：60000、600004、600005

现在进入“复赛”的一共有3+14=17只股票。接下来要做的是减法——这17只当然不可能都适合在本周买进，明显不适合的排除掉。比如到本周涨幅已经过大的股票，像000004。

最后当然是“决赛”，就是通过横向对比，在这剩下的16只股票中优中选优，最后决定到底这周该买哪（几）只股票？关于横向对比，本书第三章将介绍相关的方法。

对于绝大多数股民和机构投资者来说，同时关注所有的股票没有必要。投资者只要根据自己的能力和实际需要建立一个备选股票池就可以了。拿笔者个人来说，平时关注的股票也就100只左右。当然，它们必须是K线下方出现了买入信号的股票，至少是依然处于买入信号控制范围下的股票。在每天临收盘前的30分钟，可以通过对这100只左右的股票全部扫描几遍，然后做横向对比，最终将准备买进的股票选好。

对于如此高效的选股方法，你有何感想？

5. 做三年好徒弟，换一生大赢家

“十三五”从2016年到2020年，这是中国经济转型、产业结构调整的过渡期，也将是企业兼并重组层出不穷和资本市场大发展的时期。从2016年开始，IPO明显

在加速。今后几年，市场大扩容势在必行。

股票多了，选股是更容易了，还是更难了？这不能一概而论，还是得看每个人的情况：对于会做的人，手里有好工具的人，股票越多，机会也就越多；反之，依然每次都搞不清“该在哪里买、该在哪里卖”的人，选中上涨股票的概率只会越来越低。

2016年春节之后，随着市场跌得够深、够狠，反弹终于发生了。本书所选“上涨伏击战”案例，绝大部分取材于2016年里个股的行情走势。如果有时间让笔者“回放”“检索”股市这二十几年里的一幕幕场景，符合“上涨伏击战”的战例绝对取之不尽！

过去的已如云烟，盈亏莫放心间。能让读者朋友们欣慰的是，“上涨伏击战”在未来岁月里的机会，同样是用之不竭的！——由于市场的元气大伤，后续资金明显不济，因此板块轮动、个股轮炒在今后三五年里必定是常态，而实际上在股市里赚钱靠的就是个股而不是指数。截至2016年底，市场总共只有不到3000只股票（其中几百只还处于停牌状态）。目前依然有很多的股票处于低位。请看下面的几张图。

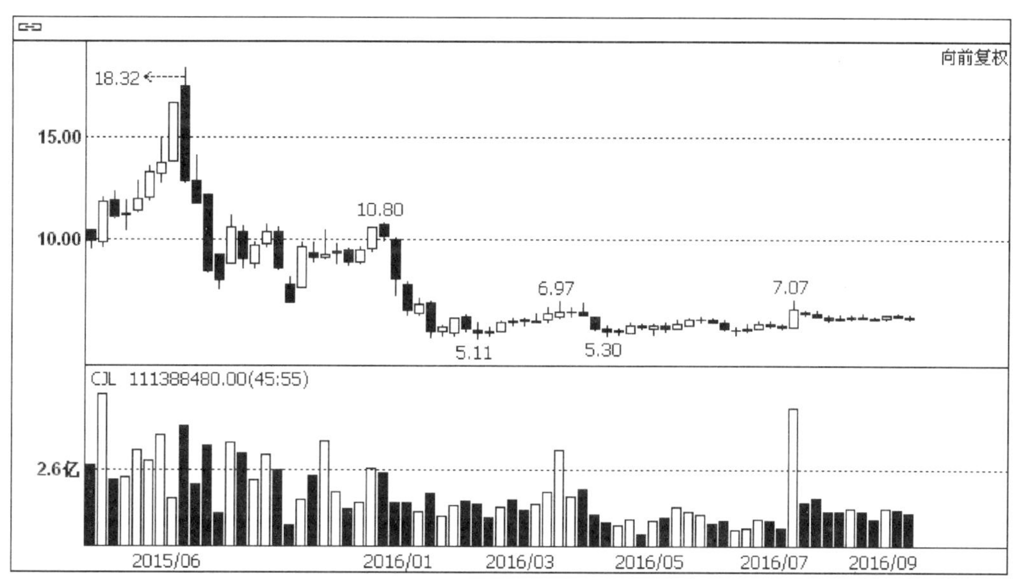

图1－119

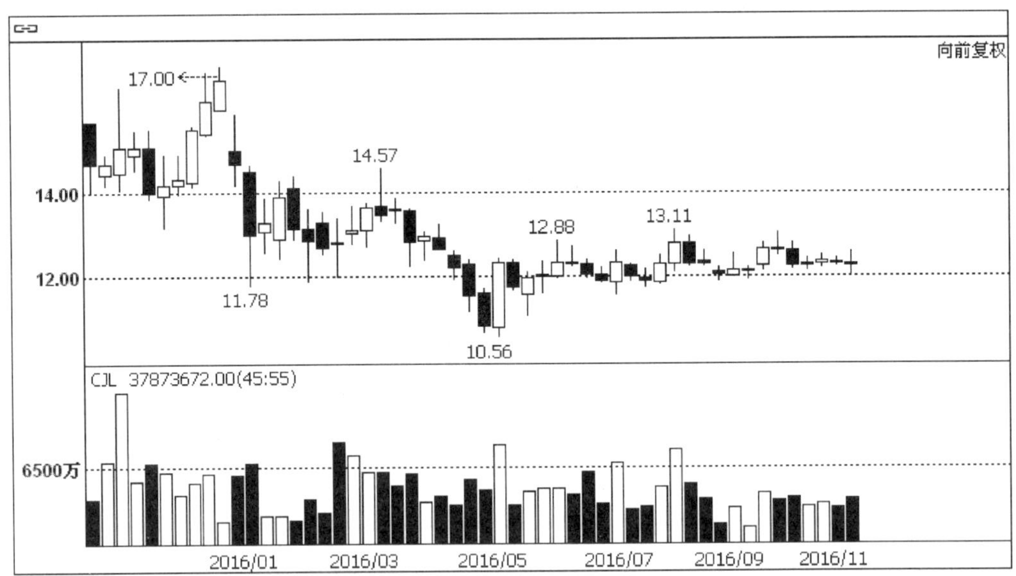

图 1－120

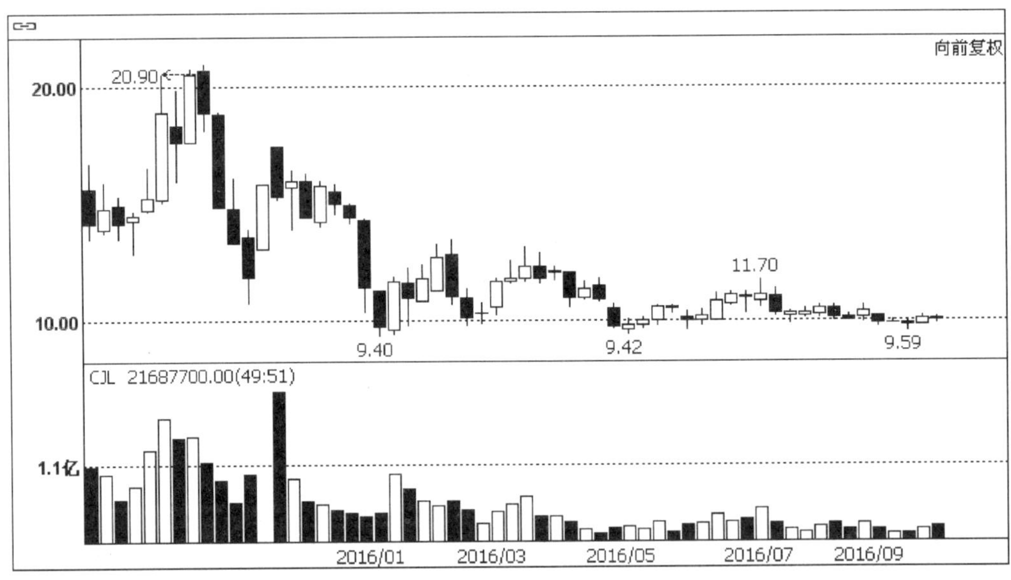

图 1－121

说明：为避免荐股之嫌，股票名称和代码不能提供，望读者理解。

与上面 3 张图所显示的股票走势类似的例子还有很多，从涨跌无限循环、板块一定轮动的宏观角度看，“风险都是涨起来的、机会都是跌出来的”——没涨过的股票才是一座金矿。从微观上看，这些股票在未来某一天开始发动的第一波行情，不启动则已，只要启动必定是走下面的路子：先创出阶段性最低价⇨然后打底、扩底⇨最后拉升。股价在每次反弹上涨、向上走一个台阶之后，要么上述过程一次次循环、相同的情景反复“播映”，要么索性破位下跌，主力出货你也跟着撤。你抓股票的第一波反弹要靠“上涨伏击战”，它的第二波拉升、第三波拉升……乃至第N波拉升，你只要打好“上涨伏击战”就一定能发现股票的买点、卖点，实现持续稳赢。

本章  总结

老实人一生平安无事，踏实人三年学业有成。炒股这件事，就怕扯一样东西：理念。整天跟你扯理念的人既不老实、也不踏实！一买就套，那不是理念的问题，是操作层面的问题，即买点和卖点搞错了。所以，我们需要的是方法、是工具，以及师傅。

胜算——找到行情的起涨点和起涨区域

本章导语：

“上涨伏击战”的目标很简单——教会你如何发现股价即将拉升前的起涨点或起涨区域，然后在那个位置买股票！

一、高度重视并正确认识股价的“底部”

1. 炒股的第一要务就是发现“底部”

炒股票到底难不难？这要看跟谁比了。相比期货和外汇交易而言，股票真的算“小儿科”。而通过炒股票实现持续、稳定盈利，的确是有方法的！

大道至简，思路决定出路。

“会卖的才是师傅、会买的只是徒弟”，但即便这徒弟也不是那么好当的呢——对于新入市的股民而言，只需把“抄底”和“逃顶”这两门功课学好就成了。这两门课一旦学通，在股市里得 80 分是没有问题的，可以实现穿越牛市与熊市的持续、稳定盈利。而且只要“会买”，在股市就能及格——毕竟对于单向获利的股市而言，只要你抄对了底，行情早一天来、晚一天来不是大问题；股价能涨多高也是行情自己的事，这些都不用你操心。

另外，对于新入市的股民，技术分析的门槛很低。你不用每天都去交易，也没有必要接触日内分时图这个“变脸”表演艺术家。周级别是最适合普通股民的，周K线图是基础、日K线图是辅助。

笔者在这里准备了 5 道题，是 5 只股票的周 K 线图。图中卖出信号已经标示出来了，请读者标示出应该买进的位置。答案在书后的“附录”里，读者可以检验一下自己能否顺利拿到及格的 60 分。说明：总共有 18 个买入信号需要标注，每个 6 分，答对 10 个的就算及格了。

加油！祝各位好运！

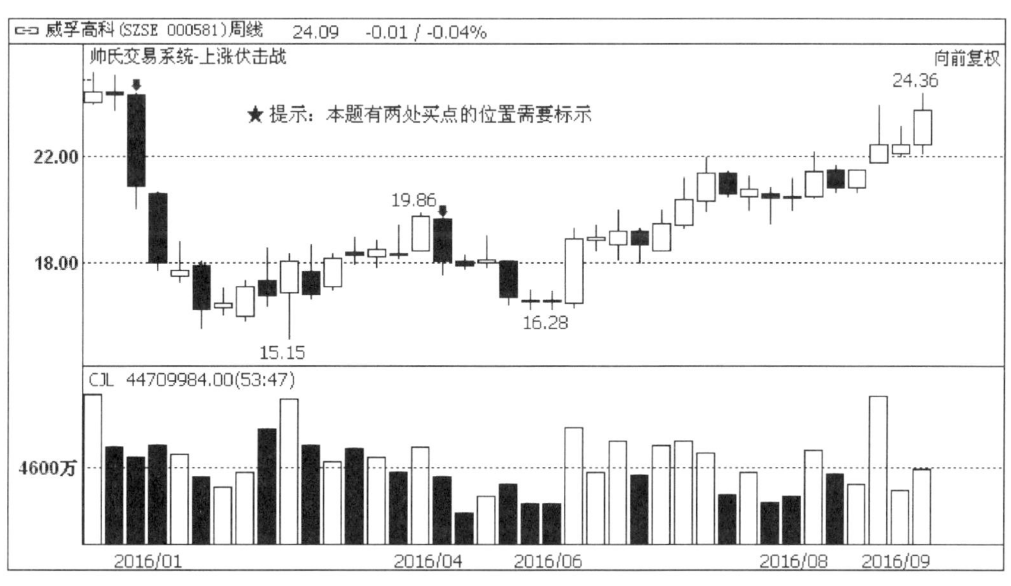

图 2－1　第一道测试题

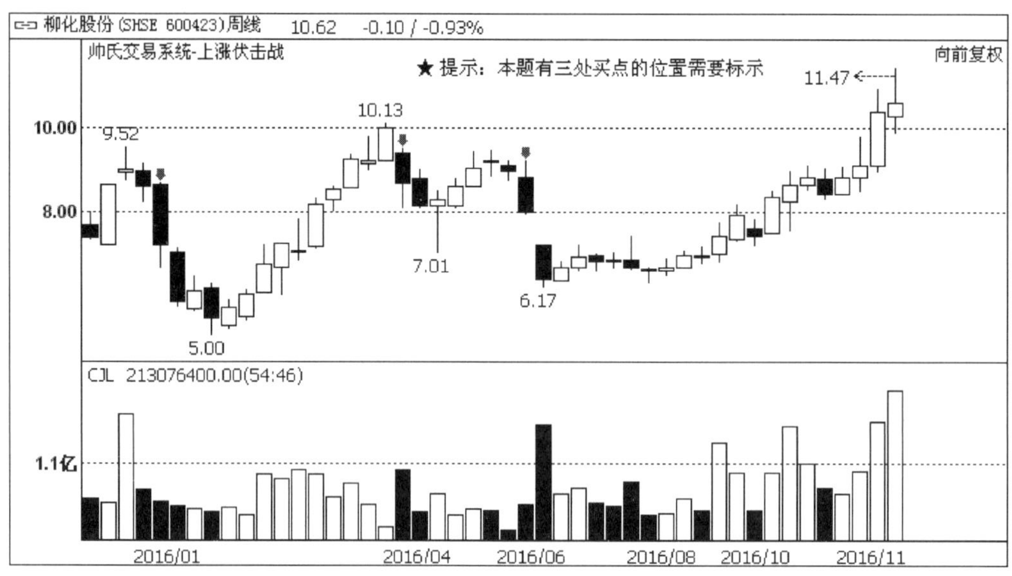

图 2－2 第二道测试题

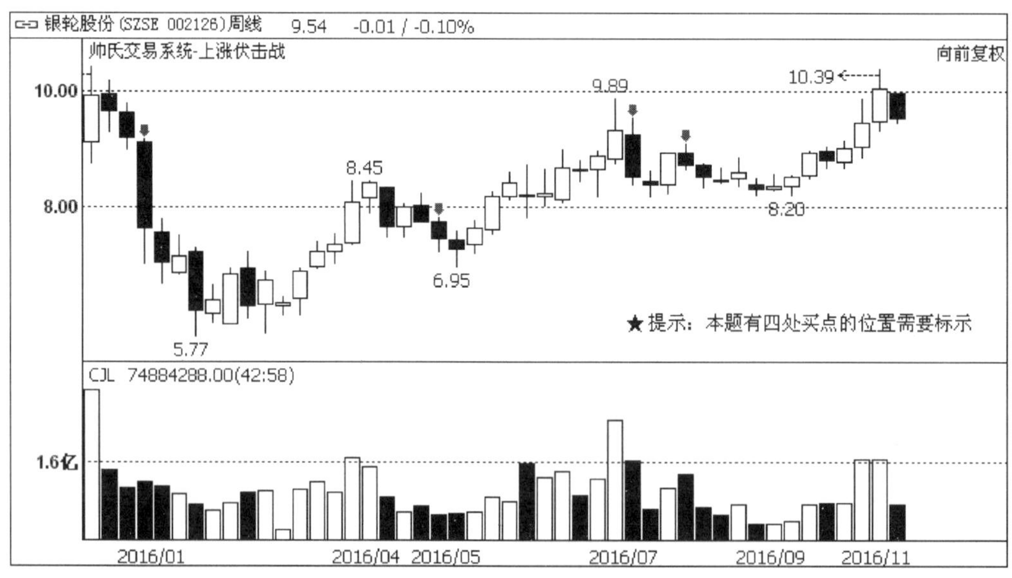

图 2－3 第三道测试题

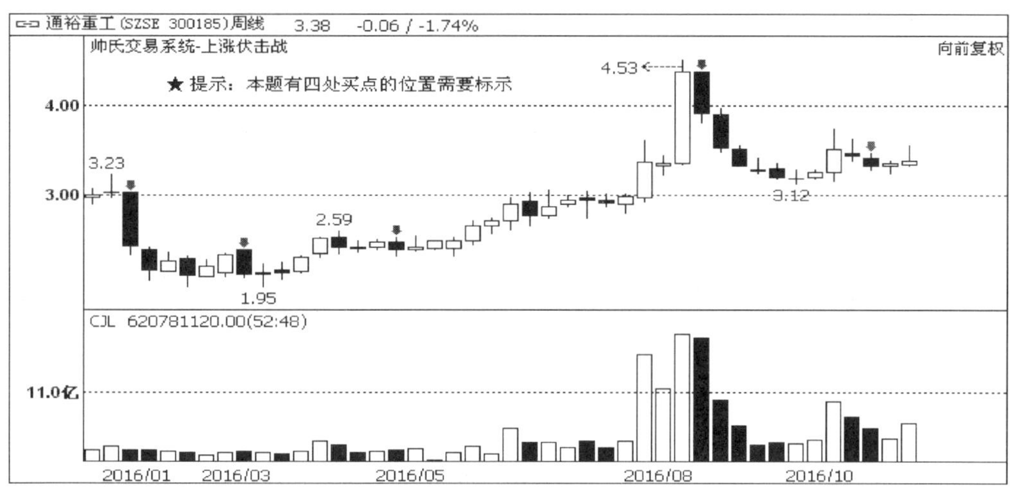

图 2－4　第四道测试题

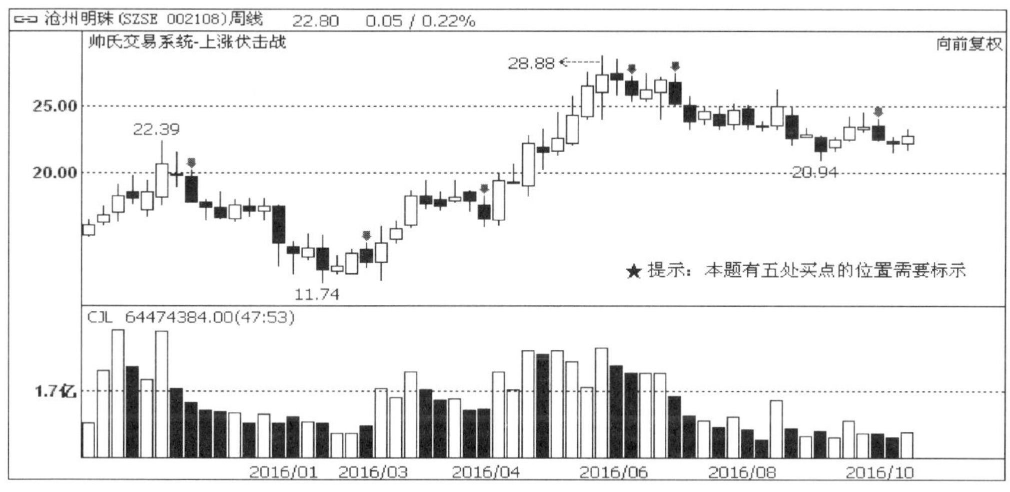

图 2－5　第五道测试题

炒股的第一要务就是发现底部并去“抄底”，底部找对了并买进，之后就只剩下早赚、晚赚，多赚、少赚的事了。可实际上，股民每 100 次买进当中，至少有 50 次都买在了山顶上，另外至少有 40 次买在山腰的位置，真正在山脚抄到底的次数少之又少。如果不是这样的话，盈亏格局怎么会是“一赚二平七亏”？

2. 何为“底”

（1）先出最低价，然后才有“底”

每当指数下跌时，看吧，市场那叫一个热闹。什么“政策底”“市场底”“估值底”“人心底”……五花八门的概念和名词统统出来了。

“底”究竟是怎么形成的，“底”到底在哪里？实际上，只有当指数或股价不再创新低了，我们去谈论“底”才不是在浪费生命。换句话说，既然指数和股价在下跌，那就由它去吧，我们甭去猜“底”也不用去找“底”，让“底”自己来找我们就对了——“底”出现前一定会先派出一名“通讯员”来给我们通风报信，这名“通讯员”的名字叫“阶段性的最低价”（或指数“阶段性的最低点”）。

“底”是怎么出来的？

行情是自己走出来的。只要你已经明白这个道理并尊重这条规律，你就已经超越了大部分的投资者。同时对于“阶段性的最低价也是行情自己走出来的”这句话你就很好理解了。想想看，327、998、1664……2638，有谁预测到上证指数的这几个极限位置了？又有谁因为预测到这么几个随机产生出的数字而盈利了？

正确理解股价“底部”的第一句话是：耐心地等，让阶段性最低价来找我们！只要它一来，“底”就不远了。请看下面几个实例。

安通控股（600179）

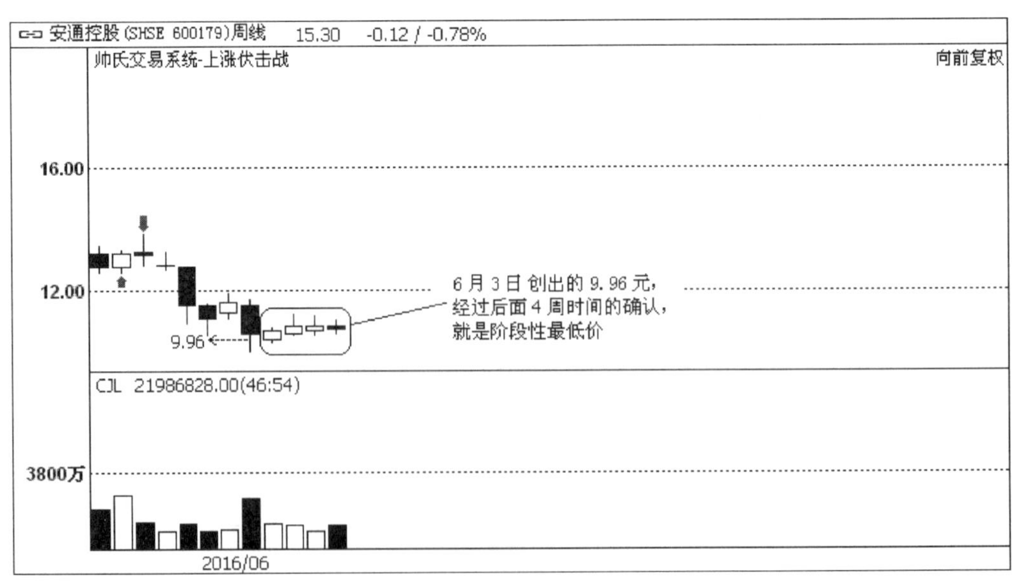

图 2－6

看，“通讯员”来报到了！2016年5月30日至6月3日这周，安通控股股价跌到了9.96元。它是不是阶段性的最低价呢？不用急，观察几周就水落石出了。连续4周时间，股价没再创新低吧？没有。嗯，看来股价是在这里慢慢做底呢。

“财不入急门。”我们为什么老是那么着急地去抄底，结果却一抄就错呢？我们为什么总幻想一次进场就要赚钱？其实静静地等待股价阶段性最低价的到来并对其确认，这才是买到好股的第一步。同时，我们没有必要花那么多的时间精力在基本面上，什么好股、坏股、估值、PE、PB、行业前景……基本面绝对做不到明白无误地告诉你一只股票是不是到底了。那谁能告诉你？只有K线图！

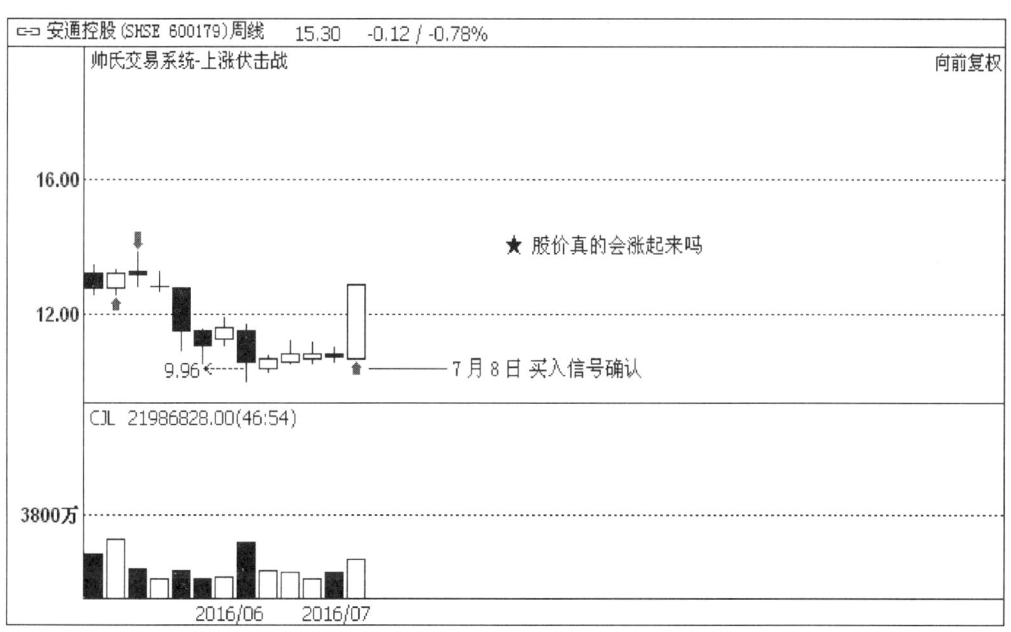

图2-7

如图2-7所示，经过之前4周对9.96元这个最低价的确认，7月4日到7月8日的这周，买入信号发出并确认了——原来股价的底部就是这么形成的！

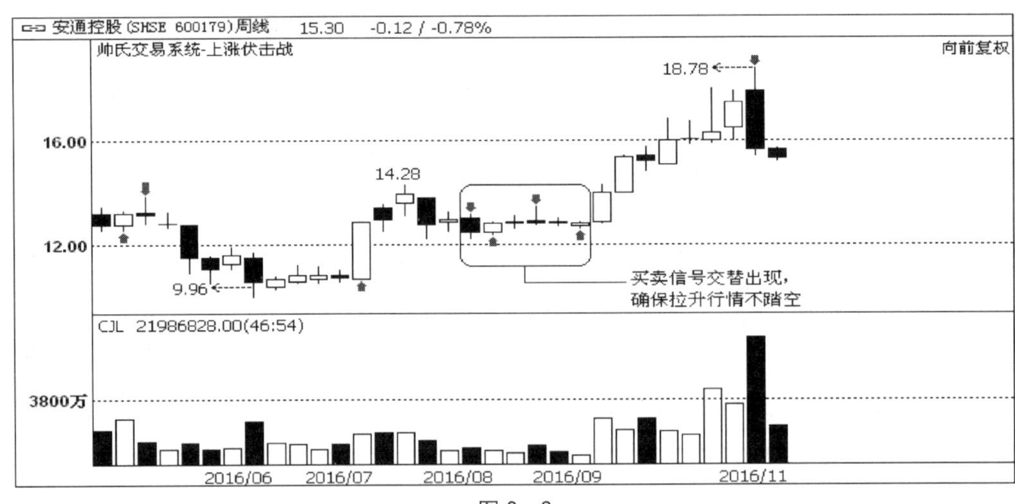

图 2－8

看吧，股价真的涨起来了，阶段性的最低价被远远地甩在了后边。

阶段性最低价⇨“底”⇨股价上涨甚至加速拉升，这就是股价上涨的套路。我们不妨再找一个例子看看。

这次是另外的一种“底”——股价经历了第一阶段的拉升，到达一定的相对高位后需要蓄势。这时候，我们要等的是回调后的“底”，要去抄那个底。同样，我们更不能急，要耐心地等股价冲高回落后的那个阶段性最低价自己走出来。

航天电器（002025）

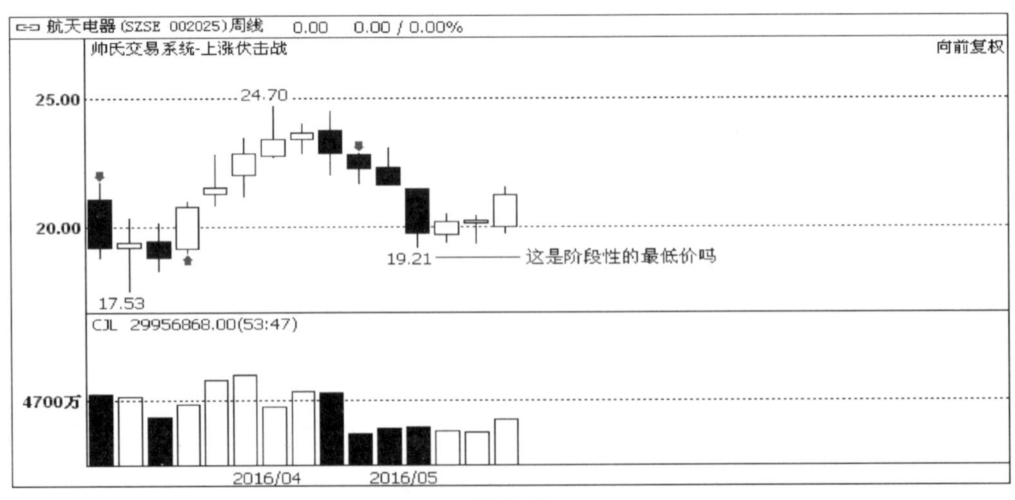

图 2－9

如图所示，该股在 4 月 5 日摸高 24.70 元的阶段性最高价后，连跌 4 周。5 月 12 日周四，股价到达了 19.21 元，由于它是 5 月 9 日到 13 日这一周的最低价，这个数字被记录下来并被永久地保留在 K 线图中了。但是，如此快速的杀跌给投资者留下了太深的印象，如今尽管已经过去 3 周了，但那个 19.21 元真的会是阶段性的最低价吗？

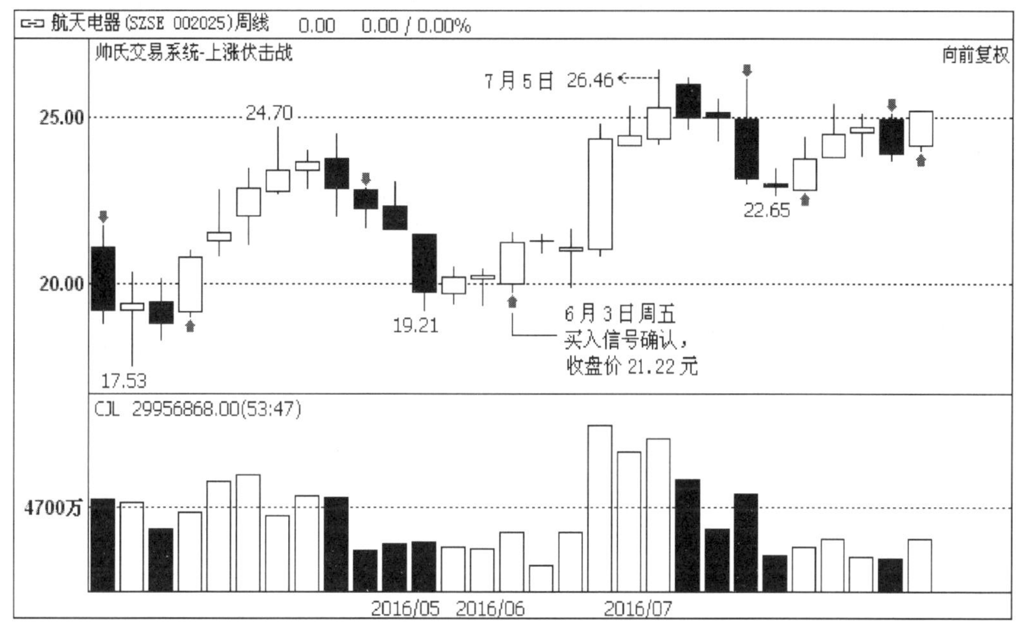

图 2－10

看，最低价被确认之后不久，买入信号就出来了，股价也跟着涨上去了。这就叫顺其自然。

（2）“底”不只是某个点，而是一个区域

关于“底”，第二句话请读者一定牢记：在大多数情况下，股价（或指数）的“底”是一个区域而不是某个点。阶段性的最低价（或指数的最低点位）出现之后，在它的右侧不远处，“底部区域”便出现了。下面几幅图所示，是上证指数自 2015 年 6 月“股灾”以来连续的周 K 线图，笔者用这种方式来说明“底部区域”的概念。

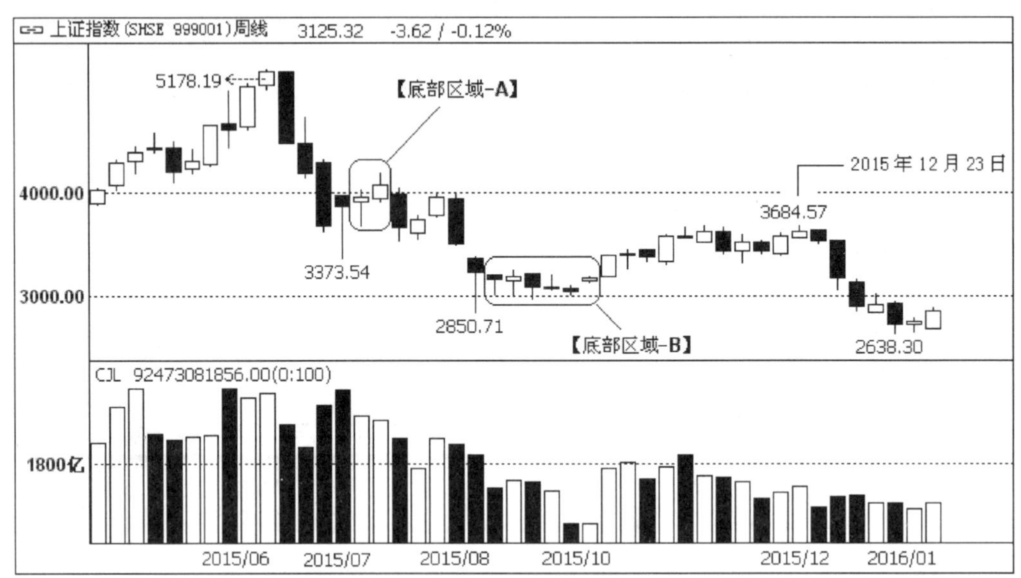

图 2－11

被框起来的【底部区域－A】，是相对于上证指数阶段性最低点 3373.54 点而言的。3373.54 这个位置是在 2015 年 7 月 9 日创出的，但我们怎么知道 3373.54 点就是一个阶段性的最低点呢？——只需静静地等上一两周，一切不就都清楚了吗？

是不是“最低价”（最低点位），不要只观察一两天，观察一两周才靠谱！

由于 5178.19 点之后的这波下跌极其罕见，因此【底部区域－A】之后，上证指数的反弹戛然而止，下跌继续。但无论如何，【底部区域－A】的定义绝对没错——它出现在 3373.54 点这个阶段性最低点的右侧。在这个位置进场也没有错！但是，我们事后听到太多的人说“正是抄底抄在了 4000 点这个半山腰的位置然后被套了，损失惨重”，云云。这是怎么回事？

看来，在说清楚“何为底”的过程中，还不得不插进一个关键的题外话：股价（或指数）跌破之前的最低价格（或最低点），用交易术语讲，这叫“破位”。破位预示着之前那次时间或长或短、幅度或高或低的反弹已经结束了。因此在操作上，一旦股价（或指数）破位，你什么也别想，赶紧卖掉股票吧！具体来说，4000 点抄底个股没错，可一旦该股股价再次破位，你得立刻清仓逃命啊！

言归正传。

上证指数的再次创新低发生在2015年8月24日到8月28日这一周，该周周一指数跳空低开，8月26日周三，盘中创出了新低2850.71点。同样，观察一两周后，2850.71点的新低点完全可以得到确认，因此在这周之后，被框起来的【底部区域－B】应运而生。这回配上一张日K线图，以便读者能看得更清楚。如图2－12所示。

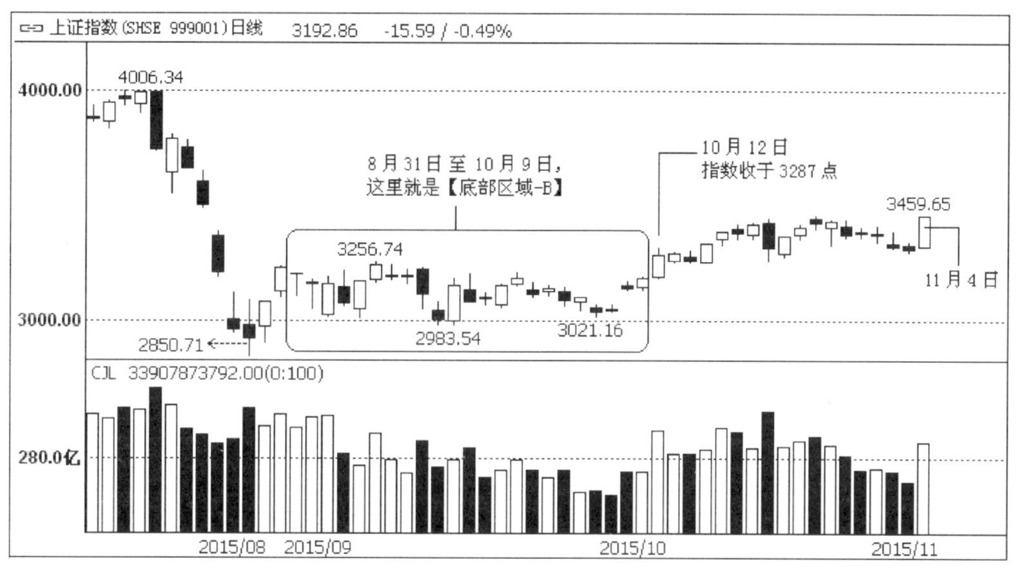

图2－12

上证指数自打8月26日的2850.71点之后，又有两次探底，分别砸到2983.54点和3021.16点，但都没有低于2850.71点。很显然，底部在逐渐抬高。在图中被框起来的区间，最高价是3256.74点，这个高点不被突破的话，就不会有像样的反弹，上证指数只能是箱体震荡格局。

2015年10月12日，上证指数收于3287点，终于突破了上述3256.74点，因此我们可以看到，后来的反弹一直延续至2015年底，并在12月23日时摸高到了3684.57点。

上证指数在2016年里的走势，请见图2－13。

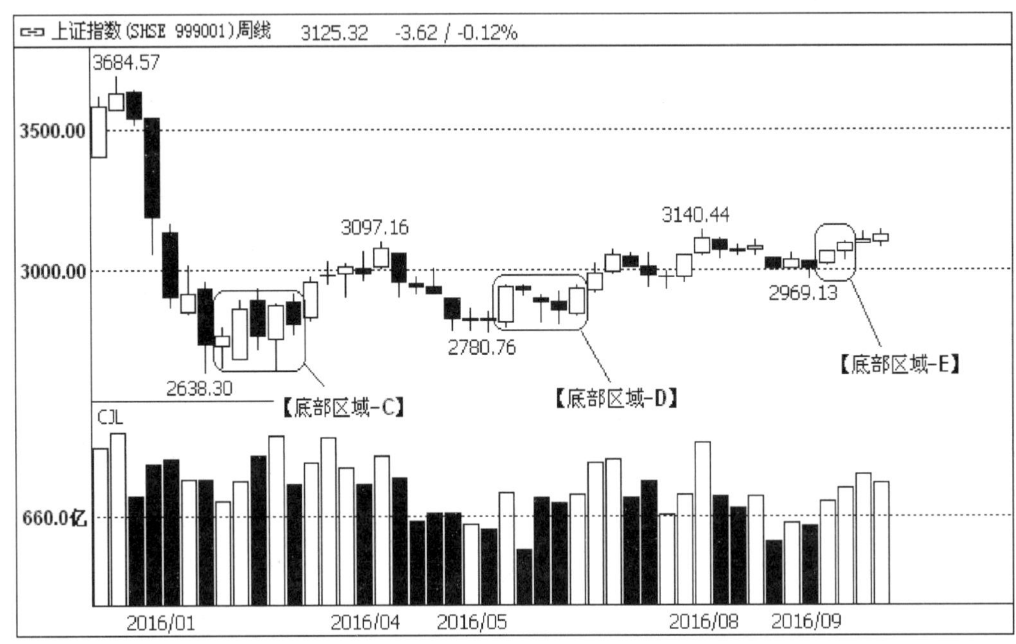

图 2－13

2016 年新年伊始，熔断机制引发的“股灾 3.0”不期而至。从事后看，2016 年 1 月 25 日至 29 日这周创出的 2638.30 点竟然就是全年的最低价，这真是不幸之中的万幸——2016 年的行情走势终于是以反弹为主要基调的。当然，在 2638.30 点之后，被框起来的【底部区域－C】是成立的，2016 年的第一波反弹最高冲到了 3097.16 点。

由于在日 K 线和周 K 线图中，阶段性的最高价、最低价都能够被清晰地标注出来，并永久保留在 K 线图中，因此笔者就不浪费笔墨了，相信对于图 2－13 中【底部区域－D】和【底部区域－E】的划分，读者都能看懂。

总之，“底”不只是某个点，而是一个区域。

(3) 成功的抄底等于买在“底部区域”

股价的“底”不见得只是某一个点，它往往是一个区域。换句话说，下面对“底”的表述才是对的：“从某月某日到某月某日，某某股票在此期间完成了筑底”，或者“从××元到××元，这里就是某某股票的‘底部价格区间’”。

股价构筑底部区域，术语叫“打底”“扩底”，它需要一定的时间。由于本书中所讲的内容专业投资者（当然也包括主力机构）都懂，他们也都知道自己的工作是什么——（主力机构）必须想尽办法在底部区域吸纳到足够多的筹码，因此在股价打底或扩底的过程中，我们看到盘面上要么是股价上蹿下跳、貌似毫无规律，要么是连续几个、十几个甚至几十个交易日股价窄幅波动且没什么成交量。不管怎样，反正主力机构就是要让你感到心里不踏实，让你最终放弃掉你手中的筹码。毕竟如果收集不到足够多的筹码，实现不了高度控盘，价格怎么往上做啊？

只要是阶段性最低价出现之后的底部区域，必然有一个特征是绕不过去的，那就是股价不能再创新低了。只要股价还在（不断）创新低，即持续破位，那就说明跌势还没有结束，而之前你划定的底部区域就不能称之为底部区域了（搞不好就是头部区域了），你必须重新划定才行。

股价走势如山势，阶段性的最低价即是山谷谷底或山脚的位置。从谷底或山脚向上延伸的缓坡就是“底”，即“底部区域”。见不到某只股票的阶段性最低价主动出来向我们报到，我们就根本不用浪费自己的宝贵时间在它身上。而一旦在阶段性的最低价出现之后，当股价渐渐自己形成一个底部区域了，这时我们才应该考虑是否要进场。我们要的就是稳操胜券，就是要尽力使自己立于不败之地！

在抄底时，“机不可失”的情况有，但只要能买在起涨区域就是成功的。在绝大多数情况下，受到行情客观走势所限，我们就只能买在底部区域里。请看下面的例子。

中航光电（002179）

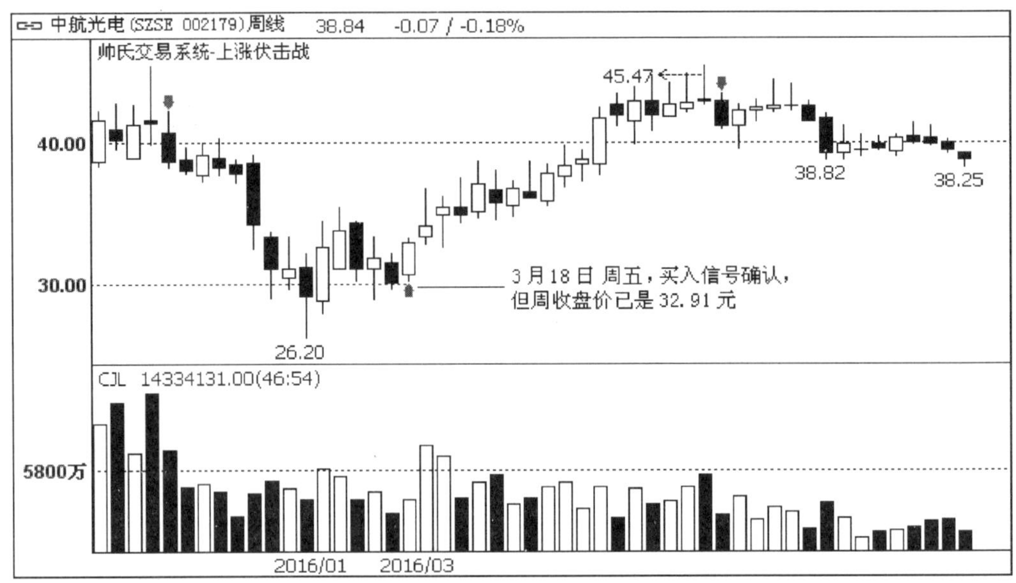

图 2－14

如图 2—14 所示，该股在 2016 年 1 月 25 日至 29 日这周创出了阶段性的最低价 26.20 元，但是买入信号却是在 6 周后才发出并被确认的——3 月 18 日周五收盘时股价已经涨到 32.91 元了，是不是有些太晚了呢？图 2—15 会告诉你答案。

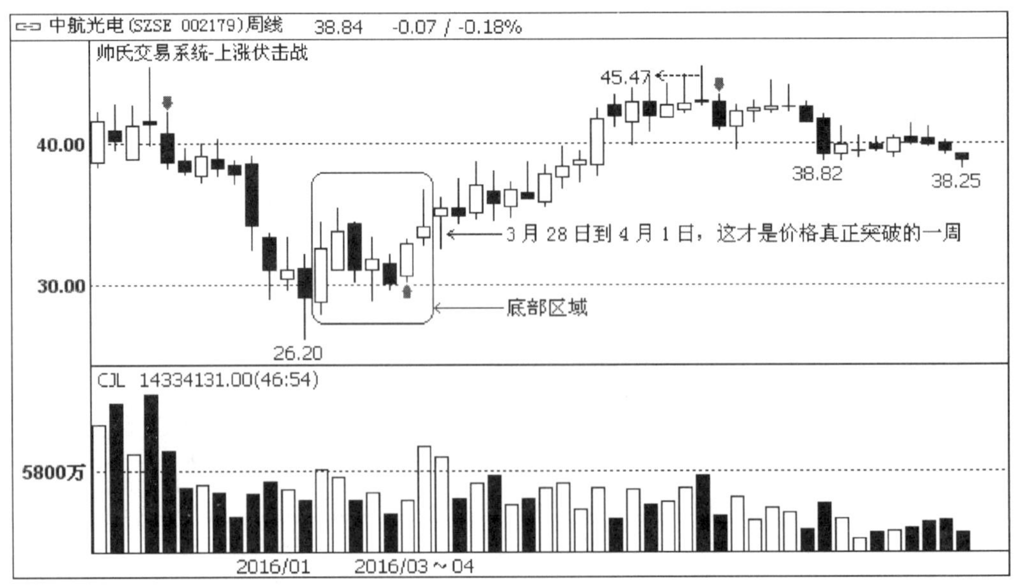

图 2－15

周线图对于准确研判行情走势有很大的帮助，能够把行情走势看得很清晰。原来该股行情启动是标准的W底形态。被框起来的7周都算是“底部区域”，在这个区域进场，打的是“上涨伏击战”。

股价能够一路涨上去其实是因为两个原因：其一，在3月28日至4月1日这一周，价格真正突破了周级别W底的颈线位置，空方彻底认输——之前筹码全卖在低位，空方对多方的阻击失败了；其二，该周的成交量持续放大，势如破竹。根据本书第一章第一节的介绍，在3月28日至4月1日的进场属于“追歼战”的打法，而4月1日的收盘价是35.46元，比“上涨伏击战”的32.91元在价格上吃亏很多。

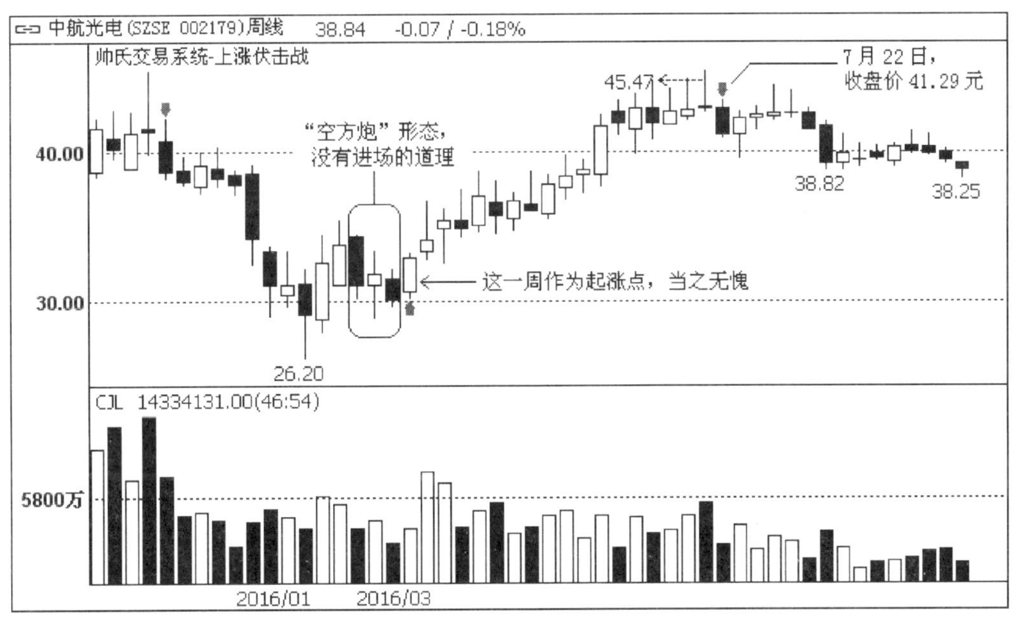

图2－16

换个角度读图能让我们有新发现。买入信号发出之前的3周，三根周K线的形态居然是“空方炮”，没人知道股价会不会继续下跌，甚至再创新低都是有可能的——行情是自己走出来的。因此别瞧买入信号确认的3月18日该股收盘价已经涨到了32.91元，高于最低价25%了，但绝对没有比在这一周更早入场的理由！这样的进场，买在了“底部区域”里，这就是正确的抄底。

请继续看下一个例子。

时代新材（600458）

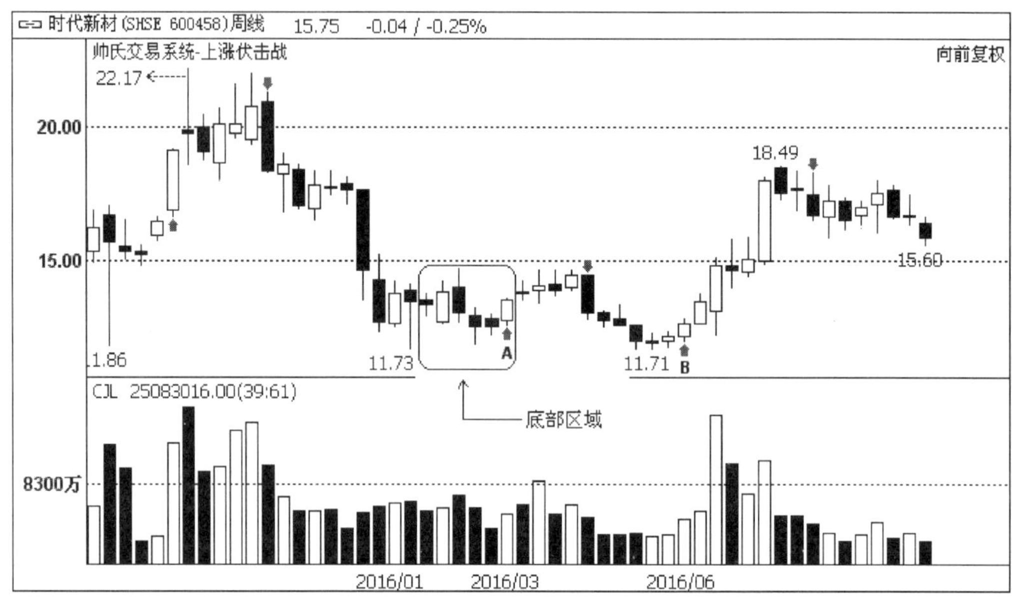

图 2—17

如图 2—17 所示，该股在 1 月 27 日 11.73 元的最低价之后，连续 6 周股价都处于“底部区域”之中。在 K 线 A 这周之前，股价是回落的，周 K 线三连阴，没有进场的道理。直到 K 线 A 的这一周，买入信号发出了。股价随后继续连涨了 4 周，但持续的上涨以及加速拉升行情并没有到来，股价又给砸下去了，这很正常。接下来，连续几周下跌之后，新的阶段性最低价 11.71 元出现了，随后在 K 线 B 的那周，买入信号再次发出（注意，11.71 元之后的“底部区域”很小、时间很短）。

复杂的“底部区域”形态，正如图 2—17 时代新材的例子，无非就是股价二次探底之后，在周级别形成的 W 底形态或三重底形态。在这个例子中，阶段性的次低价 11.73 元先产生，然后股价“挖坑”砸出真正的阶段性最低价 11.71 元。其实，这种“挖坑”并不可怕，股价很快就爬出了坑底，一路绝尘而去。

另外，股价先砸出阶段性的最低价，然后在回升过程中再次回调，但回调并不创新低的情况也有。这依然是 W 底或三重底的形态，无非是这种反复的行情会让股价潜伏在“底部区域”的时间长一些而已。如图 2—18 的例子。

双环科技（000707）

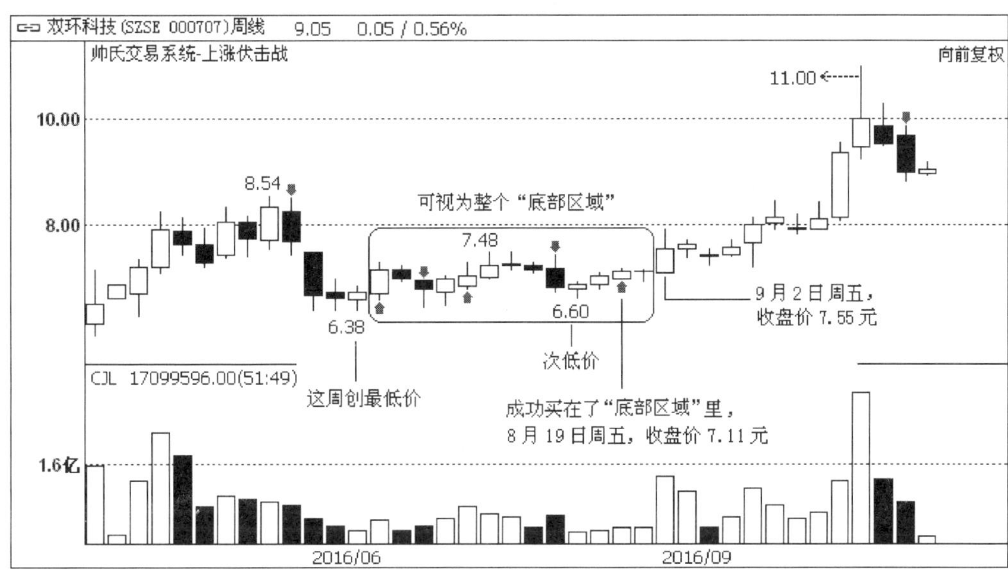

图 2－18

如图 2—18 所示，从 6.38 元到 6.60 元，该股的底部明显在抬升。9 月 2 日周五，收盘价 7.55 元，超越了之前 7.48 元这个前期反弹创下的高点，因此突破算是从这周正式开始的（符合“追歼战”的定义）。图中被框起来的部分，即从 6.38 元最低价之后的一周开始，一共 13 周时间，这里被当作“底部区域”也是可以的，毕竟行情是三重底形态。“上涨伏击战”的买入信号是在这个“底部区域”里的，不存在任何的滞后。

按照买入信号提示的位置，买在最低价产生之后的“底部区域”里就是成功！“底部区域”实际就是不断蓄势的“伏击区”。同时，我们没必要对自己过分苛求，没必要非得认准了在某一天的某个价位进场才是绝对正确的和完美的，而提前或往后一两天进场就肯定不对。

让最低价来找我们，只要它一来，“底”就不远了。
“底”不只是某个点，而是一个区域。
抄底只要抄在最低价右侧的“底部区域”就是胜利。

请你一直照着这三句话去做，保证你的进场十有八次是对的。意外的那两次当然是股价继续破位下跌——股价永远是自己走出来的。

不预测、找对策！万一抄底不成功，股价破位下跌，你及时把股票卖掉止损就行了。

二、波段行情的起涨点和起涨区域是分时间周期的

“今天是不是最后的进场机会？再不买会不会就要踏空了？”

“到底该在哪里进场？我怎么老是一买就套呢？”

……

大家都在为类似的问题烦恼。

有一位老股民曾亲口对我讲过一句话：“单子一定要拿得舒服。”道理显然没错，但怎么才叫“单子拿得舒服”？为此笔者冥思苦想了很久，后来终于悟出了让单子“舒服”的标准：股价止跌后正处于蓄势中，同时股价还没有大涨。从事后看，凡是符合“股价止跌后正处于蓄势中，同时股价还没有大涨”的位置，就是股价正处于起涨区域中的状态。请读者自己试一下，对比并仔细体会这个标准与“追歼战”战法中“股价突破前一波次高点”的区别，但愿你也能顿悟出“单子拿得舒服”那种状态。

1. 起涨点就是要落实在周级别上

在进一步的研究中发现，其实行情的起涨点和起涨区域还是可以分清楚的，但这需要一个参考标准——时间周期。一旦做技术分析所用的时间周期确定下来了，那么起涨点和起涨区域各自该归在哪个时间周期上不言自明。换句话说，在不同的时间周期上该找什么，也就一清二楚了。

除非遇到法定节假日休市，在通常情况下，一个完整的交易周是 5 天，因此一根周 K 线浓缩了 5 个交易日里股价的走势。这时，我们看到了不一样的风景——尽

管周K线忽略了5个交易日内发生的交易细节，尽管它看上去“慢”、看上去滞后，但有一个显著的特点却是其他时间周期所不具备的，那就是行情究竟是从哪一周开始启动的，在周K线图上能看得清清楚楚，没有丝毫的含糊或模棱两可。因此，一旦使用周级别的时间周期做技术分析，行情的起涨位置真的可以精准到一个“点”而不是一个“区域”。

首先，最“极端的”的情况，当属创出阶段性最低价的那一周就是起涨周。有时候“上涨伏击战”的起涨点必须在这周发出，再晚真的就不行！请看下例。

南京银行（601009）

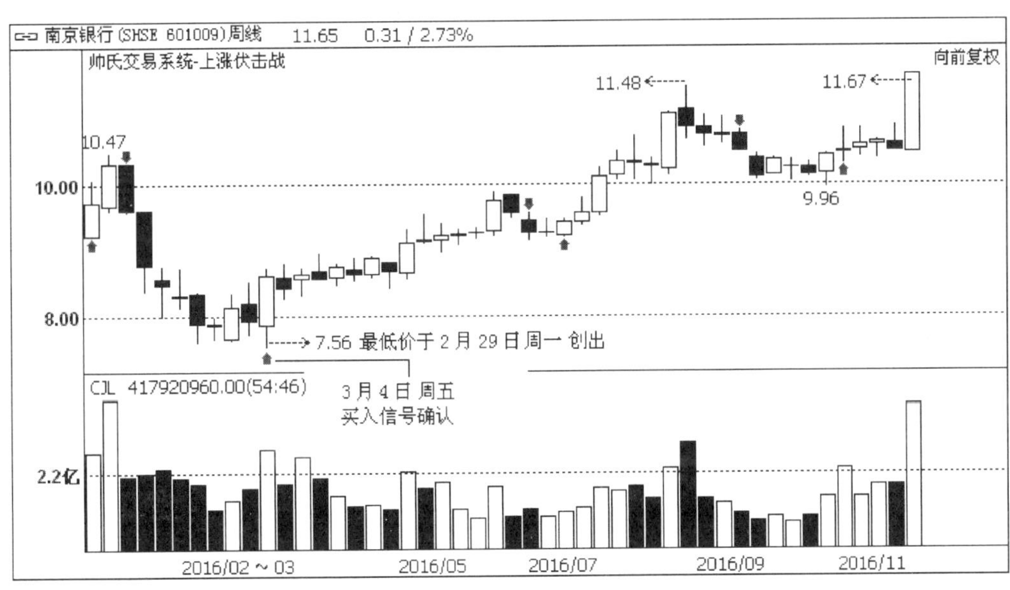

图2－19

如图2－19，该股的最低价是2月29日周一创出的，周K线是一根涨幅仅为8.7％的中阳线。然而，买入信号恰恰就是在这一周的周五得到了确认。从图上看得非常清晰，股价后来开始了持续的上涨，因此，创出最低价的这一周就是起涨周，也是起涨点。

让我们用日线图来看一下行情走势的细节。请见图2－20。

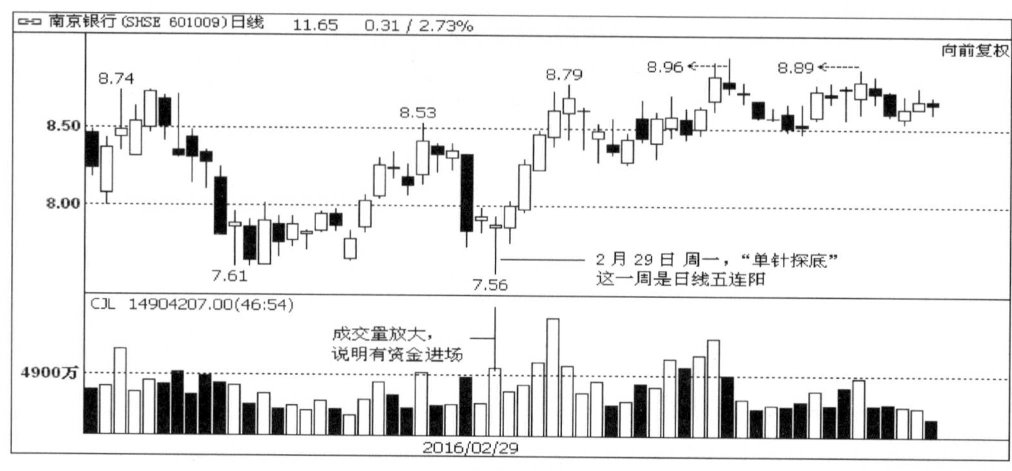

图 2－20

2 月 29 日周一，南京银行股价先是跳空低开，然后猛烈下杀，创出了 7.56 元的低价。之后，股价反抽上去，收盘价高于开盘价，K 线是一根带长长下影线的阳十字星。从事后看，这个 7.56 元，就是该股在 2016 年全年的最低价。周一这天成交量放大，说明有资金进场。

承接周一的这次触底反抽，从周二开始该股股价又连涨了 4 天。尤其到周五，价升量增的态势相当明显。如此强势的一周，不是行情启动的标志又能是什么呢？所以，上图买入信号就在 2 月 29 日至 3 月 4 日这周发出，非常及时。

下图也是一例。

金通灵（300091）

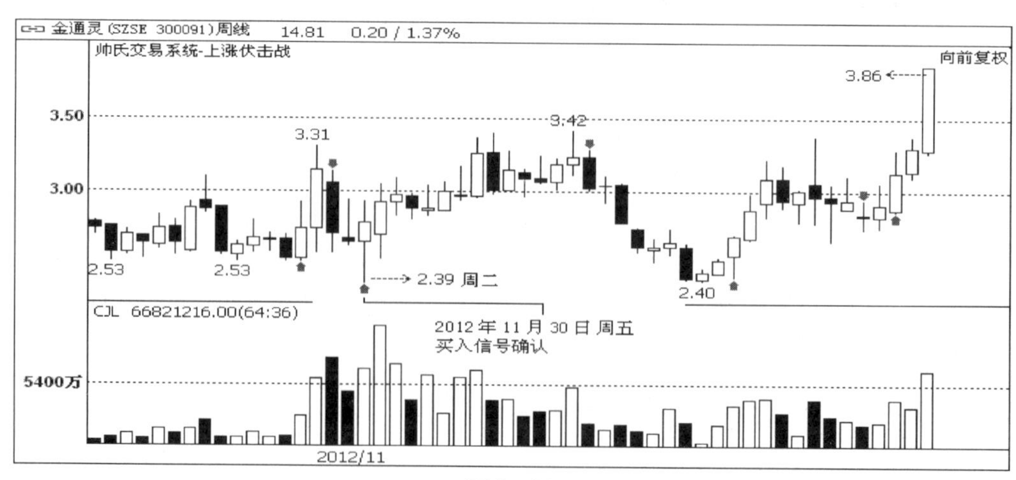

图 2－21

金通灵这次的最低价是起涨周周二创出的，周K线的下影线格外醒目。我们依然用图2—22的日K线图看一下行情走势的细节。

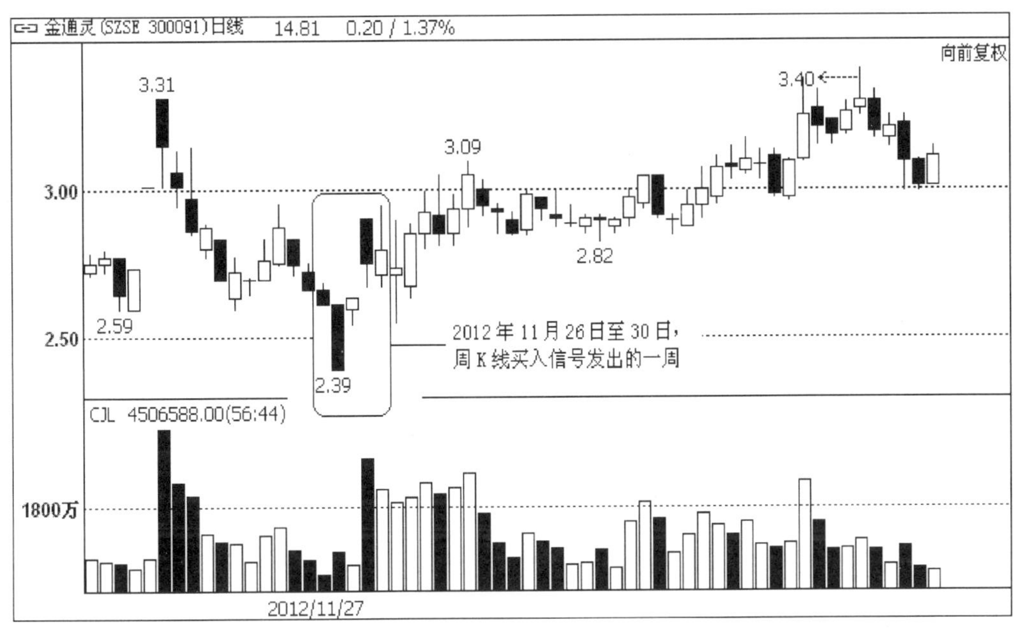

图2—22

原来11月27日周二这天金通灵的股价是跌停的，当然是周最低价，然后周三开始股价反抽了上去，于是周K线带出长下影线。

通常情况下，股价在日级别的波动是相当剧烈的，所以“起涨点”只以周级别来确定是非常合理的，也是普通投资者非常易于掌握的。

其次，有的时候，周K线是大阳线的那一周就是起涨点。

大阳线往往就是行情启动的标志。

如图2—23所示，利亚德尽管成交量不算大，但3月14日至3月18日这周涨幅已高达24%，且价格超越了W底的颈线位置。股价自底部区域大涨的一周你必须进场，机不可失——这也是“起涨点”可以精确到周的一个重要理由。

利亚德（300296）

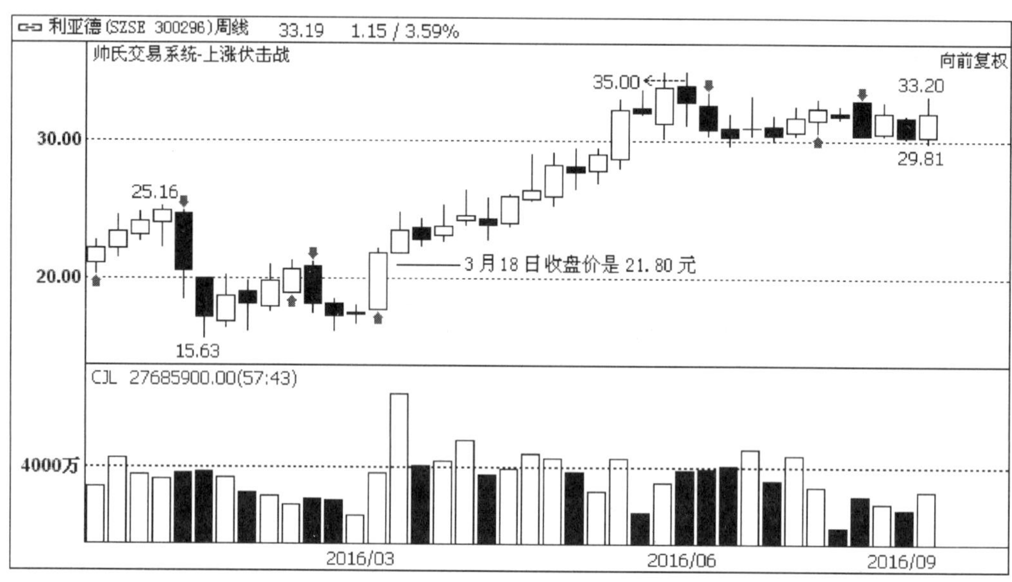

图 2－23

再看看下面的例子。

森远股份（300210）

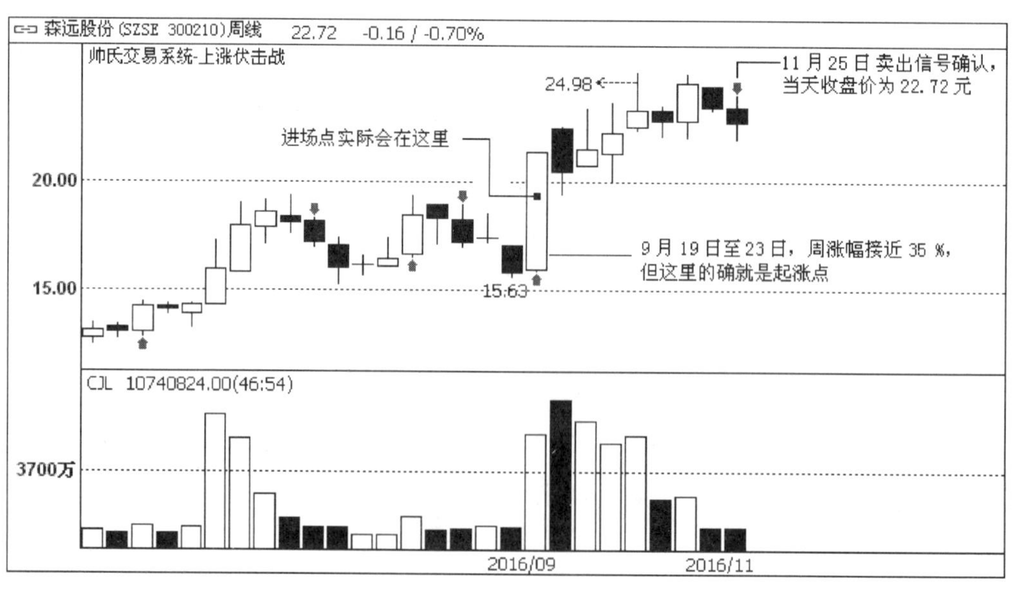

图 2－24

很多投资者不敢追涨，因为他们分不清什么是“追涨”、什么是“追势”。如图2—24所示，森远股份新的涨势就是在9月19日至23日这周形成的，这周就是起涨点，尽管该周的涨幅已经接近35%了。9月23日周五，收盘价是21.34元，但实际上投资者进场的价格是19.40元，即便接下来不按那个24.98元的阶段性最高价计算，而是等到卖出信号发出时才卖，10%的收益也是不会跑掉的。为什么笔者这么肯定进场价位不到20元呢？这个秘密留在第三章中向大家揭晓。

招商银行（600036）

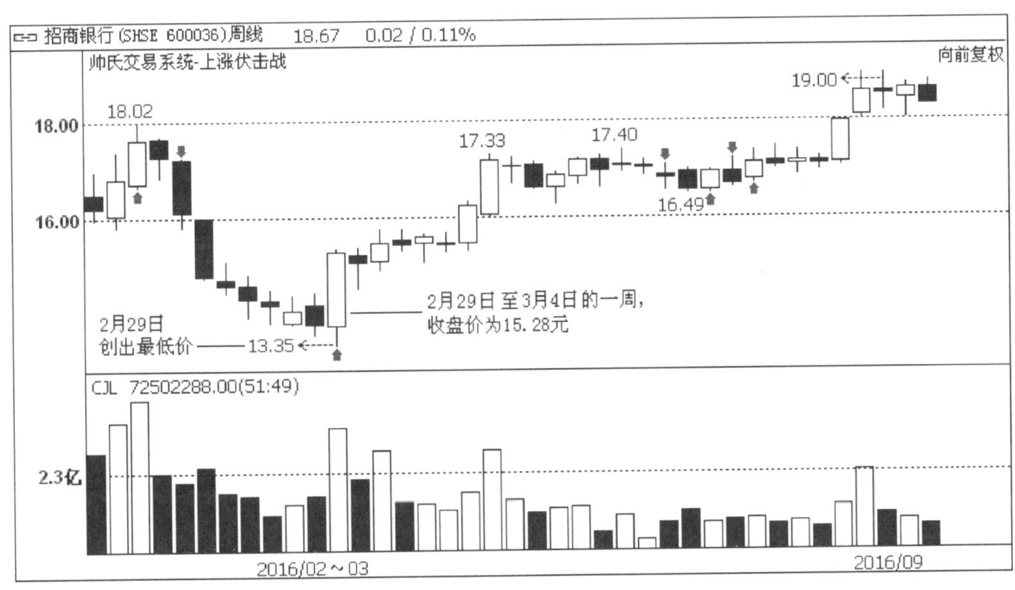

图2—25

最后展现给读者的这个例子，如图2—25所示，同时具备“创出阶段性最低价那一周就是起涨周”和“大阳线的一周就是起涨周”的特征。

一般来说银行股都是大盘股，走势与上证指数的关联度较高。像招商银行这样，周一先往下砸（甚至创出了年内的最低价），然后4天猛拉的行情，如果不使用“上涨伏击战”策略，投资者很难及时反应过来。

最后，和周K线呈大阳线这种明显的起涨点不一样，有些行情的起涨点很平常、很不起眼。但正是因为平常，不易引起投资者注意，反倒能突出这个“点”的巧妙。请看下面实例。

西藏旅游（600749）

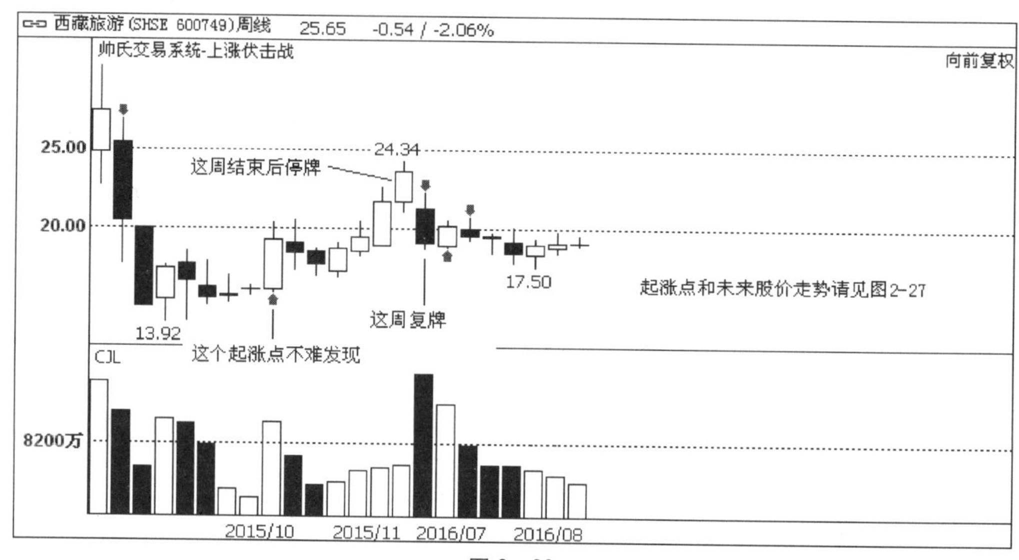

图 2－26

如图 2－26，由于瞄准了 13.92 元这个最低价，因此 2015 年 10 月这次的起涨点很多人不会错过。但经过 11 月冲高到 24.34 元后该股突然停牌了，而复牌后股价一路下跌。复牌股的股价走势往往令人难以琢磨，那么下一次的起涨点会出现在哪一周呢？答案在图 2－27 中。

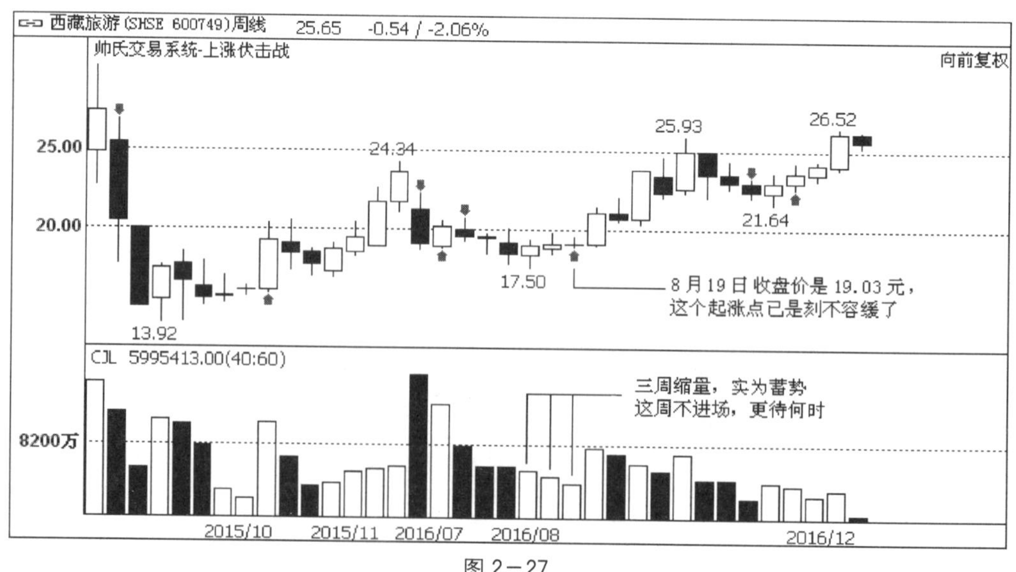

图 2－27

8月15日至19日，这绝对是一个平平的交易周。不但股价在5个交易日窄幅波动，周K线呈十字星状态，而且这已经是连续3周成交量萎缩了。然而就是在这个没人看好的一周，“上涨伏击战”的买入信号发出了！这里就是起涨点，刻不容缓。

海大集团（002311）

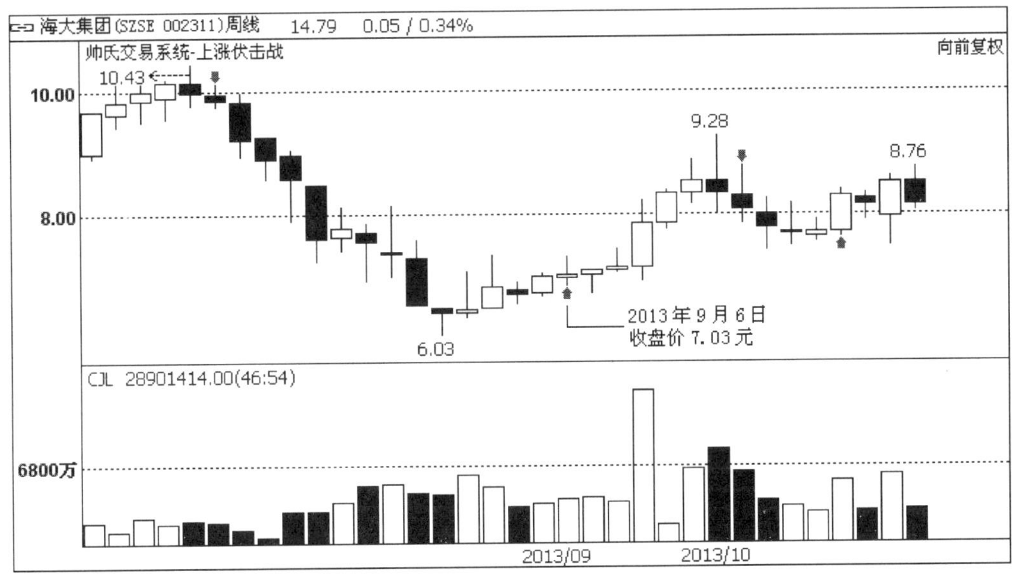

图2—28

2013年9月6日周五，该股收盘于7.03元。此时距离最低价6.03元已上涨了1元整，涨幅达到了16%，此时成交量并未明显放大，这时进场合适吗？买入信号倒是发出并确认了，但这个周十字星让人心里感觉不是那么踏实。好在仅仅过了两周，股价开始放量拉升了，到10月中旬一度摸高到9.28元。短短数周，理论收益率达到了30%。

又如图2—29所示，深圳燃气于2016年3月25日和6月8日两次都是在周十字星上发出了买入信号并最终确认。由于是十字星，因此这两周的收盘价分别与之前一周的收盘价基本持平，如果发出买入信号之前的那一周周K线是阳线（在这个例子中正是如此），这恰恰就说明了十字星这周蓄势已经更加充分了，从而增加了在这周买了就涨的概率。

深圳燃气（601139）

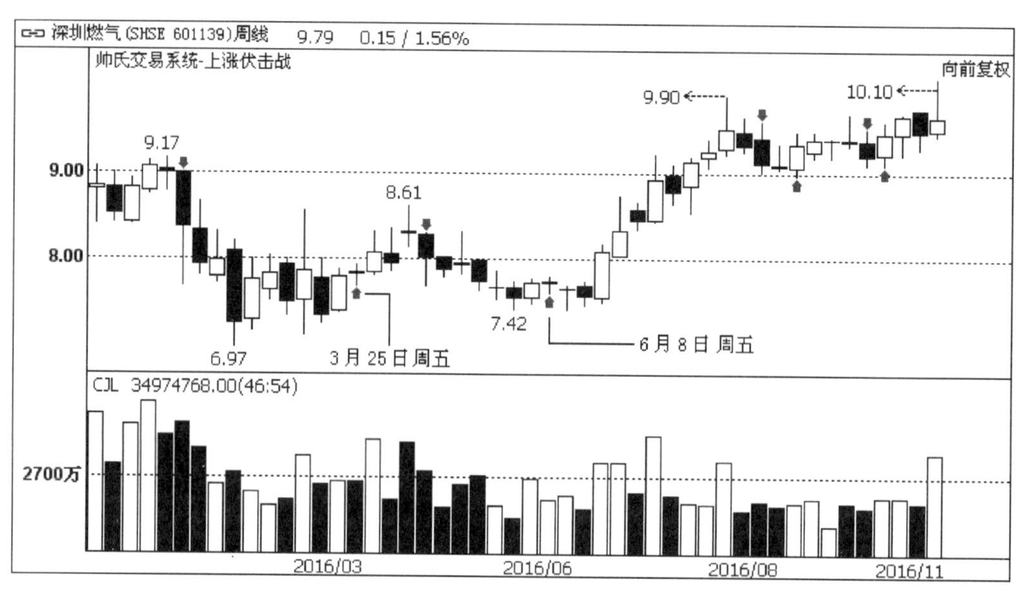

图 2－29

此外，在十字星或小阳线上发出的买入信号，其实价格对于投资者是比较有利的。由于周五收盘时价格和周一开盘时相差不多，因此在十字星或小阳线上出现时进场至少没有追高的嫌疑。这一点请读者与周 K 线大阳线的情况对比，仔细体会。

“上涨伏击战”是用在周级别的策略模型，因此它所标示的买入位置的确精确到周，即“上涨伏击战”的起涨点是某一周。但是有意思的是，“上涨伏击战”可也不完全只是在周级别上捕捉起涨点的！它的操作实际可以精确到一周之中的某个交易日，可以让投资者买在真正起涨的那一天！其奥妙之处在第三章里做详细的介绍。

2. 在短于周级别的时间周期上，只要发现起涨区域即是胜利

有经验的渔民一定知道哪里是鱼群的必经之路，于是他的网就会撒在那里。

当我们用最常用的日 K 线图来看行情时，困惑我们的问题是：哪里才是行情启动的精确位置？换言之，哪一天进场才对？我们之所以会这么纠结，就是因为我们总“踩不对点儿”。“为什么我想的是这样，而行情却偏偏是那样？”“明明某某某说那个板块好，估值很低，可它为什么就是不动呢？”“为什么我一买入它就下跌，一卖出它就上涨？”……

其实，与其想在股市里踩对点儿，倒不如先选好一个“渔场”，这样才能事半功倍。在我们最常用的日级别上，“渔场”是一个区域，而不只是一个点、不是某一天。股价走势的特点就是：越是在短级别的时间周期上，股价的波动就越频繁、越没有方向。而且如果你是用较短的时间周期来看行情，那你感觉到的那种不爽将是反复的、不断累积的。遇到没有方向的箱体震荡走势时，不温不火，能把人折腾得够呛。

不说别人了，就拿笔者自己来说吧。帅氏交易系统“日级买卖参考”从 2015 年开始测试和优化，“够用”绝对没问题了。但是在遇到箱体震荡时，依然会信号频出，让人感到不胜其烦！请看下面实例。

智光电气（002169）

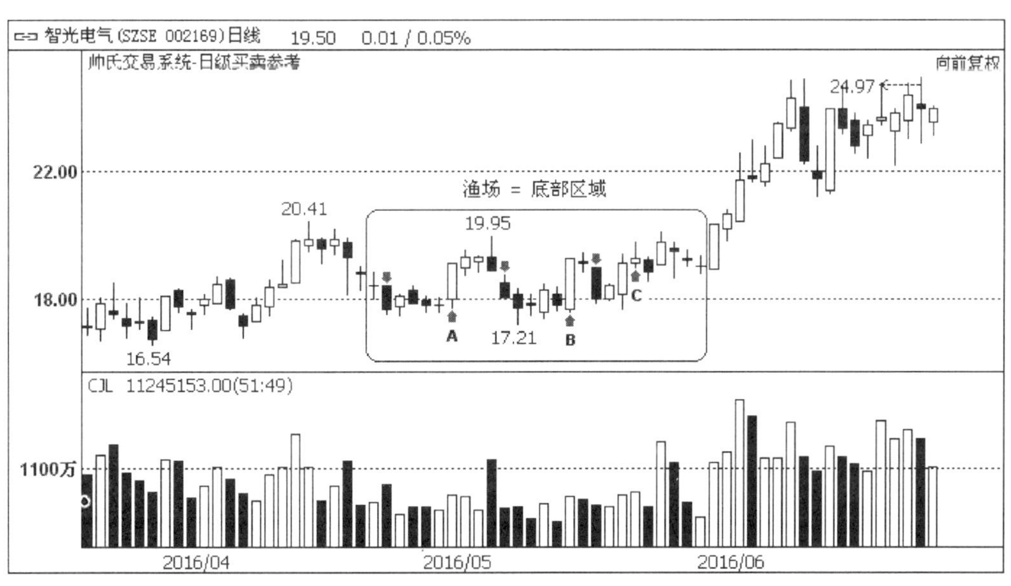

图 2－30

如图 2—30，该股股价从底部反弹，在进入第二段拉升前做蓄势整理。阶段性的最高价 20.41 元（4 月 15 日）创出之后，股价陷入了箱体震荡。经过 A、B、C 三次买入信号的提示，“日级买卖参考”捕捉到了起涨点，算是终于抓住了一波上涨行情的启动位置。K 线 C 的位置是 5 月 23 日周一，收盘价 19.28 元。

股价在日级别这样的短时间周期上会反复波动，有时候使用周级别找进场位置反倒省事。请见下面的图 2—31。

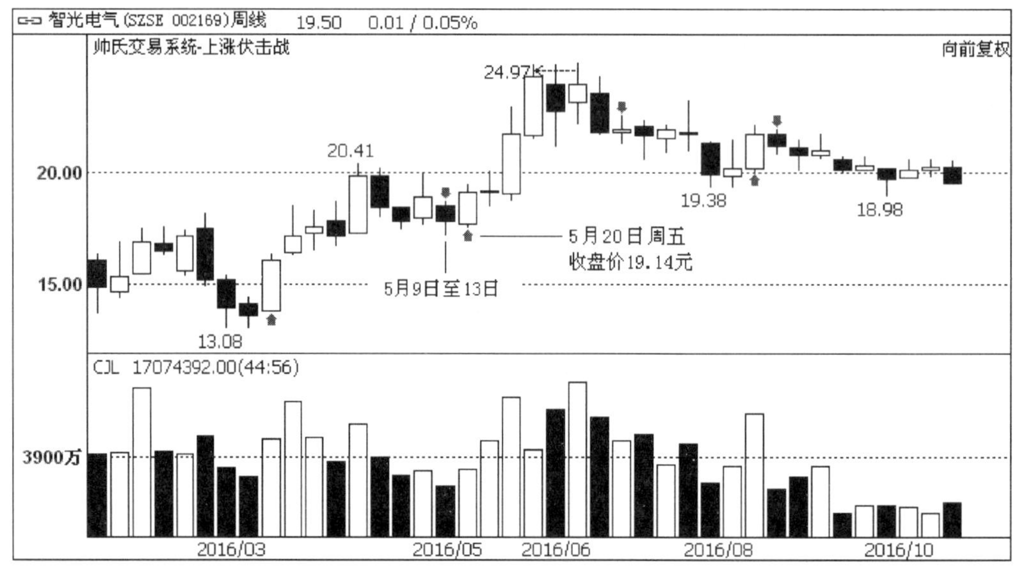

图 2—31

如图 2—31 所示，5 月 9 日到 13 日那周，正赶上卖出信号发出，而日级别的策略却依然在发出买入信号——股价没破位下跌已经是很万幸的了。

参考图 2—30 的日 K 线图选股，买进、卖出好一通折腾，几周的时间都得盯着盘面——怕踏空呀！直到第三次进场，终于算踩对了点儿。而用周级别的“上涨伏击战”策略模型，不但进场早，而且买一次就对了，价格还便宜，能把手续费给省出来。因此反过来看，就算手里没有“上涨伏击战”这个策略模型，如果选择日级别做技术分析，就不要追求绝对正确的建仓日。在“渔场”里找个位置买进去后持股不动，其实也是可以的。

不要离市场太近，否则你根本看不清市场的真面目！

九鼎投资（600053）

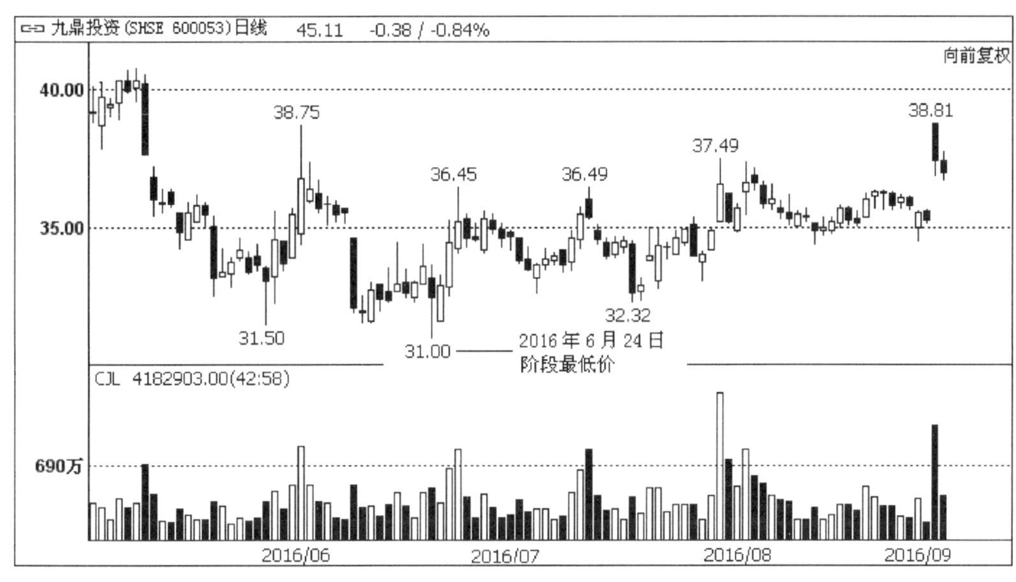

图 2－32

当我们把时间跨度拉长就会发现，该股其实在 2016 年 6 月到 9 月期间做了一个标准的箱体震荡。尽管从 31 元到 37 元之间有将近 20%的价差空间，但是请你仔细看过图 2－32 后扪心自问：你真能在这个箱体里赚到钱吗？

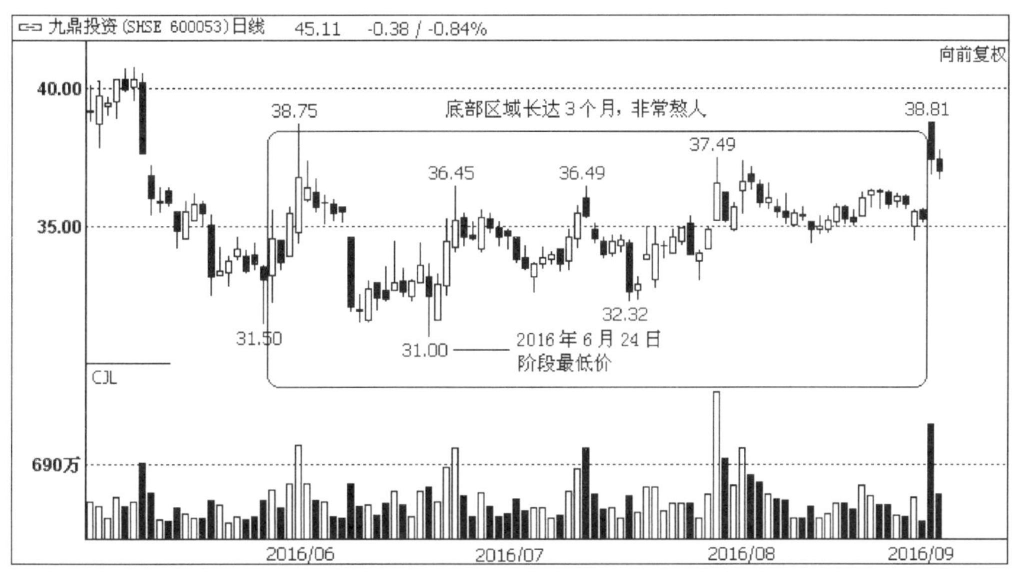

图 2－33

从事后看，被框起来的整个区域都是“渔场”，是“起涨区域”，长达 3 个月，1 年的 1/4 时间！如果你想死盯着这只股找机会，当然是用周级别效率更高，周级别才是“定点”爆破模式。效果如图 2—34 所示。

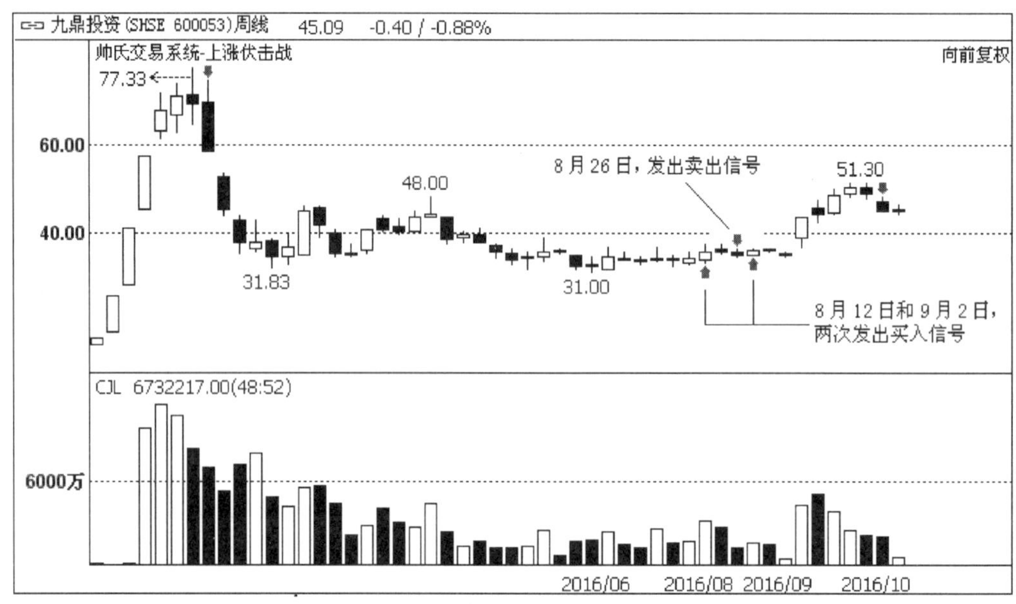

图 2—34

九鼎投资 8 月 12 日周五的收盘价是 35.71 元，9 月 2 日周五的收盘价是 36.05 元，在整个箱体震荡期间，买入信号就这两次！

通过上面两个例子笔者只想说明，如果你也认同用周级别是“点”出击、效率高，那反过来是不是可以认定，在短于周级别的时间周期上，如日级别、2 小时级别、1 小时级别……如果想达到抓住上涨行情的目的，那么在绝大多数情况下，寻求“面”出击，找到一个适合出击的范围和区域就足够了？

在日级别上要求（或者说追求）所谓的“起涨点”是难度相当大的一件事，除非股价启动的形态是底部一根放量大阳线（如下面几幅图所示），否则我们几乎没有理由非得认准某一天就是起涨点。

振东制药（300158）

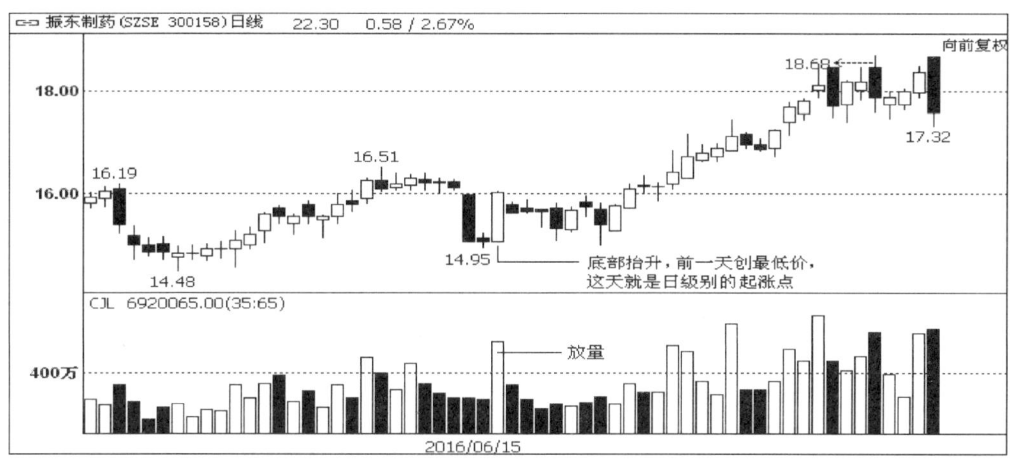

图 2－35

振东制药 6 月 15 日这个日级别的"起涨点"很清晰。但是，第一，你得反应得过来——股价从前天的跌停到图中所标示这天的涨停，变化也太剧烈了！好在成交量放大这个特征能让你意识到，是有资金进场了。第二，大涨这天之后股价跌下去了，后面 9 个交易日都需要你坚持住，否则就被洗盘出去。实际上，进场是一回事，能不能拿住单子是另一回事。你凭什么能坚定地拿住单子不放？另外，万一被洗出去之后，你有没有勇气在更高的价格上把筹码再捡回来？这些都是不确定的事。

万科 A（000002）

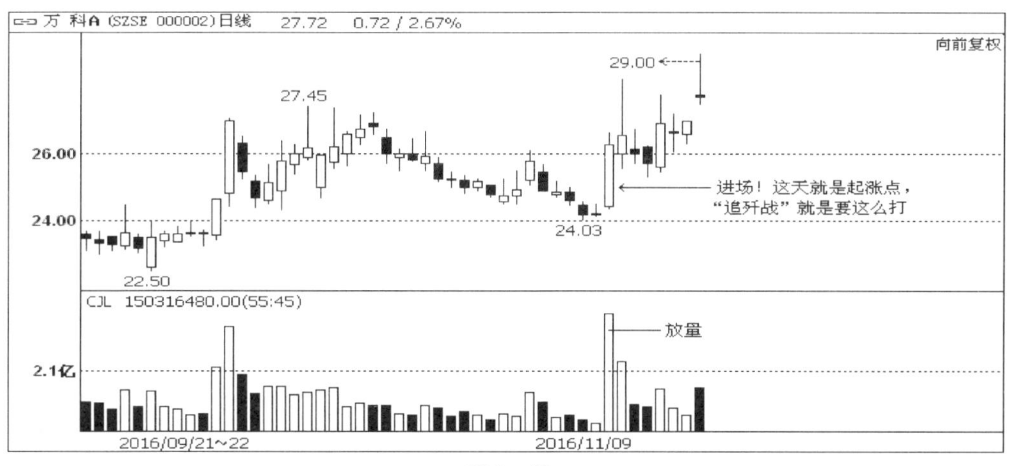

图 2－36

图 2—36 和图 2—35 有异曲同工之妙，放量是明显的进场信号，这是典型的“追歼战”打法，博的意味很浓，进场后股价震荡攀升，你要坚决地持股才能赚到钱。

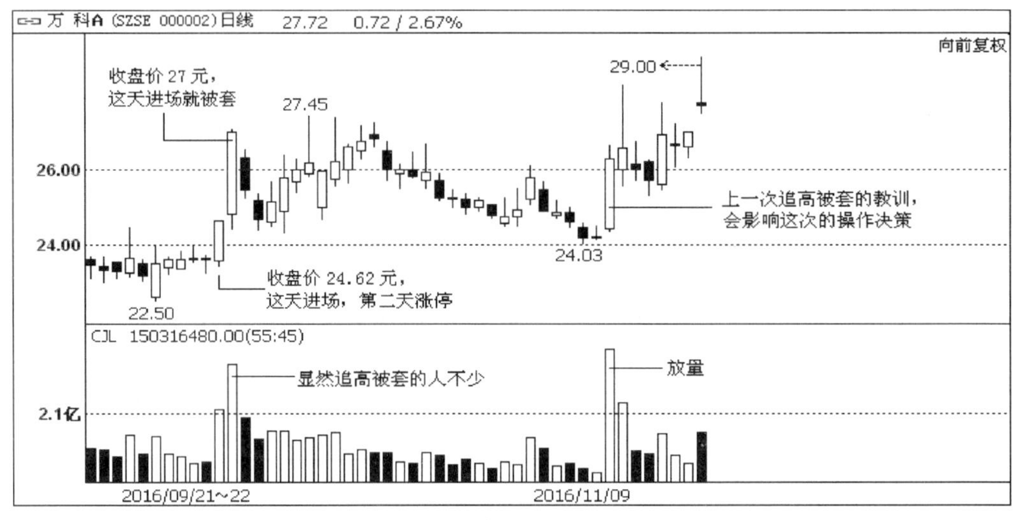

图 2—37

细心的读者一定能发现，在图 2—37 的左侧也有放量大阳线的情况，日级别行情的不确定性可见一斑。

其实日级别也是存在“底部区域”和“起涨区域”的，原理和周级别的“上涨伏击战”完全一样。

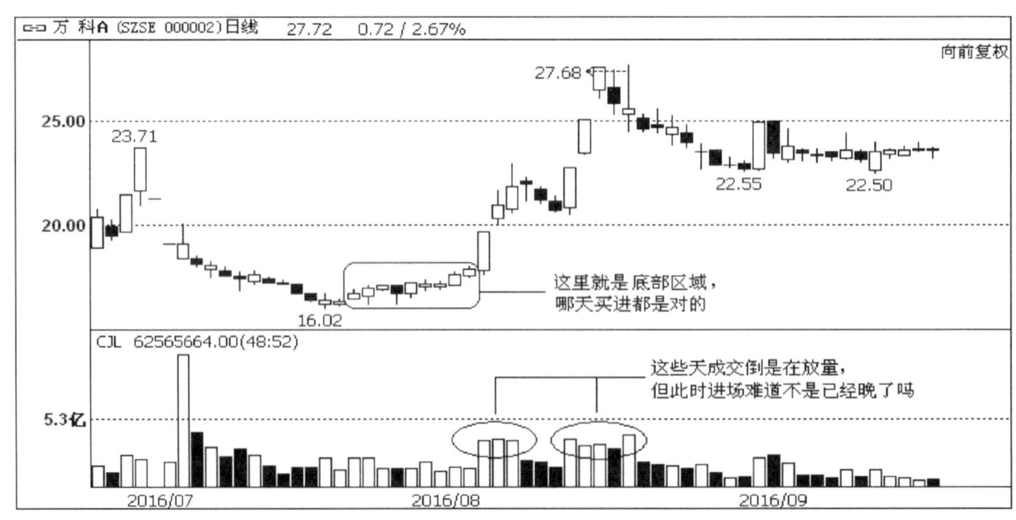

图 2—38

如图 2—38 所示，成功的方法是先等阶段性的最低价自己走出来，然后趁股价还没有放量、尚未大幅拉升之前进场，至于在股价拉升之前，那个“底部区域”会持续几天，谁也不知道。

周级别的“上涨伏击战”是波段战法，而凡是盯着日 K 线做交易的投资者都是做短线。然而，越是在较短的时间周期上，股价反复的可能性就越大。所以在日级别以及所有短于日级别的时间周期里，找“起涨点”都是在自讨苦吃。而向别人讲自己在某天、某个最低价的位置进场了，那八成是运气好的原因，不具有可重复性和可模仿性。

世荣兆业（002016）

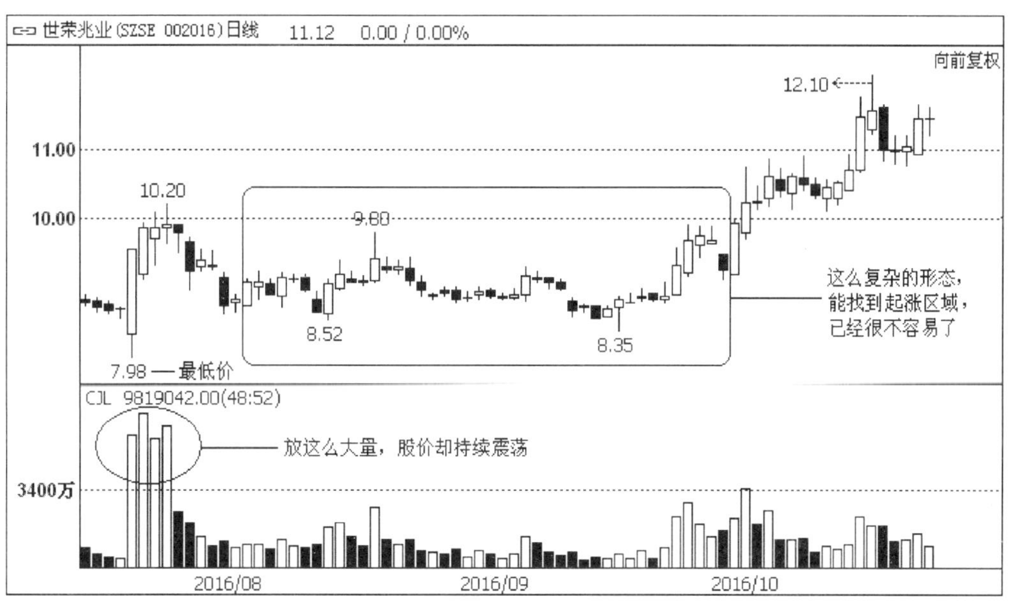

图 2—39

如图 2—39 所示，整个被框起来的区域，其实都是行情发动前的“底部区域”，至于在哪一天进场是无所谓的——哪天进场都要在随后的震荡中承受压力。好在这个区间里的股价相差不大，且股价又没有大涨。另外，图中标注得很清楚了，包括创 7.98 元的阶段性最低价那天在内（2016 年 7 月 20 日），世荣兆业连续 4 天放出巨量，可为什么股价没有立刻拉升，而是回落并持续震荡了两个月之久呢？确实让人百思不得其解。

易尚展示（002751）

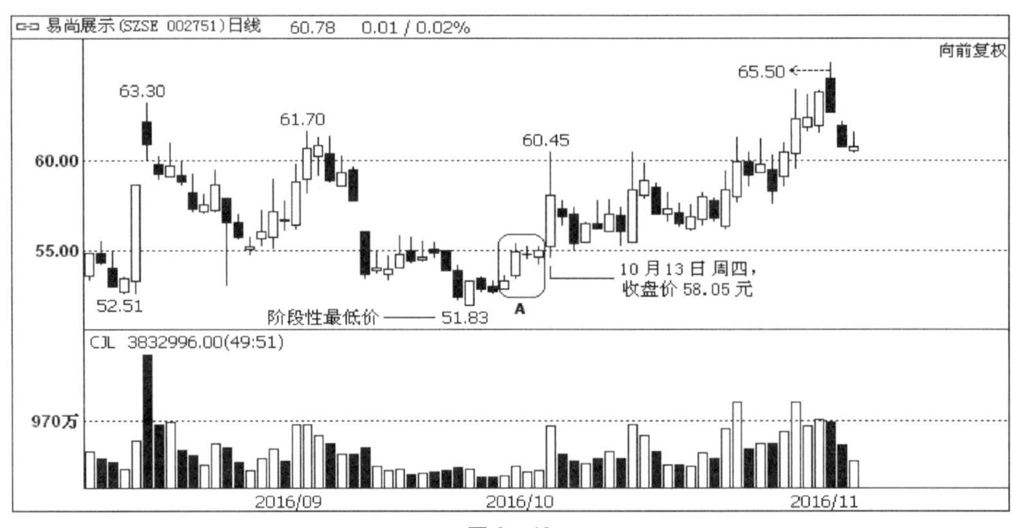

图 2－40

如图 2—40 所示，很显然方框 A 内的 4 天是行情的“起涨区域”，因为股价已经开始止跌回升了。从事后看，收盘价为 58.05 元的 10 月 13 日是日级别的“起涨点”，因为这天放量的长阳线封闭了之前向下的跳空缺口。但买在方框 A 内的任何一天也没有错，且较之 10 月 13 日而言，价格上更有优势。

再用周级别的“上涨伏击战”看一下吧，如图 2—41 所示。

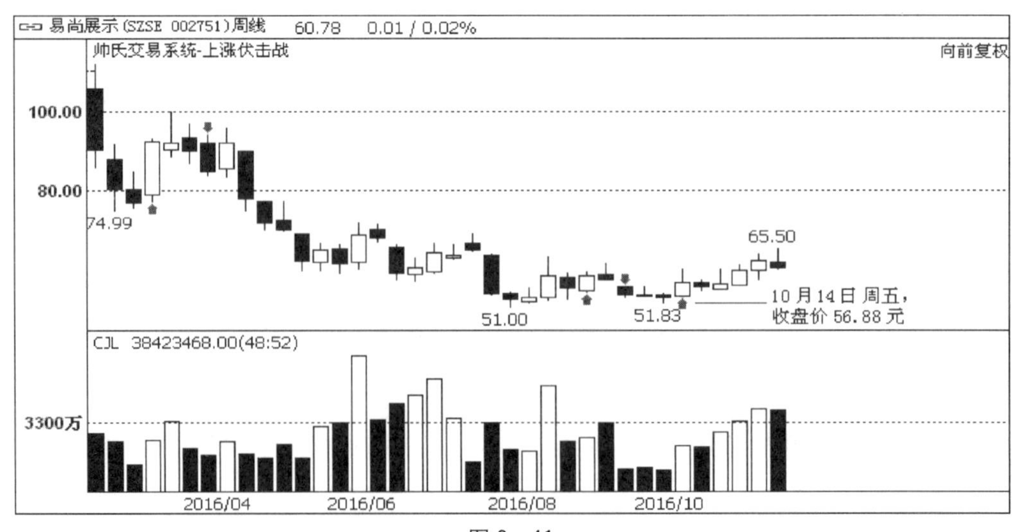

图 2－41

居然是周级别的“上涨伏击战”更靠谱！——13 日周四是冲高，而 14 日周五是回落。只要坚持不追高的原则，而是在周五临近收盘前才进场，买入的价格不会高于 56.88 元。所以说周级别并不慢，而以周为时间单位炒股，进场价格也有一定优势。

三、一堂关于起涨点和起涨区域的特训课

对于广大股民来说，首先，在你真正出手前，先要有最起码的、对底部形态的识别能力。其次，要清楚自己该在哪里出手——只要买在周级别的起涨点上，或是买在日级别的起涨区域里，你离赚钱就近在咫尺了。由于你肯定是站在大概率的一侧，所以只需耐心等行情自己去发展好了。

下面笔者带大家通过一些个股实例来识别股价的底部形态，并对照日级别的起涨区域和周级别的起涨点做必要的解读。

中原环保（000544）

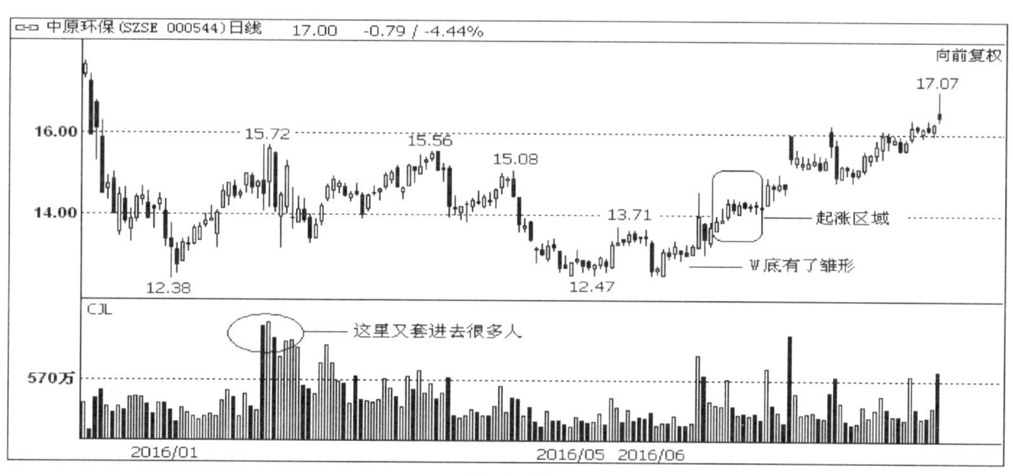

图 2—42

如图 2—42，该股的股价走势非常耐人寻味。首先是 12.38 元后到 15.72 元疑似 V 形反转，但绝大多数投资者的进场位置会在 13 元到 14 元之间，而一旦在 15 元之上跟风买进则非常容易被套。从 15.72 元、15.56 元，再到 15.08 元，这个三重顶叫人欲哭无泪。

1月的12.38元和5月的12.47元终于构成了W底的基本要素，但时间已经过去了整整4个月。12.47元的次低价之后，只有股价在持续反弹中突破了6月1日的13.71元之后，底部的W底形态才算是有了雏形。因此在13.71元的上方，那里才是该股的起涨区域。

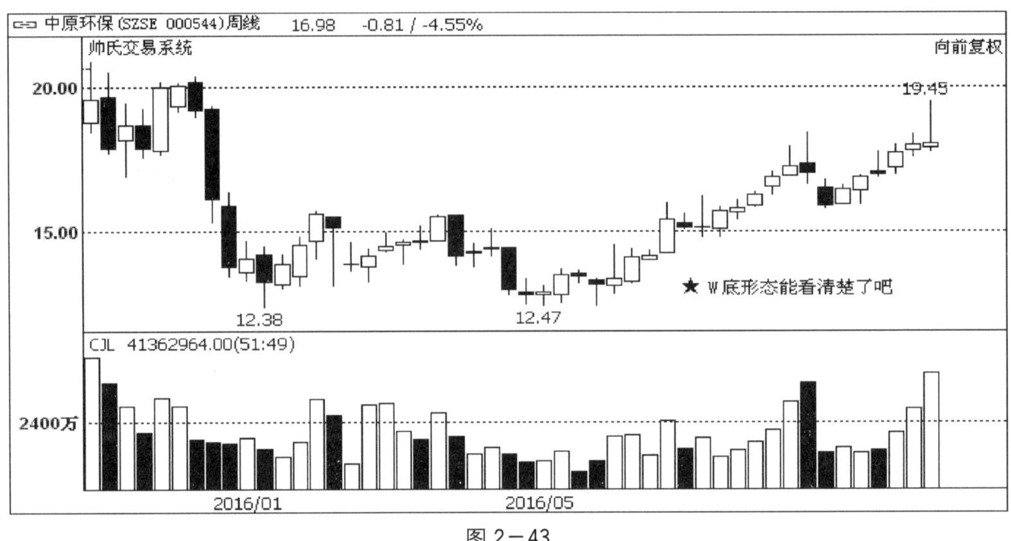

图2－43

在周K线图上，我们能识别出一个由1月的12.38元和5月的12.47元筑成的大型W底。难怪后来股价有不错的升势呢，原来蓄势蓄了那么久、形态那么标准！“上涨伏击战”策略模型的起涨周会在哪里被标示出来呢？请看图2－44。

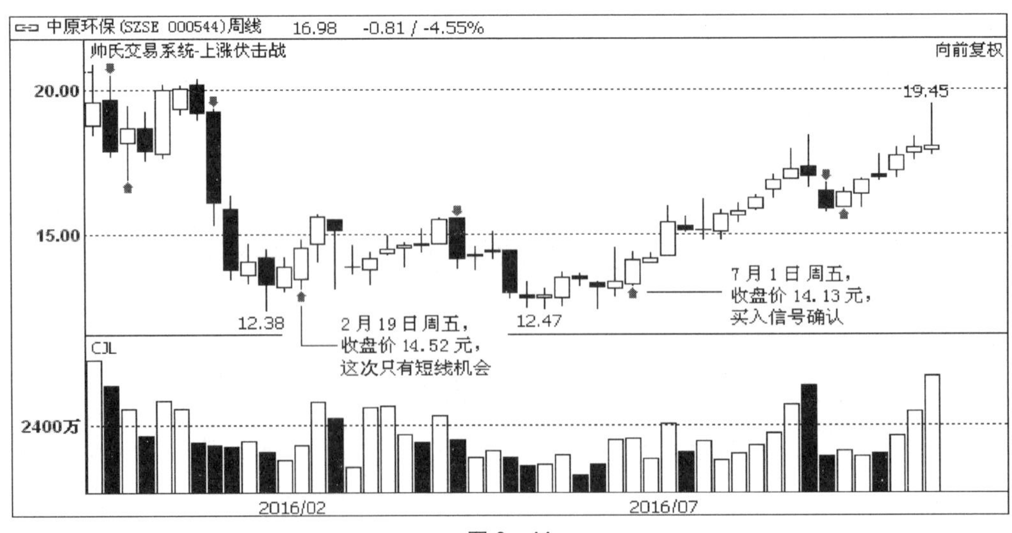

图2－44

如图 2－44 所示，7 月 1 日周五买入信号被最后确认了，那里就是起涨点（起涨周）。如果在此之前买进，没有什么位置算得上是有效突破。7 月 1 日之前提供给投资者的充其量只是涨幅相当有限的短线机会，如 2 月 19 日的买入提示，而那一次股价升幅有限，继而出现了回落。

东方金钰（600086）

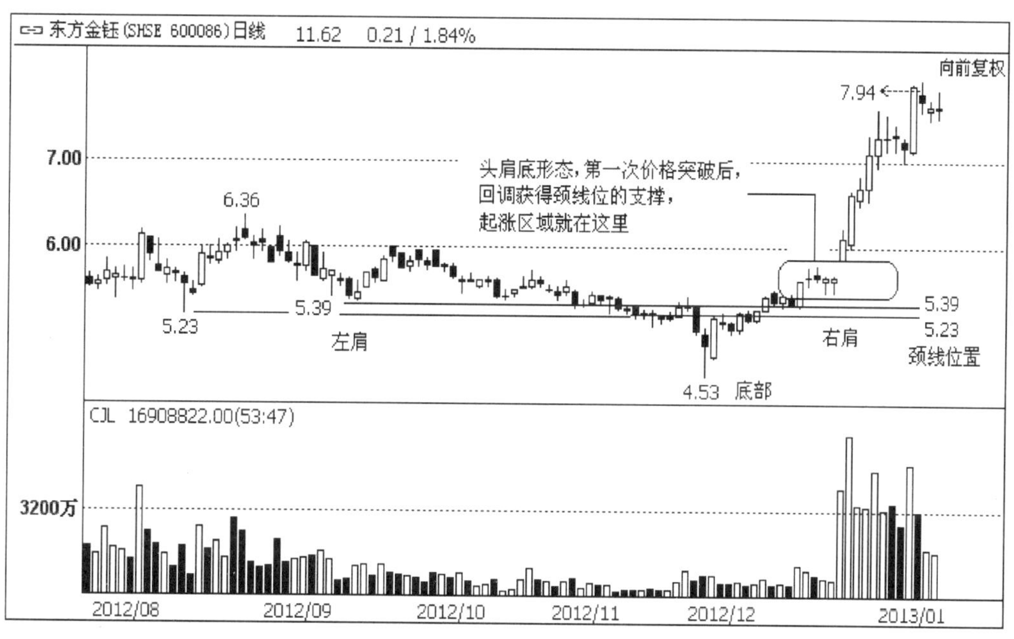

图 2－45

如图 2—45，该股的底部形态是“头肩底”，找准该形态的颈线位置是买在起涨区域的关键所在。在阶段性最低价之前出现的一个或两个次低价附近，那一带就是“头肩底”形态的颈线位置。就该股而言，股价在未能冲过 6.36 元之后只能选择持续探底，投资者越跌越买肯定不对——5.39 元和 5.23 元的价格接连被跌破就是有力证明。只有在 4.53 元这一价格走出来的一两周后，我们才能确认它阶段性最低价的身份。

第二个需要确认的是颈线位置第一次被突破后，股价回调受到颈线位的支撑，确实再也跌不下去了。此时如果有成交量的放大作为配合，那么颈线位置的上方一带才是起涨区域，即图中被框起来的部分。

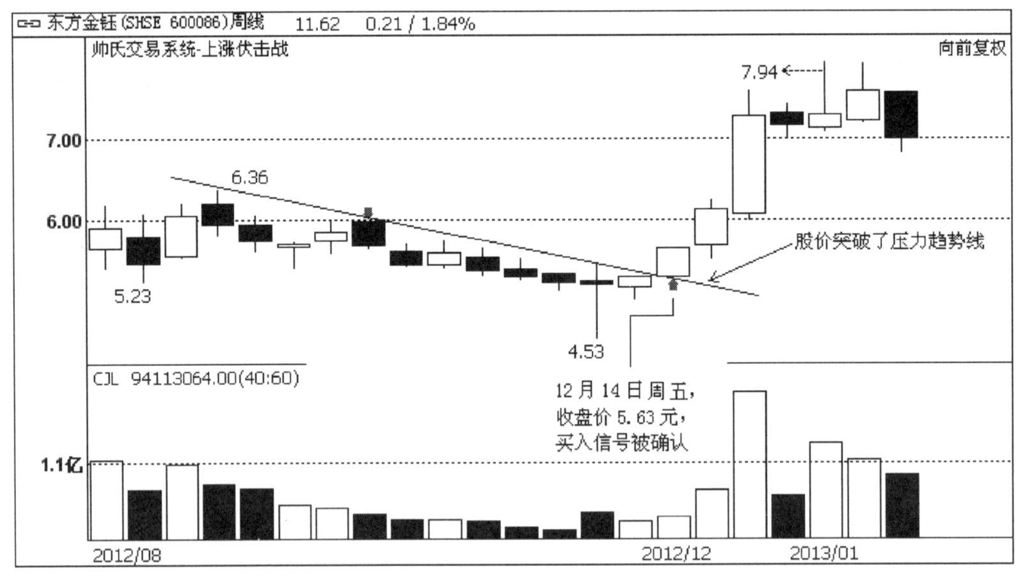

图 2—46

如图 2—46，在周 K 线图上，该股此次行情启动的形态是比较好判断的——股价有效突破了下降趋势压力线，同时也明显高于了前次低点 5.23 元。因此在 12 月 14 日周五买入信号被确认，起涨点（起涨周）在股价加速拉升前被挖掘出来，可谓相当及时。

巨星科技（002444）

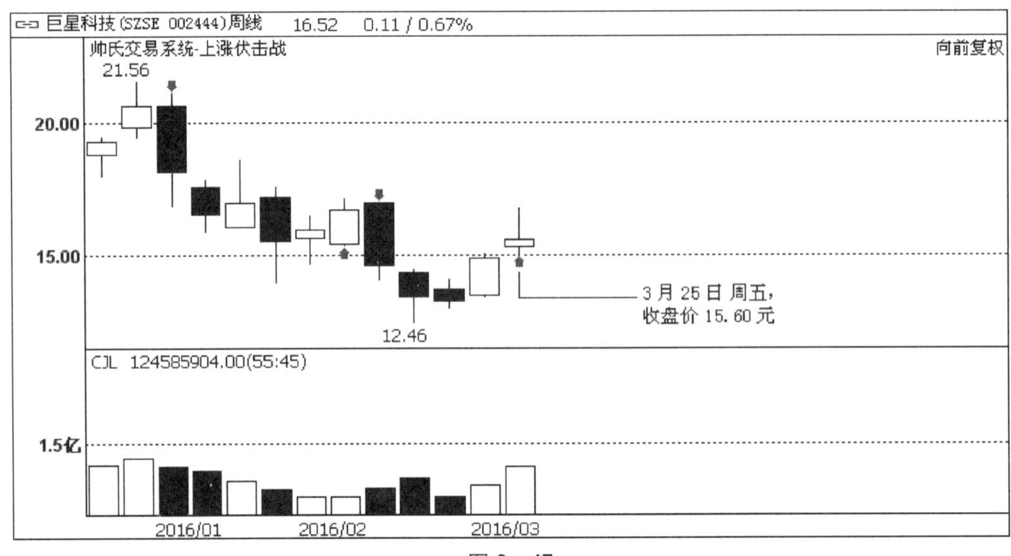

图 2—47

该股自 2016 年初开始的下跌一直持续到 3 月份才见底，3 月 21 日周一至 25 日周五的一周，股价跳空高开，全周成交量较上周温和放大，并最后收出了一根带上影线的阳十字星线。到周五时，买入信号最终被确认了。在周 K 线图中我们看到，就最近的 5 周而言，股价走势的大形态很像 V 形反转或圆弧底。在 2016 年这样一个以反弹为基调的年度里，走出标准底部形态的个股其实还是有很多的。同时，如果再参考日 K 线图，你会看到更多的底部特征，并对起涨区域有深刻的理解。见图 2—48。

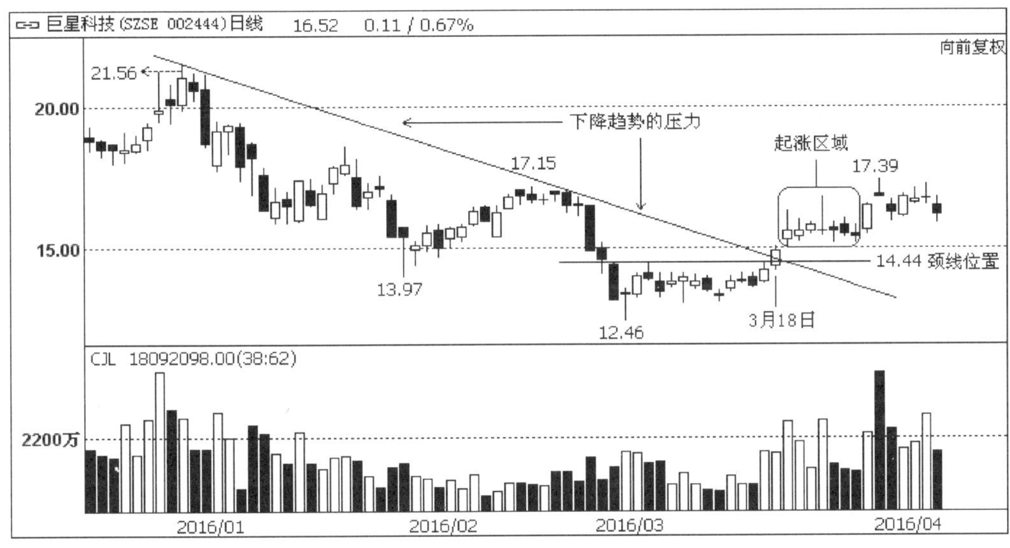

图 2—48

日 K 线图看的是细节，能让我们从不同的角度观察到起涨区域究竟是如何从底部区域中脱颖而出的。第一个细节是，从 2016 年初的高点 21.56 元向 2 月 18 日创出的反弹高点 17.15 元连线，就会找到对股价构成向下压力的下降趋势线。注意，这条线一定是指向你电脑显示器右下角的。随着时间的推移，这条下降趋势线越往下走，其指向和控制的价格就变得越来越低，而抛压却会越来越轻，于是股价的投机价值反倒会变得越来越高。一般来说，只要未来的股价还处在这条线之下，说明下跌趋势根本没有结束。而一旦股价（带量）突破了这条下降趋势线，并实现了站到该线上方 3 个交易日以上，这才能代表股价已真正止跌，并初步具备了继续向上反弹的可能。当然，笔者得再次强调，股价是它自己走出来的，如果股价突破 3 天以后再次掉头向下，重新回到下降趋势线下方也是有可能的。第二个细节是，在 3 月 1

日创出阶段性的最低价 12.46 元之后，股价在反弹中曾经于 3 月 3 日创出过一个 14.44 元的价格，之后反弹没有继续，股价又跌了下去。于是这个 14.44 元就成了未来股价反弹时必须要突破的价格，这个 14.44 元所在的位置，在技术分析里被称为“颈线位置”。好了，上述两条极其重要的线找到了，我们只需静静地等待突破时刻的到来。

3 月 18 日，股价承接上一个交易日的上涨，再次收出阳线，收盘价为 14.91 元。就是在这一天，我们看到股价不但向上突破了下降趋势线的压制，而且也突破了 14.44 元的颈线位置。因此 3 月 18 日这天，才是该股由跌转涨的转折点。股价的反弹不可能一蹴而就，好在有了 3 月 18 日的突破，我们确认上涨区域就容易多了。

通过对日 K 线图的分解，我们就能理解先有价格突破（下降趋势线、颈线位置），再有起涨区域这一重要顺序。

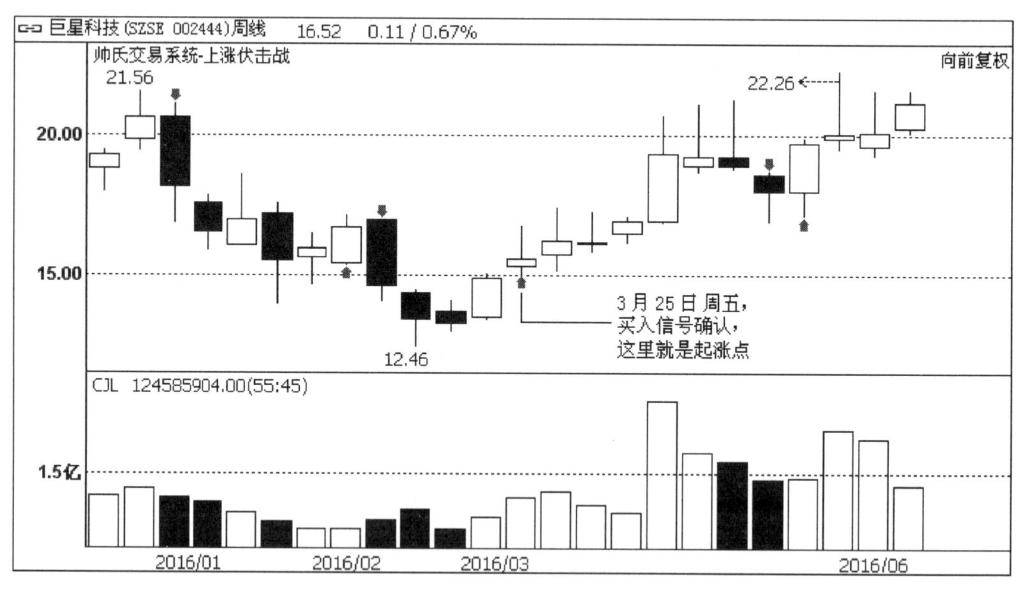

图 2－49

我们在周 K 线图中会发现行情启动的那一周，在被标注上买入信号后，它就成为了指引投资者进场的起涨点。

武汉凡谷（002194）

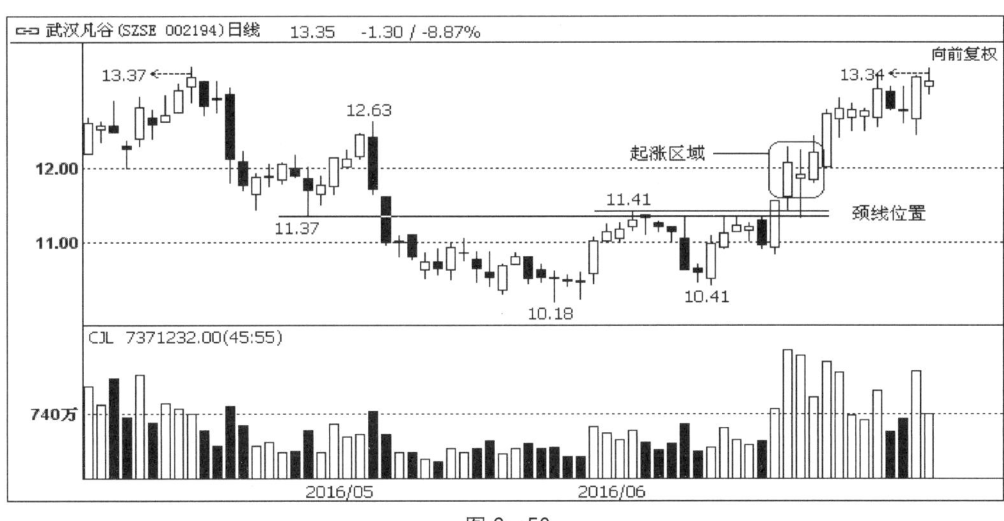

图 2—50

如图 2—50 所示，在日 K 线图中，该股的起涨区域虽然不至于非得高于 12.63 元，但我们也不应该幻想在 10.41 元到 11 元一带抄底，因为那里根本不是底。即便是日线级别的 W 底，我们也只能从事后看出阶段性最低价和次低价所产生的位置，而从这两个底到起涨区域之间还隔着一条颈线。股价不放量突破 11.41 元的颈线位置，就不能说明股价已经实现了突破，因此投资者是不应该进场的。

下面我们用周 K 线图看看该股长周期的股价走势形态如何。

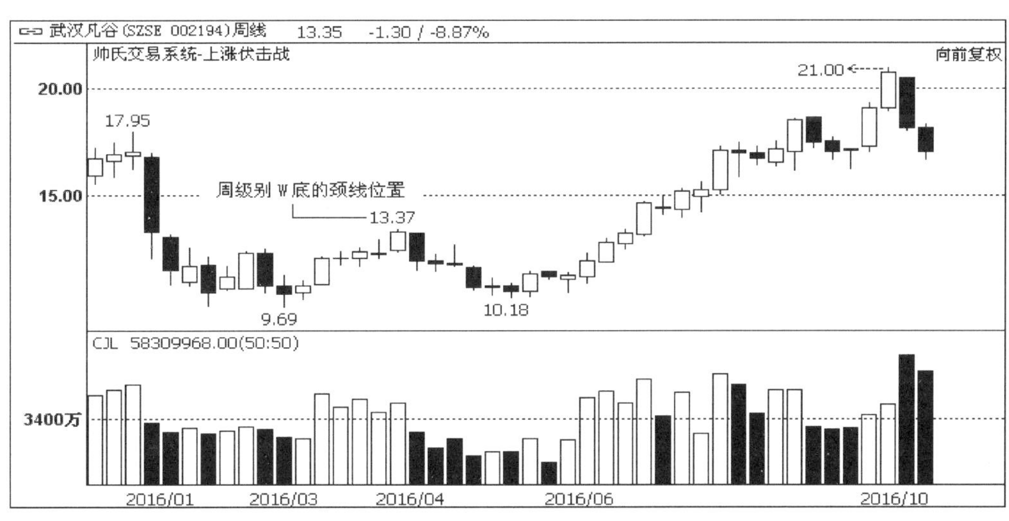

图 2—51

从9.69元和10.18元这两个阶段性最低价、次低价的相对关系看，武汉凡谷在2016年6月后的行情是从W底发展而来的。周级别的W底，同样存在一个明显的颈线位置，即图中的13.37元。那么，周级别的起涨点会出现在哪里呢？请看图2—52。

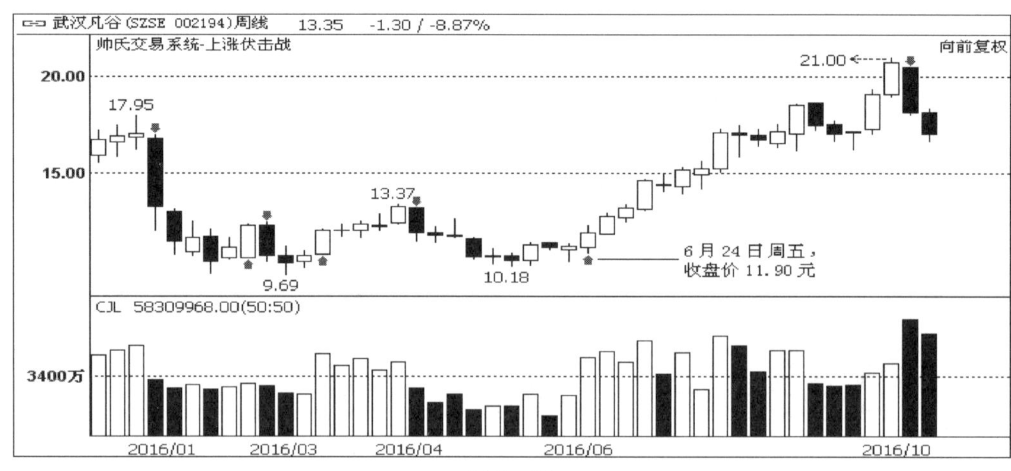

图2—52

在周K线图上，6月24日周五，买入信号得到了最后确认，这周就是起涨点。在此之后股价一路上升，涨势喜人。6月24日的收盘价11.90元明显低于4月13.37元的周颈线位置，但我们已经没有必要等那么久再出手。由于在日K线的走势中，我们已经拿日级别的颈线位置（11.37元—11.41元）作为股价（回调时）的支撑位了，那么在周级别上，买入信号的发出就没有理由更晚了。

中来股份（300393）

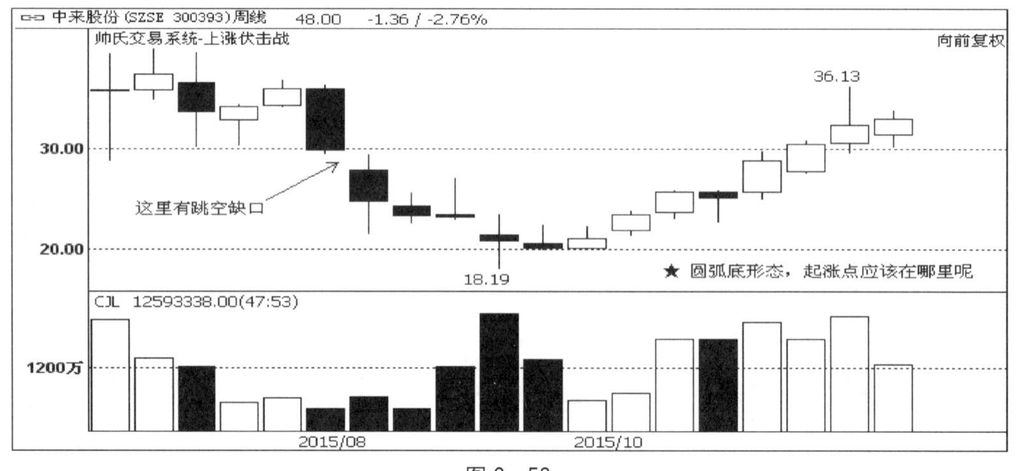

图2—53

从周 K 线图的形态来看，该股筑底时走出了近似完美的圆弧底形态，股价后来的涨势也的确相当不错。但是在图中标注的位置，即从 8 月 21 日周五的 29.53 元，到 8 月 24 日周一的 29.41 元，这里的确有一个跳空缺口存在，它会不会对周级别起涨点的买入信号发出产生影响呢？

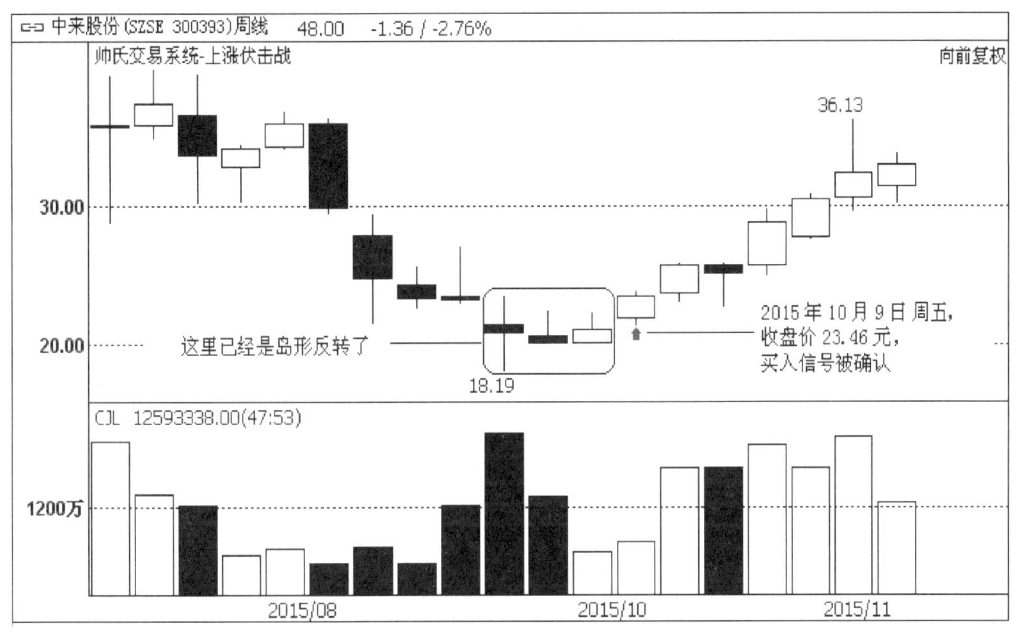

图 2－54

实际上，图 2—53 中的跳空缺口影响不到行情启动时买入信号的及时发出。因为在周级别上，从创出阶段性最低价 18.19 元的那周开始，加上其后面的两周，股价这 3 周的 K 线形态已经近似一个“孤岛”了。而在接下来的“十一”长假过后，由 10 月 8 日周四、10 月 9 日周五所构成的这周 K 线刚好让股价的底部形态走成了“岛形反转”，而“岛形反转”又是极其强烈的行情转市标志。因此，10 月 9 日这天买入信号被确认，这里就是此波行情的起涨点。

对比下图的日 K 线图可知，本图中周级别“上涨伏击战”的起涨点位置绝对算得上相当及时。

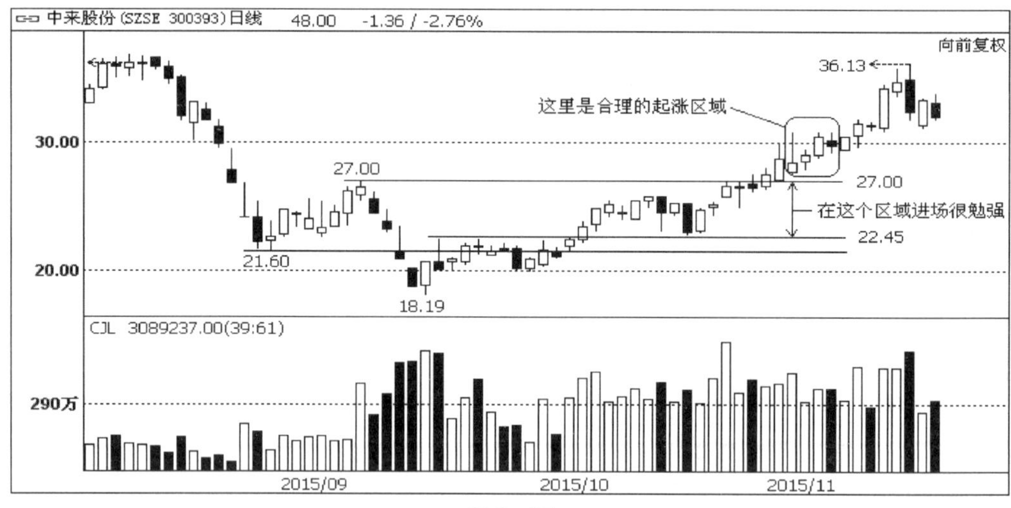

图 2－55

正如图 2－55 日 K 线所示的那样，在日 K 线图中寻找股价的支撑位和压力位会让我们很纠结。虽然在 22.45 元到 27 元之间进场不是不可以，但毕竟 9 月份 27 元的前期高点就是个“拦路虎”。只要 27 元不被攻克，你的筹码会让你踏实吗？另外，股价自 18.19 元以来的绝对涨幅也让人犹豫，因为等到股价 27 元时，涨幅都 48％了，你还有心情追涨吗？所以，尽管日 K 线图中的信息量大，但有时候因为要考虑的因素太多，搞不好反而会贻误战机。

ST 慧球（600556）

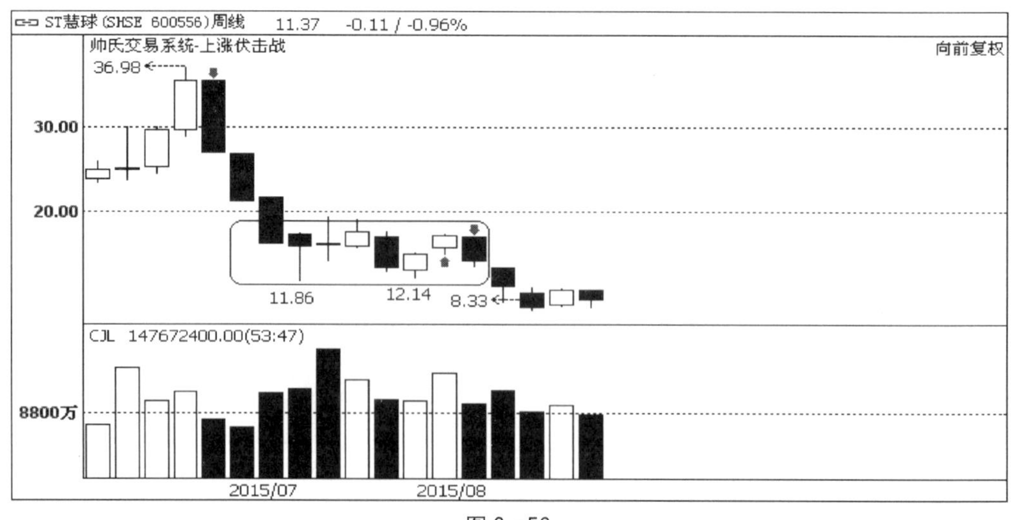

图 2－56

在图 2—56 中被框起来的区域里，本来已经有了 W 底的雏形——11.86 元和 12.14 元，这两个价格一个是阶段性的最低价，一个是阶段性的次低价，这是构成 W 底的必要条件。但是请别忘了，股价是自己走出来的，有了阶段性的最低价、次低价，W 底就一定会形成吗？也不一定。所以，股价怎么走，我们不要预测，我们只管找对策。任何底部形态的最后形成都是有条件的，一旦条件未被满足，则形态的构筑就是失败了。这也正是为什么卖出信号会发出来的原因。

W 底为什么没有做成呢？细节请见下面的日 K 线图。

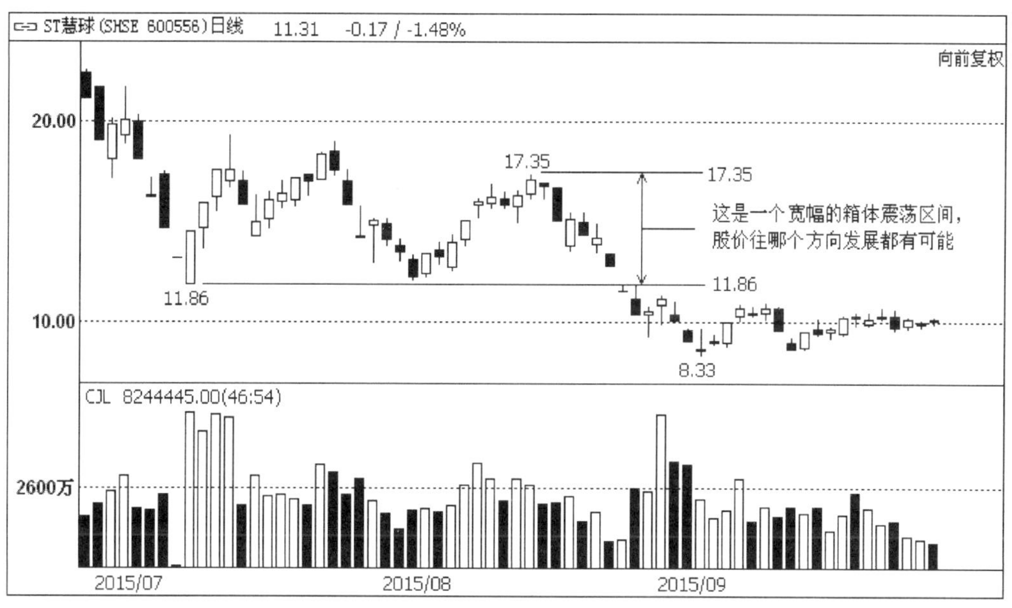

图 2—57

股价在 6 周时间内，处于宽幅的箱体震荡中。从 11.86 元到 17.35 元，振幅高达 50%，用短线的眼光看，上下 5 元钱、50%的价格空间，应该算是很不错了。但是，有多少人真能在 11.86 元第一次出现买入信号时就进场呢？

如果股价向上带量突破 17.35 元，则涨势形成，17.35 元就是上涨的支撑位；反之，如果像该股实际的走势这样，股价向下跌破 11.86 元之后，便构成技术上的“破位”。股价破位后，11.86 元就成为了今后反弹的压力位，而我们先前设定的从 11.86 元到 17.35 元的起涨区域就作废了，新的底部区域只能等新的阶段性最低价被确认后再重新划定。

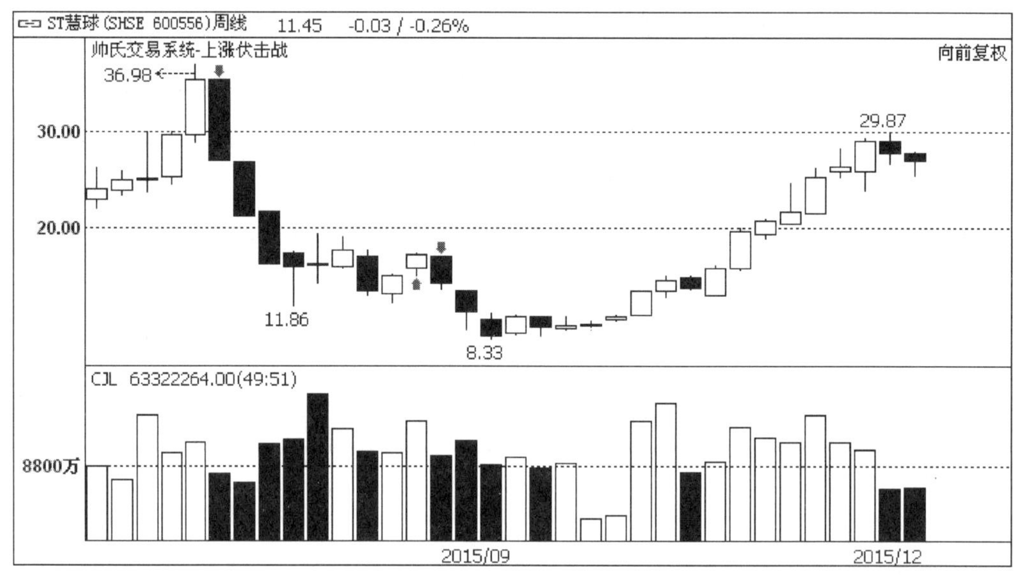

图 2—58

让我们回到周 K 线图，看看自图 2—56 后的股价走势。ST 慧球在 9 月份创出 8.33 元的最低价之后，走出了漂亮的圆弧底形态。从 8.33 元到 12 月的 29.87 元，短短 4 个月时间价格涨了 3 倍多！当然，我们最关心的是，买入信号是在什么位置发出的？

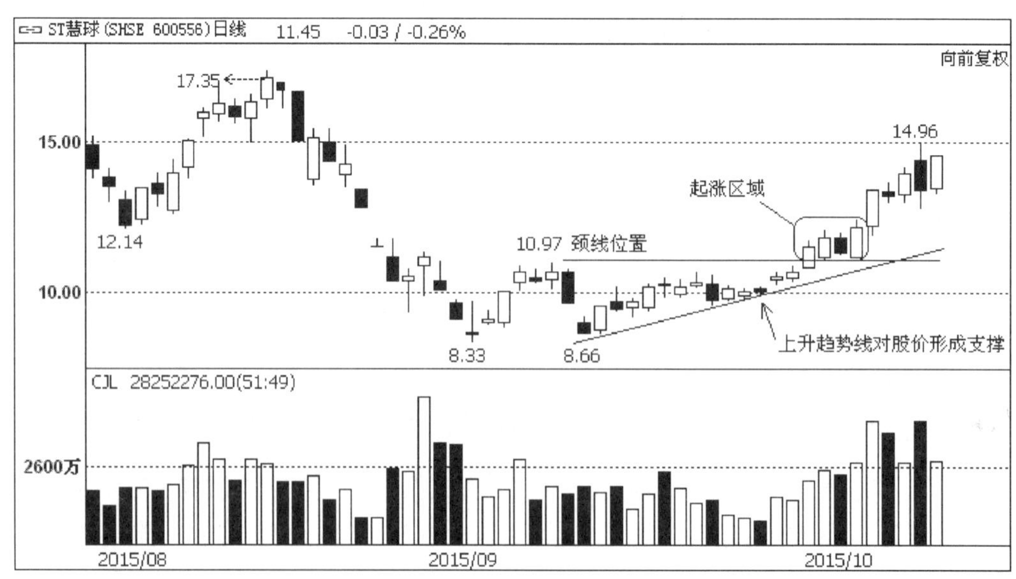

图 2—59

从日 K 线上看，8.33 元和 8.66 元是构成日级别 W 底的必要条件。在此基础上，新起涨区域的确认需要参考以下三个因素：一是股价自 8.66 元以来上升趋势明显，低点抬高对上升趋势形成有力支撑；二是 W 底的颈线位置 10.97 元可以被短暂跌破，但股价一定要再次收上去。否则的话，10.97 元可就是压力位了；三是成交量要放出来。

根据上述条件，这次在日级别上能够被认定的起涨区域，其价格将是在 11 元上方，时间是 2015 年的“十一”长假之后。

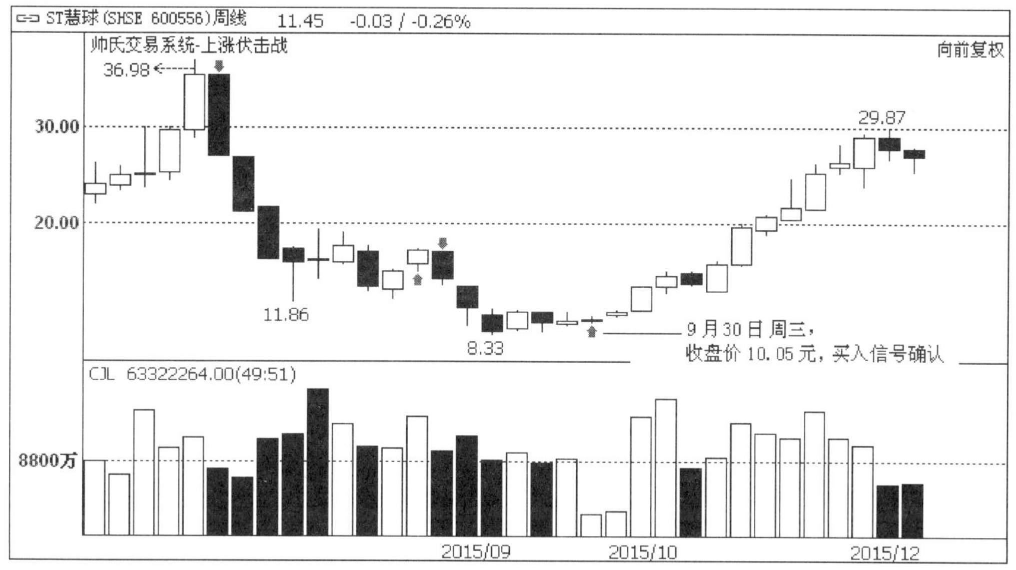

图 2－60

回到周级别的“上涨伏击战”，9 月 30 日周三，这是“十一”长假前的最后一个交易日，买入信号被确认了。此时的价格只有 10.05 元，相当理想。当然，投资者为了规避长假的不确定性、等到“十一”之后再进场也可以，到下一个周末时，即 10 月 9 日周五，股价也仅仅是 10.68 元。

周级别“上涨伏击战”的起涨点，又一次完胜了日级别上的起涨区域。

对于股价长期在窄幅箱体内震荡的股票，除了按信号操作外，投资者当然可以等价格明确突破后再进场。只是在这种情况下，突破时的股价大都已经涨不少了，因此日级别的起涨区域可能只有短短的一天或两天。我们先看该股的周 K 线图。

莱茵体育（000558）

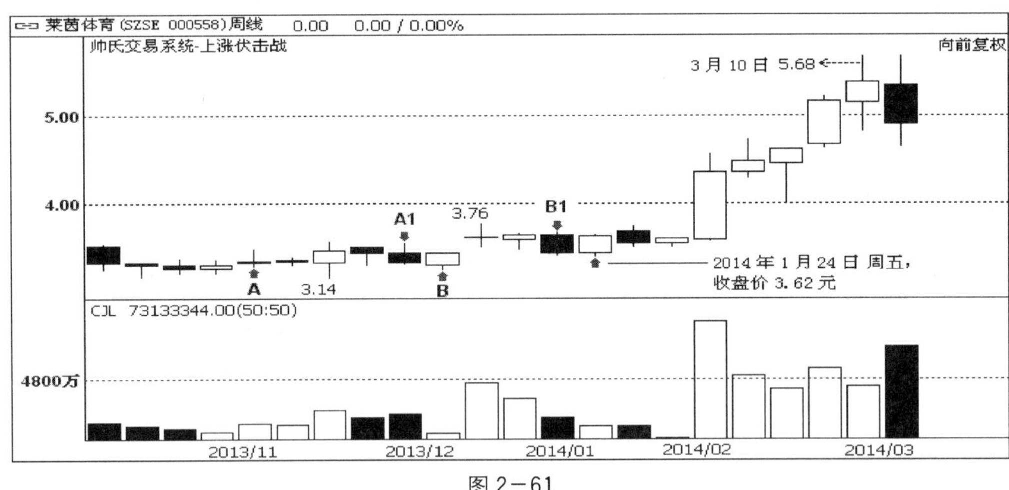

图 2－61

从周级别上看，在股价拉升前买入信号一共有 3 次。买入信号 A 被确认的日期是 2013 年 11 月 22 日周五，当时的收盘价是 3.33 元。A1 是 2013 年 12 月 20 日周五，收盘价 3.31 元。买入信号 B 被确认的日期是 2013 年 12 月 25 日周三，当天的收盘价是 3.42 元，B1 是 2014 年 1 月 17 日周五，收盘价为 3.43 元。这两轮的买进⇨卖出显然是亏损了。

2014 年 1 月 24 日的第三次买入信号被确认之后，股价也没有马上拉升，好在这次没有卖出信号出来“捣乱”了，行情走的是“N 形冲高”，几周后就到了 5 元之上。

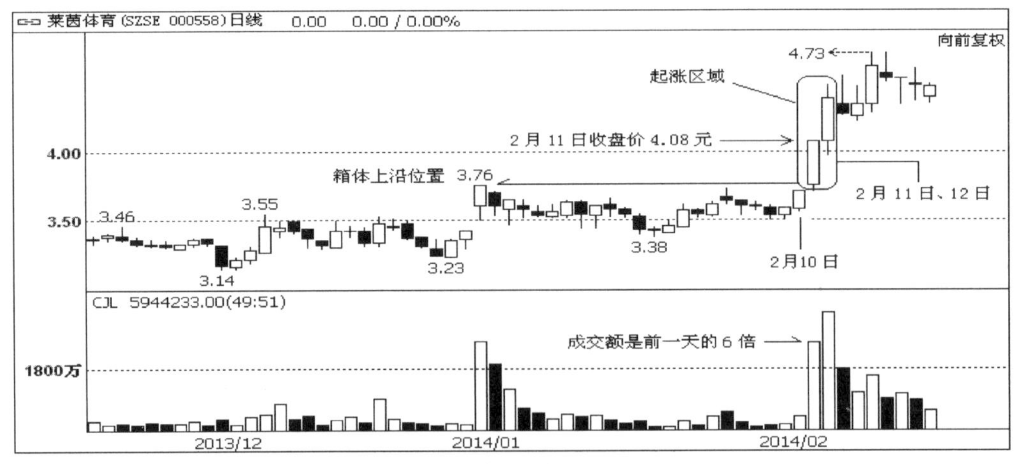

图 2－62

如果用日 K 线图来看，箱体的下沿是阶段性的最低价 3.14 元，箱体上沿为 3.76 元，这里明显就是压力位。尽管从 3.14 元到 3.23 元，再到 3.38 元，箱体里的低点在依次抬高，但只要股价不能放量突破 3.76 元，箱体震荡的格局就不会改变。

2014 年 2 月 11 日周二，莱茵体育股价突然跳空高开，开盘价就是 3.76 元，到收盘时涨停，上述箱体被一举突破。在下一个交易日，2 月 12 日周三，股价开盘后虽有小幅回落，但毕竟没有跌破 3.76 元。观察 11 日、12 日这两天的成交量我们就会发现，新进资金正在疯狂抢筹。在价格突破了箱体上沿，且成交量有效支持的情况下，11 日、12 日这两天，就是该股的起涨区域，再早是绝对不可能的。因为这周的周一，即 2 月 10 日，尽管日 K 线上看已经是两连阳了，但由于当天的收盘价只有 3.71 元，低于 3.76 元的箱体上沿位置，显然还没有形成突破之势。

然而，再回到周 K 线图时，很多人会对买入信号早在 1 月 24 日即被确认产生疑问，见图 2—63。

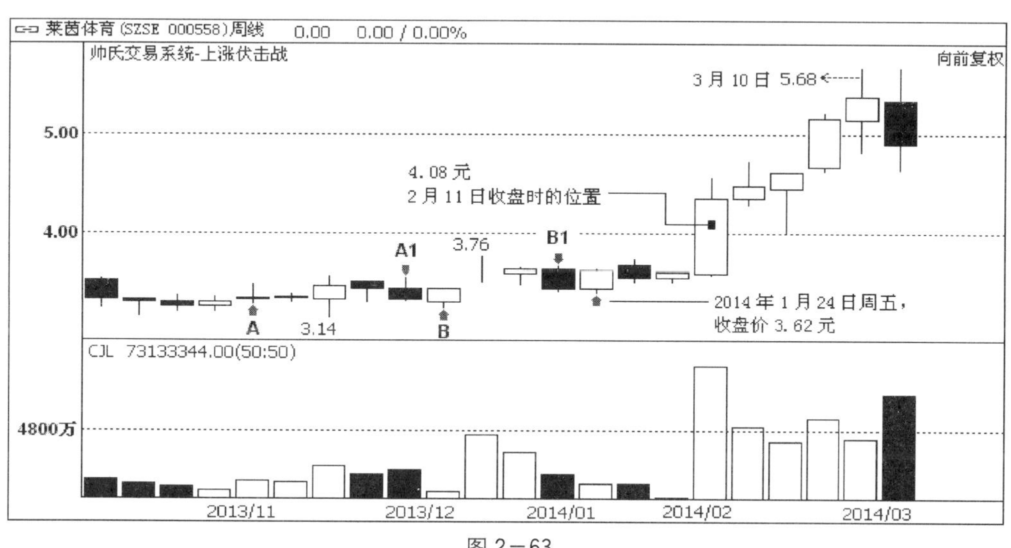

图 2—63

为什么在股价还没有突破箱体上沿的压力位置之前，周级别上的买入信号就发出并被确认了呢？“上涨伏击战”算的是涨跌概率，跟传统的技术分析方法有本质区别。所谓“箱体上沿的压力位”，那是针对日 K 线说的，跟周级别上股价的涨跌概率是两码事。

通过这只股票的这段行情我们看得非常明白，周级别“上涨伏击战”抓的确实就是起涨点，并且它真的不慢。在很多情况下，“上涨伏击战”的信号出得及时、出得早，所提示的进场位置相对于参考日级别来说要低一些。

汉王科技（002362）

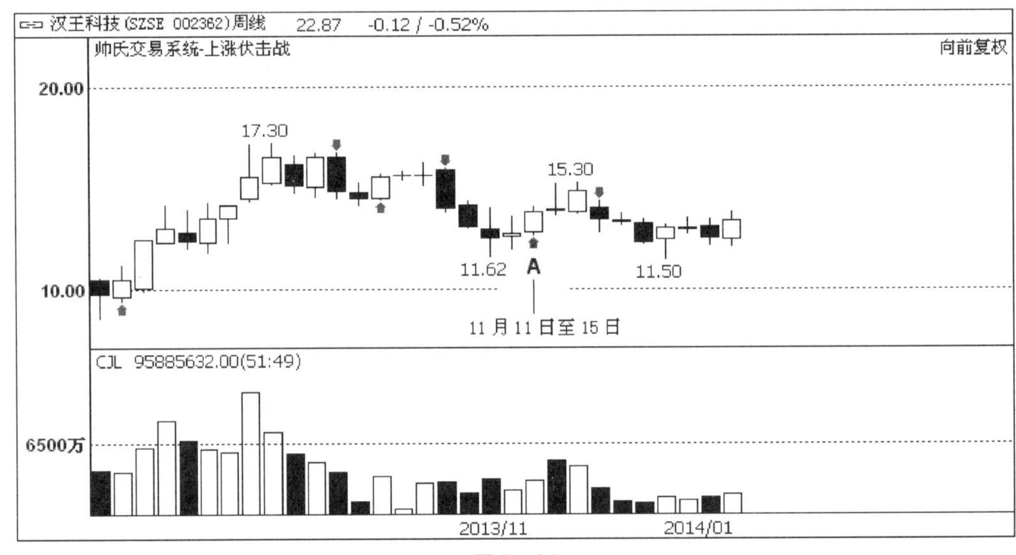

图 2－64

如图 2－64，股价自己走出了当年 11 月 11.62 元的第一次阶段性最低价，这个最低价在两周后得到了确认。但是，A 这周的抄底并不成功，原因何在呢？周 K 线很宏观，所以我们只能在相对微观的日 K 线图中找答案。见图 2－65。

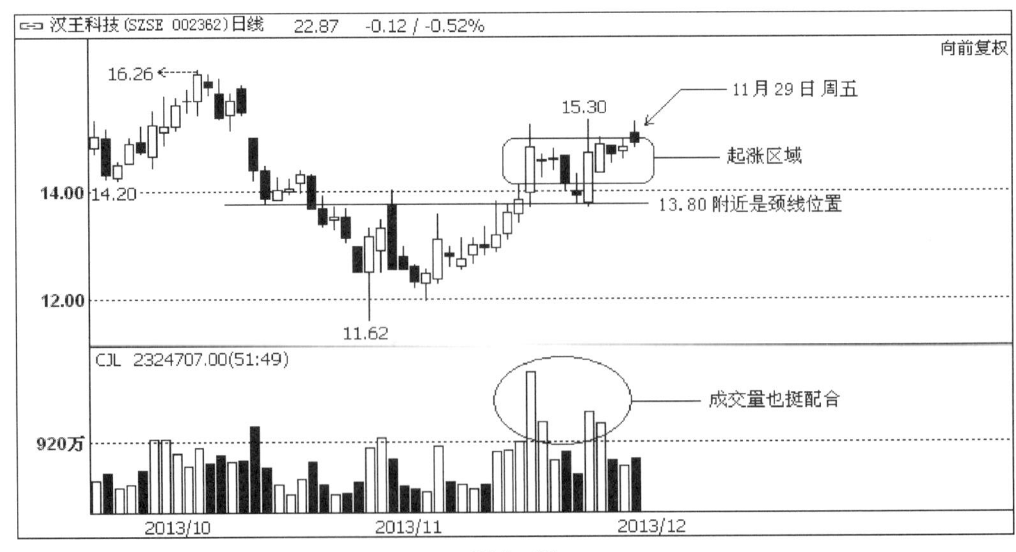

图 2－65

13.80 元附近是日线级别的颈线位置，股价在这个位置上方获得了支撑，并且成交量也不错，因此在 13.80 元之上，那里就是未来行情的起涨区域。一旦股价能够站稳，向上挑战 16.26 元的压力位是必然的。

对于股价的走势，不管我们怎么理解、怎么研判、怎么预测，一切都得以行情的真实走势为准，如果你不信的话，请看下面的图 2—66。

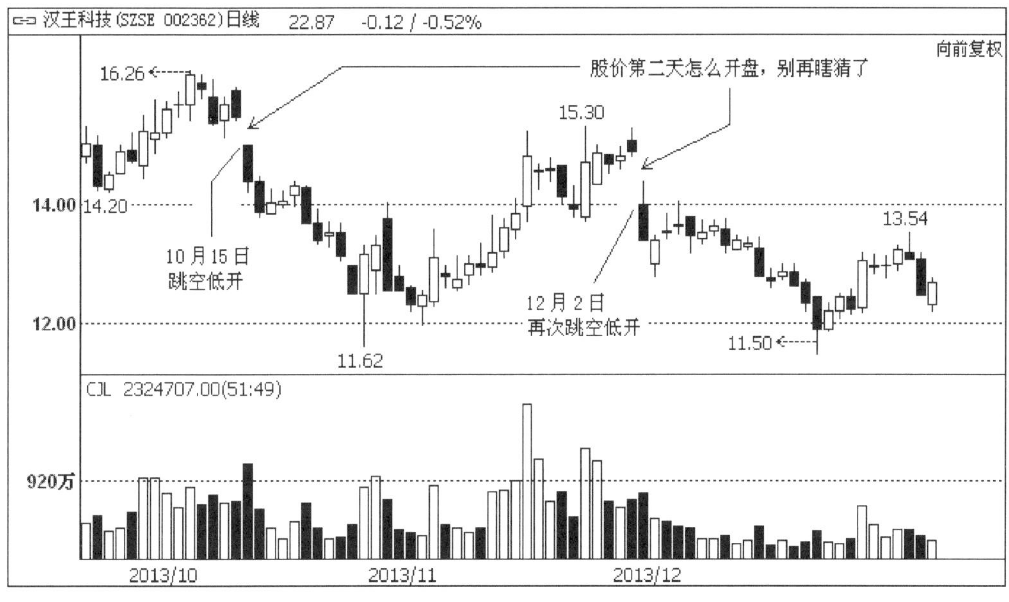

图 2—66

该股的走势并不是停牌后的复牌，只是很正常的连续交易。然而谁能想得到，12 月 2 日周一股价跳空低开，并且以跌停报收——M 头一天就做成了，后面只是股价将跌到哪里的问题了。图 2—66 确认的起涨区域错了吗？没错。但股价自己选择了向下破位，既然它这么走了，我们就得有相应的对策。这也正是为什么在图 2—64 中，周级别“上涨伏击战”的卖出信号后来必须出现的原因。

再复杂的底部形态也得有支撑位和压力位，我们只要找到它们就能够发现新的起涨区域在哪里。

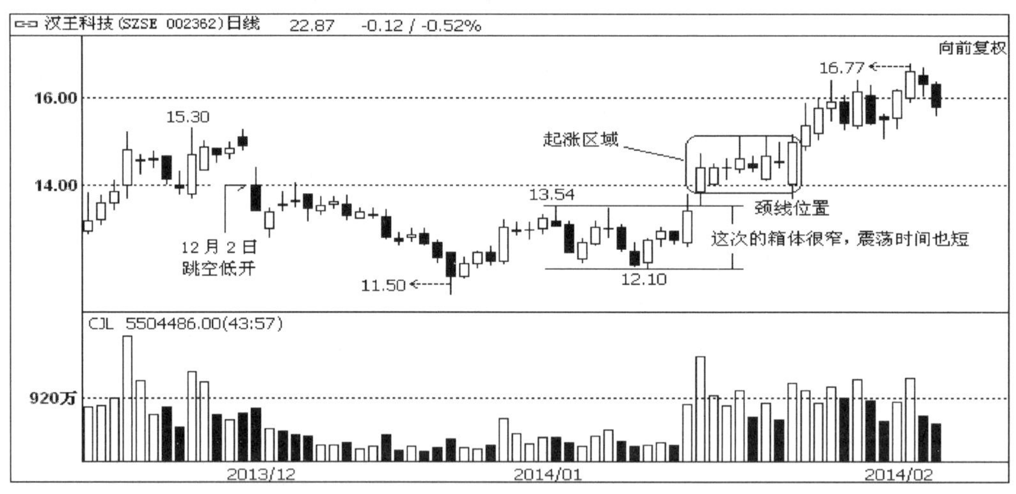

图 2－67

如图 2－67 所示，汉王科技 12 月 2 日的跳空低开具有很大的杀伤力，股价在此之后砸到 11.50 元后才向上反弹，反弹的高点 13.54 元被记录下来留在了 K 线图中，这个位置将对未来股价的反弹构成压力。随后，股价的再次回落由于缺乏抛盘的助力，终于跌不动了。11.50 元和次低价 12.10 元构成了日级别上 W 底的雏形，股价再次上涨冲过 13.54 元的颈线位置后，就构成了新的起涨区域。像这样根据股价的支撑位、压力位确定起涨区域的方法非常有效，只是股价在起涨区域之后能否真涨起来，那就是行情自己的事了——这一点笔者必须再次强调。

周 K 线上，这段行情的买入信号是什么时候被确认的？我们看看去，见图 2－68。

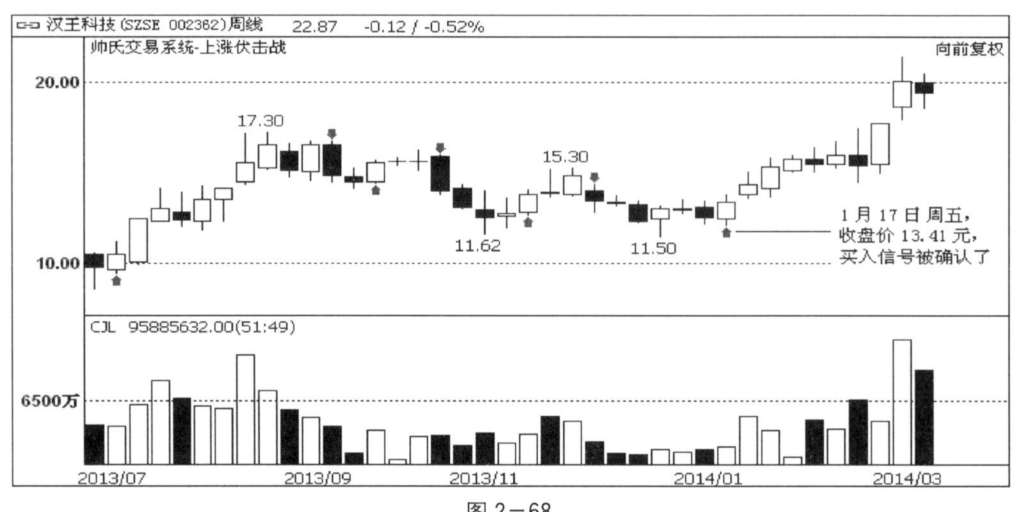

图 2－68

买入信号就是在图 2—64 中最后那根 K 线下方被确认的。“上涨伏击战”计算的是涨跌概率，只要上涨概率大于下跌概率买入信号就会在周一到周五的任何一天发出。1 月 13 日到 17 日的这周就是起涨周，也就是起涨点。即便按照 13.41 元这个价格算，买入信号的发出位置还是落在了图 2—67 中 12.10 元到 13.54 元的震荡箱体之间，相对于传统技术分析里的价格突破理论，“上涨伏击战”多少还是有一些价格优势的。

本章  总结

有句口头禅，叫“我心里没底”。这个“底”就是边界的意思。有了这个边界，你就有了依靠、有了保证，才会从“没底”到“有底”。

生命有限，谁办事不想找捷径、谁不想事半功倍？炒股的捷径之一，就是找到那个能保证你进场是安全的、靠谱的东西——底。

"上涨伏击战"战法详解

本章导语：

世界是物质的，物质是运动的，运动是有规律的。

——辩证唯物主义基本观点

一套好的股市战法，如果你真把它吃透了、用熟了，不信你赚不到钱！

一、"上涨伏击战"究竟妙在何处

1. 好战法必须兼顾有效性与高效率

股市战法，即炒股交易方法，是指一整套关于如何通过合理地买卖股票而获利的操作流程。好的股市战法可谓精雕细琢、百炼成钢，它必须是有效且高效的。一套好战法必须具备三大特征：信号准确率高、及时、少而精。

（1）有效性

我们说一种药"有效"，一定是因为这药能治病。同样，"上涨伏击战"的有效性体现在它可以解决一个大问题：通过在周K线图中将股票的买点、卖点清晰地标示出来，为投资者的交易决策提供参考。无论行情是从底部区域启动的第一波上涨，还是股价在震荡、洗盘后的再一次拉升，投资者都必须做到不踏空才算成功！

（2）高效率

“高效”有三层含义：

其一是信号必须及时，买就要买在起涨点上，也就是买在股价刚刚启动的那一周，否则等股价涨太高了你再后知后觉地去追就没意思了。对于这一点，在上一章“起涨点就是要落实在周级别上”中已经讲得很清楚了，本章不再赘述。

其二是“上涨伏击战”所提示的进场位置较传统的突破位置更低，只有这样才能让投资者拥有足够的价格优势。本书之前在对比“上涨伏击战”与“追歼战”时已有初步介绍，现在再看几个实例。

健盛集团（603558）

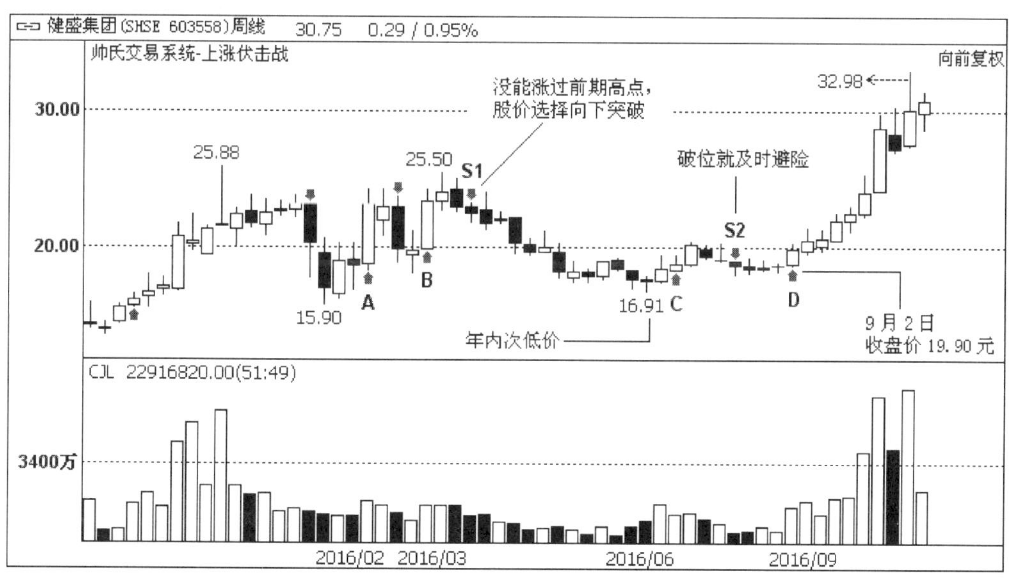

图3－1

如图3—1，该股先后于2016年2月和3月两次冲击前期高点25.88元，即K线A、B两处的位置。由于缺乏成交量的有效配合，这两次虽拉出长阳却最终无功而返。自从K线S1处选择破位下跌开始，股价于2016年6月创出了年内次低价16.91元。

K线C处的触底反弹后也并没有拉升行情产生，卖出信号于S2的一周再次发出。直到9月初，行情才终于有了W底的雏形。自买入信号从K线D处发出后，股价开始一路飙升，顺利突破了前期25元上方的压力位。

时间换空间，攻打25.88元这个高地，原来可以从19.90元发动攻势！可见“上涨伏击战”的优势相当明显。

华星创业（300025）

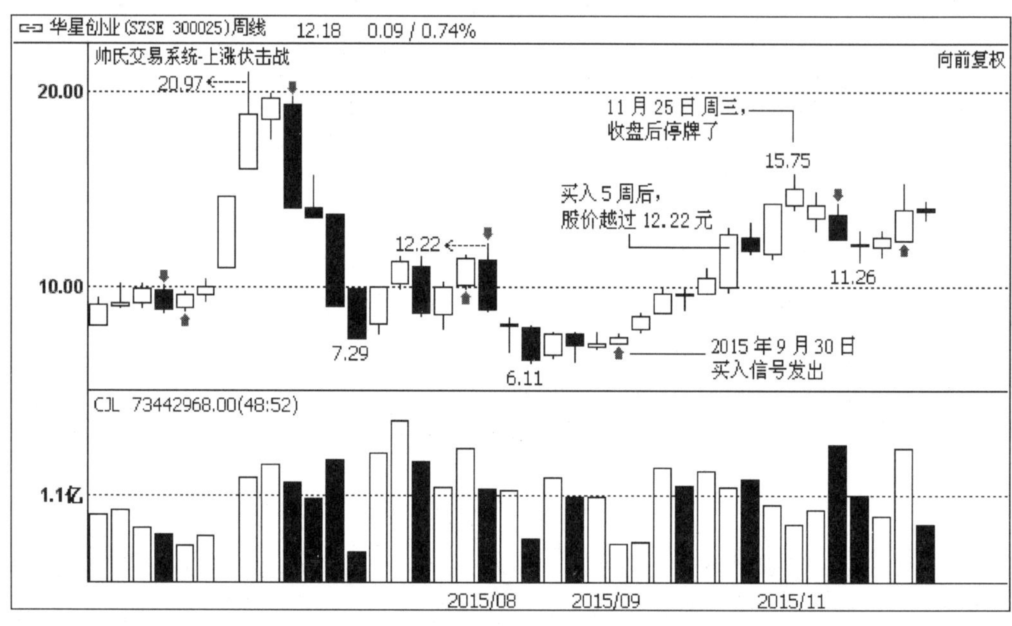

图3－2

如图3－2所示，华星创业的反弹在2015年8月间的“股灾2.0”中夭折，12.22元成为第一波上涨留下的最高价及压力位。股价跌到6.11元之后止跌，并于9月30日周五确认了买入信号，当天收盘价为7.42元，这次进场当然是典型的“上涨伏击战”。短短5周之后，股价轻松超越了12.22元。

反观那些于12.22元附近打“追歼战”的投资者，不但丢失了从7.42元到12.22元这段巨大的利润空间——约65%，而且在12.22元之上，股价的上升空间其实很有限，仅20%多。该股于11月25日周三收盘后停牌了，可以想象被关在里面的投资者多难受。2016年3月该股复牌后股价持续缩量在11.50－14.50元之间震荡。结论很清楚：如果能靠“上涨伏击战”稳稳获利，最好就不要去火中取栗地打

“追歼战”了。

其三是信号必须“少而精”。从实际情况来看，有效和高效，这两点常常是相辅相成、密不可分的。信号的准确率、及时性，以及“少而精”往往能同时体现。

在一波明显的上涨行情中，震荡、洗盘，甚至小幅回调在所难免，这是主力机构蓄势发动后续攻势前的“标准动作”。帅氏交易系统依靠数理统计和对涨跌概率的计算，将卖点进行了优化，在最大程度上避免了股价回调和盘整中卖出信号的频繁发出，以减少洗盘对投资者心理上的影响和可能带来的损失。

信号的“少而精”达到了事半功倍的效果。我们先看几个例子。

中国国贸（600007）

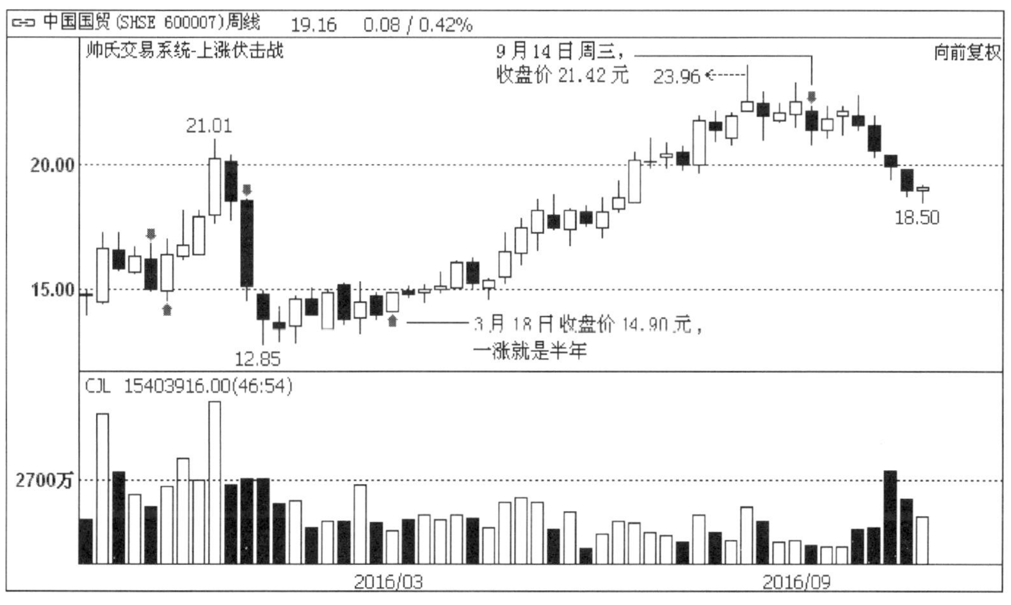

图 3－3

中国国贸应该入选“2016 年上涨持续时间足够长的个股”，因为从 2016 年 3 月开始，它连续上涨超过 6 个月，其间的绝对涨幅是：（23.96－14.90）÷14.90≈61%；绝对可操作性的价差空间从 14.90 元到 21.42 元，收益率是：（21.42－14.90）÷14.90≈44%。

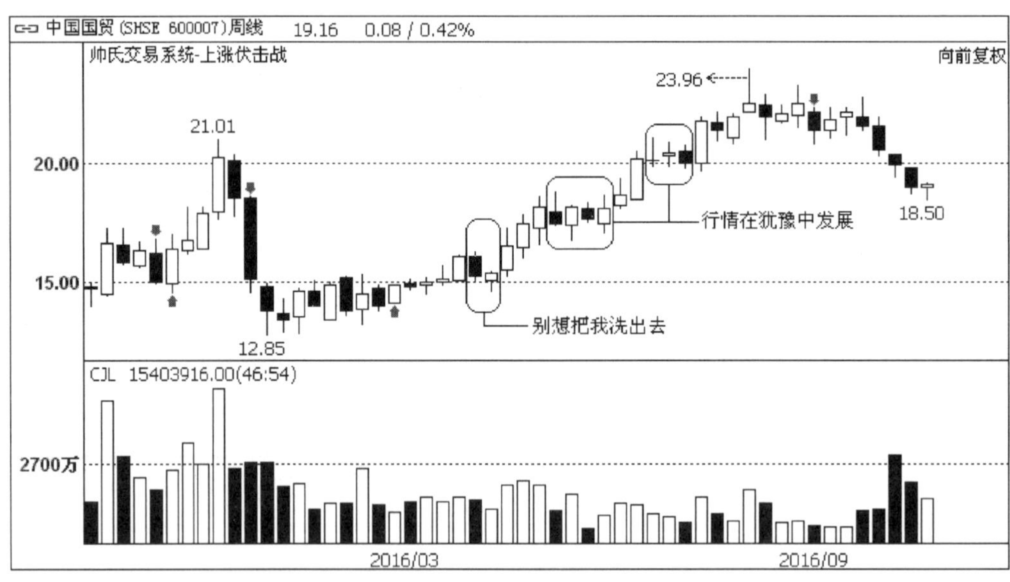

图 3－4

由于算法精妙，自买入信号发出后，虽然在上涨过程中股价有回调、有缩量盘整，但卖出信号就是没有跳出来干扰投资者的持股信心。

龙元建设（600491）

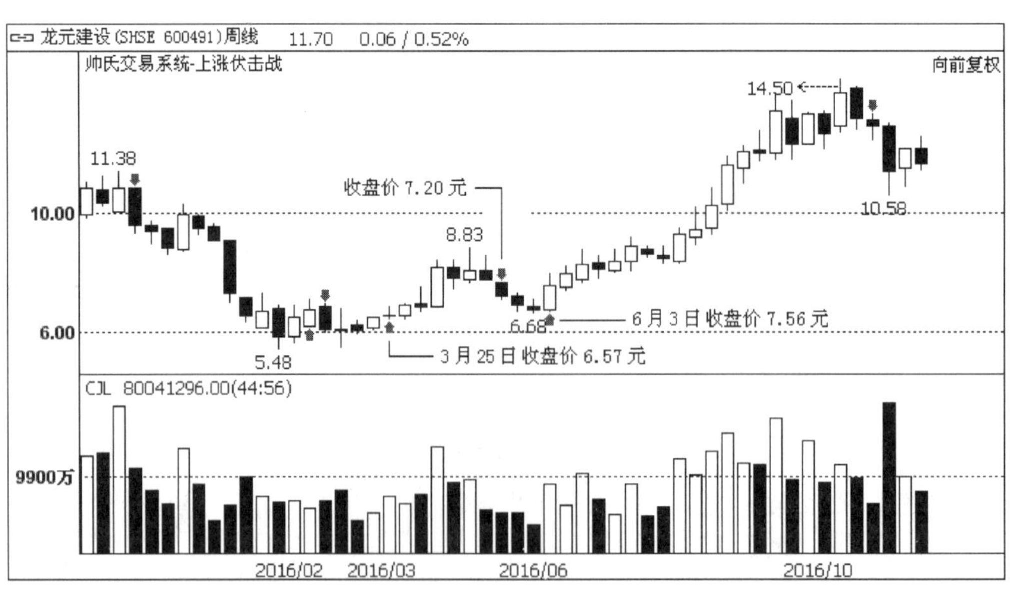

图 3－5

如果股票的行情启动后走势简单、清晰，那么买入信号和卖出信号当然无须太多！如图3—5，纵观龙元建设2016年的3次买入信号，2月份的第一次处于W底左侧的位置，尽管也在起涨区域之中，但毕竟股价没能立刻形成拉升之势。

从发出在十字星上的第二次买入信号开始（3月25日，收盘价6.57元），投资者这次就能够获利，收益大约为10%。而6月3日周五进场之后，尽管股价在上涨过程中有回调，但始终没有卖出信号跳出来给持股人添乱。因此如果按10月份所创下的最高价14.50元计算，投资者可获得91%的回报。两次加在一起，正好是翻倍的收益。

乐通股份（002319）

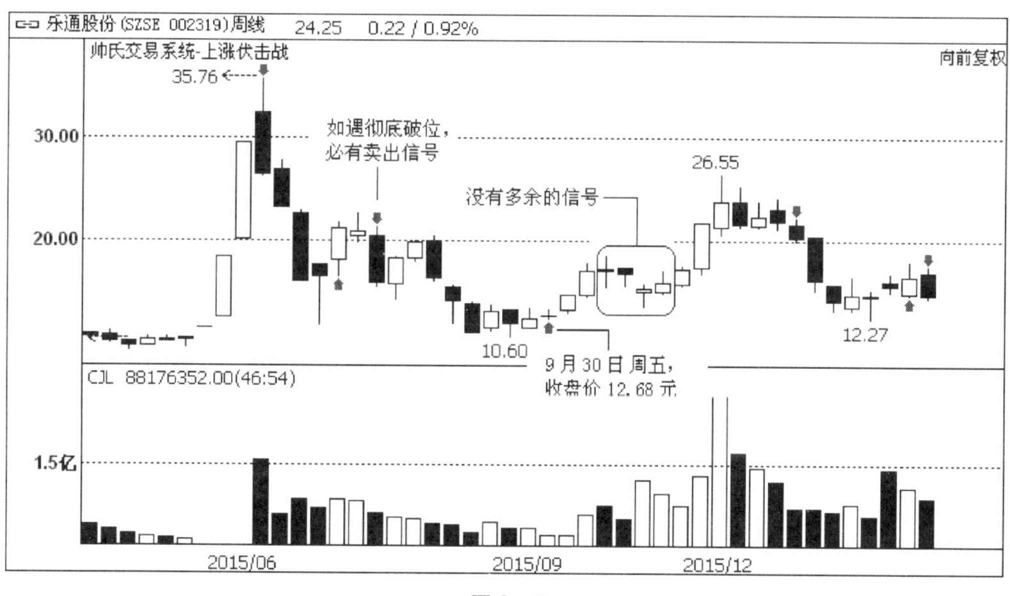

图3—6

如图3—6，乐通股份股价在“股灾1.0”中从2015年6月的35.76元上方直掉到了17元下方，然后反弹到20元之上。然而和绝大多数股票的命运一样，它也没能躲过接踵而至的“股灾2.0”。再一次的下跌中股价创出了10.60元的最低价。

2015年9月30日周五，买入信号终于发出了。这一轮的报复性反弹很猛，从12.68元的买入位置算起到12月初，短短两个月时间股价就翻番了！这并不是最稀奇的地方，稀奇的是方框内的4周，股价曾有先明显回落、再拉起的过程，其间股价的振幅接近5元（股价走势细节见图3—7的日K线），但“上涨伏击战”的卖出信号就是没有发出，避免了投资者在这次“挖坑”行情中遭受价差损失！

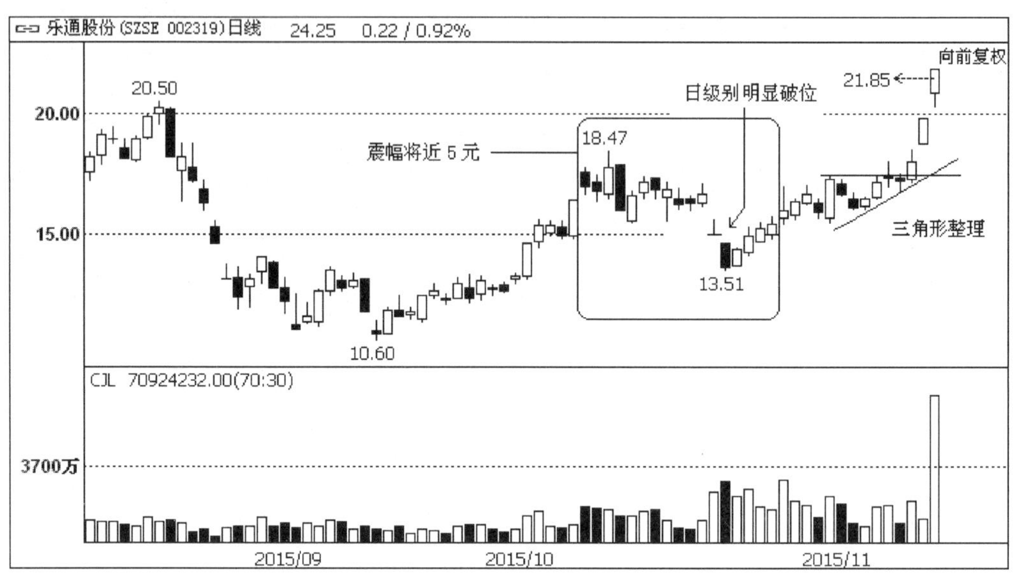

图 3－7

如图 3－7 所示，在日 K 线上，（短期的）三角形整理是十分常见的，一般来说三角形整理形态持续几天时间怎么也能出方向了。但是像该股这 4 周来的走势还真是少见——不但振幅大，而且还跳空破位。

下图继续展现乐通股份的后续走势。

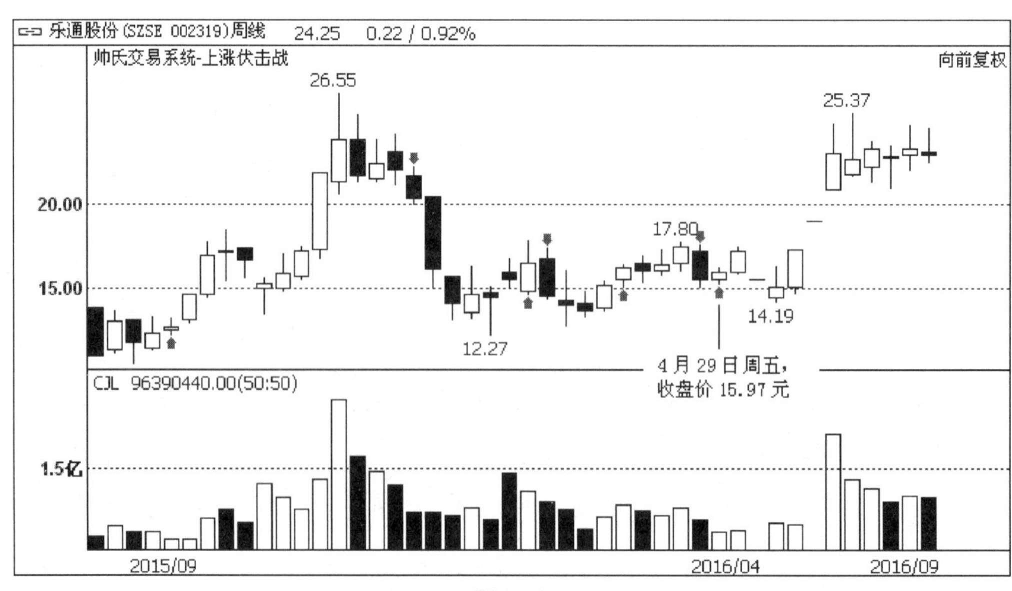

图 3－8

进入 2016 年，该股还有一次不错的上涨行情。4 月 29 日周五，买入信号最后确认，当天的收盘价为 15.97 元。尽管之前 2015 年那次先砸盘、再拉起的“电影情节”又重复了一次，但面对洗盘，“上涨伏击战”依然无动于衷，在股价于 9 月冲高至 25.37 元之前，始终没有发出卖出信号。

“上涨伏击战”的买入、卖出信号交替出现，这已经就保证了投资者在大级别的上涨行情到来时绝不踏空；同时，即便股价有回调，而且是周级别的回调，但只要上涨概率大于下跌概率，那么卖出信号是不会冒冒失失地发出的。毕竟在上涨过程中主力制造的故意“挖坑”非常常见，能不被洗盘当然最好，这样可以避免在避险卖出⇨再捡回筹码的过程中遭受价差损失。

2. 算法的精妙常常会带给投资者意外的收获

算法的精妙常常会带给投资者意外的收获，这体现在买入信号往往会出现在一些特殊的 K 线形态上，比如十字星线。请见以下实例。

山东黄金（600547）

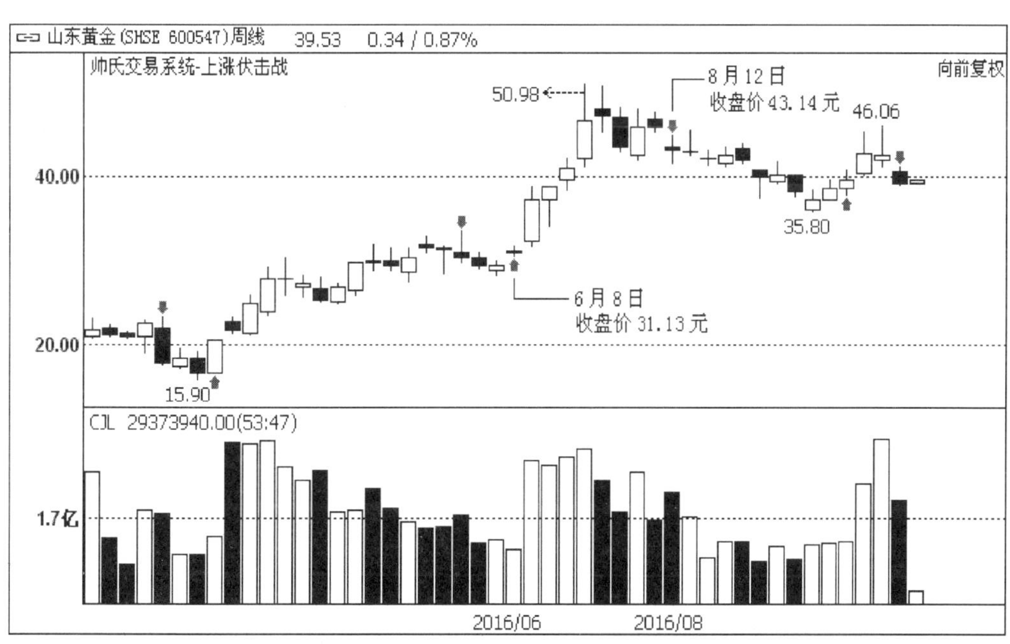

图 3－9

我们常规的思维是买入信号应该在阳线上发出，因为这代表股价在上升并处于强势。普通投资者对周十字星作出判断有一定难度，因为没有明确的指向性。然而大家要记住，“上涨伏击战”是按涨跌概率的计算结果来决定出什么信号的，因此在十字星线上出买入信号并不稀奇。不仅如此，十字星线上的买入信号往往是一个不会让你追高的进场价位。反之，卖出信号出现在十字星线上，当然比出现在大阴线上强多了。

黑牛食品（002387）

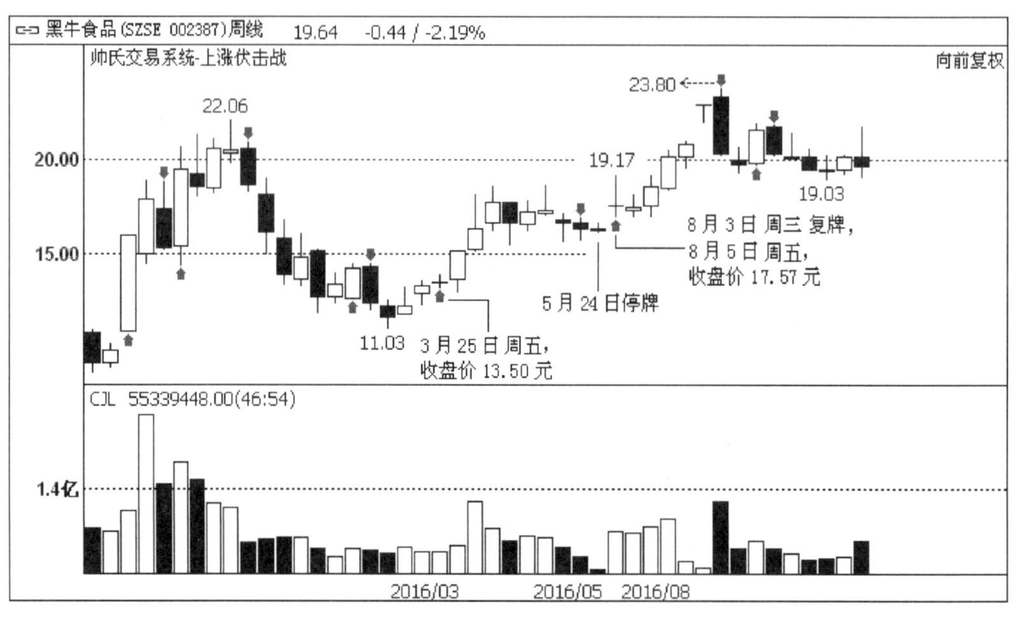

图 3－10

如图 3－10，3 月 25 日，该股的周线以十字星报收，收盘价大致相当于上一周的收盘价，因此在前两周两连阳的基础上买进股票却无须追高，这种好事并不多见。到下一周周五（4 月 1 日）收盘时，收益已经超过 12％了！

该股于 5 月 24 日停牌，8 月 3 日周三该股复牌后，3 天的上蹿下跳让人好不闹心。但 8 月 5 日周五收盘时能收成十字星，进场的位置简直再合适不过了，比 3 天中 19.17 元的最高价省了一块多钱呢。

十字星线下方的买入信号，你可千万不要错过！

二、“上涨伏击战”战法详解

1. 绝不踏空——买在止跌后的起涨点

在周这个时间级别上捕捉上涨行情，“上涨伏击战”的要求是买在“起涨点”，即股价启动、开始拉升的那一周。因此，我们必须首先搞明白周K线的含义，以及买入信号和卖出信号出现与消失的规律。

（1）了解周K线所表达的含义

周K线，顾名思义，一周一根，它涵盖了股价在一周之内的走势，其中蕴藏的内容十分丰富。

一个完整的交易周是5天，即周一到周五。有时因为节假日的原因，一个交易周会少于5天，且这一周的第一个交易日不一定是周一，最后一个交易日不一定是周五。

节假日休市造成交易周不足5天的情况大致出现在下面的时间窗口：

元旦；

春节；

清明节；

“五一”国际劳动节；

端午节；

中秋节；

“十一”国庆节。

本文以下的内容，除非特别说明的，均用完整的交易周举例。

周K线，它描述的是股价从周一开盘（9点30分）到周五收盘（15点整）这5个交易日中的4个关键价格的位置状态。这4个价格分别是：周一的开盘价、本周最高价、本周最低价、周五的收盘价。如图3—11所示。

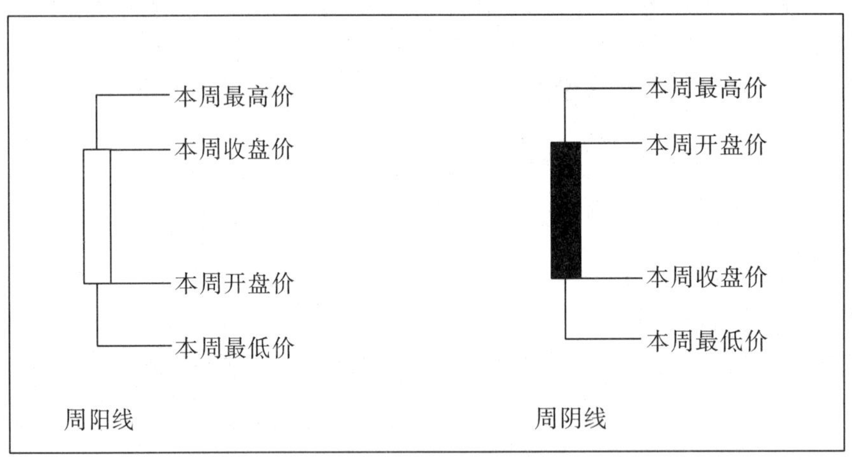

图 3－11

大家要注意，周 K 线从周一 9 点 30 分开始出现在我们的电脑屏幕这一时刻起，在后面整整 5 个交易日、总共 20 个小时的开盘时间之内，它的形态都是不一样的——这一点请股民们务必牢牢记住！到周五下午 3 点整股市收盘后，整个一周的交易彻底结束，此时周 K 线的形态才能最终确定下来。

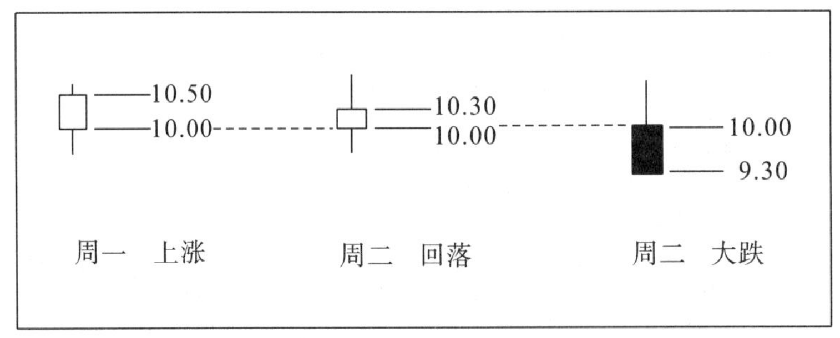

图 3－12

如图 3－12 所示，假如股价在周一以 10.00 元开盘，之后经过上下震荡，到周一收盘时最终是上涨的，收在了 10.50 元，那么周 K 线在周一当天显示为一根带较短上下影线的小阳线。

注意，这根周 K 线还没有走完呢，后面的 4 天里股价每天会走成啥样，以及这根周 K 线到周五时会固定成什么形状谁也不知道。

周二，如果股价在周一上涨的基础上继续冲高一段后回落，但又没有跌破周一的开盘价，比如周二收在了 10.30 元，那么在周二收盘时，周 K 线的实体部分就要缩短，周K线就变成了阳十字星（这时它的上影线已经比周一时的要长了一些），即图3－12中间的那根K线。注意，此时的周K线依然没有定型，后面还有3天时间呢。反之，如果股价在周二并没有承接周一的上涨走势而是大幅下跌了，比如周二收在了9.30元，且这个价格正好是全天的最低价，那周二收盘时的周K线就变成了带有一根长长上影线且实体部分也很长、看着非常吓人的阴线，即图3－12右侧那根K线。

周三、周四的走势我们暂且不管，这两天周K线的表现形式，其原理同周二。我们直接看周五的，因为周五这天的收盘价决定了本周这根周K线的最终形态——如果周五的收盘价高于周一的开盘价，则整根完整周K线的实体部分是阳线。毫无疑问，这是上涨的一周。反之，如果周五收盘价低于周一的开盘价，则整根完整周K线的实体部分是阴线，股价在这周是下跌了。请参看图3－11。

用一句话总结就是，周K线浓缩了整整5天的股价走势。

同样是周阳线，形状可能各不相同。因为在每周那5个交易日里股价的走势可能差别很大，如图3－13所示。

圣农发展（002299）

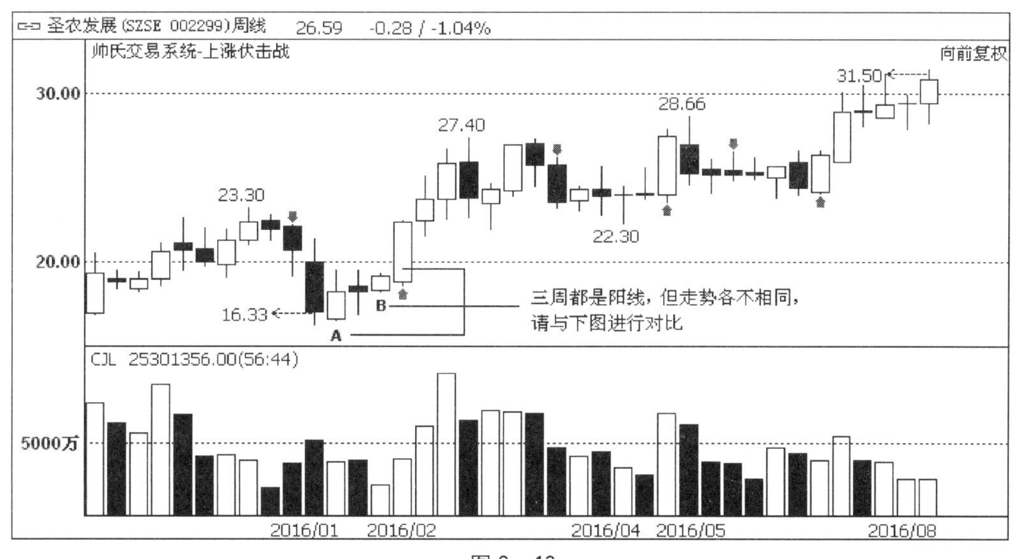

图3－13

如图 3－13 所示，从直观上看，周 K 线 A 带有长上影线，是一根中阳线；周 K 线 B 是带极短上下影线的小阳线；而下方有买入信号的起涨周，周 K 线几乎是一根光头光脚的大阳线。这三周周阳线对应的日 K 线形态请见下图。

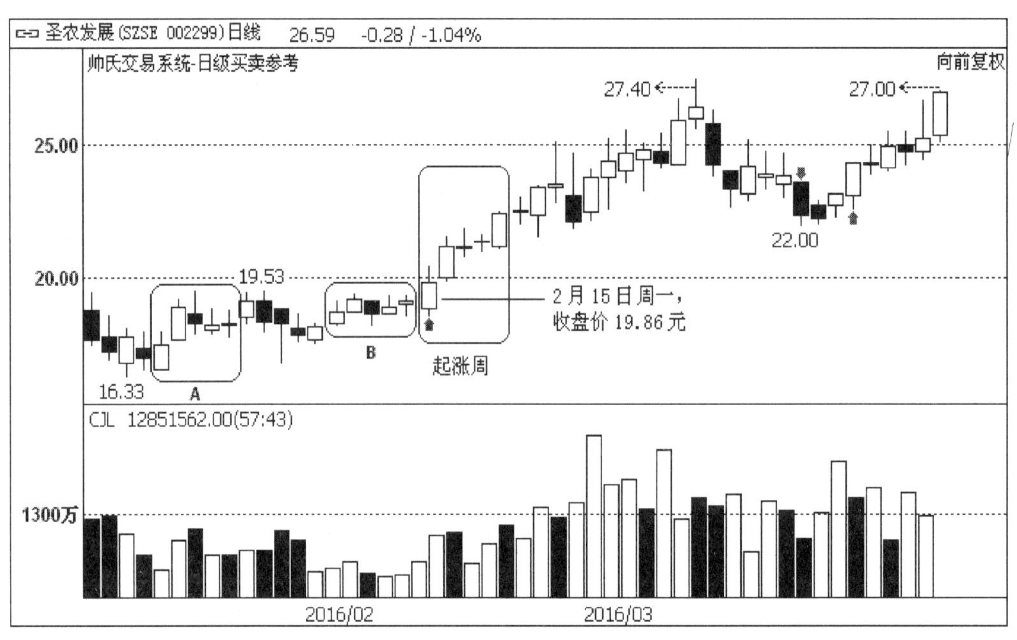

图 3－14

第一周（方框 A）：这周的 5 天，周一、周二股价有明显的上涨，然后周三、周四、周五回落，因此图 3－13 的周 K 线 A 留下了长长的上影线。

第二周（方框 B）：这一周是 4 天小阳夹中间周三 1 天回落，全周涨幅很小，因此图 3－13 的周 K 线 B 是一根带极短上下影线的小阳线，全周的振幅很小。

第三周就是起涨周，我们看得更清楚了，周 K 线是一根大阳线，因为这一周股价有 3 天明显上涨（周一、周二、周五），周三、周四则是十字星。

同样是周阴线，在每周 5 个交易日里股价的走势也可能各不相同，如图 3－15 所示。

中国国贸（600007）

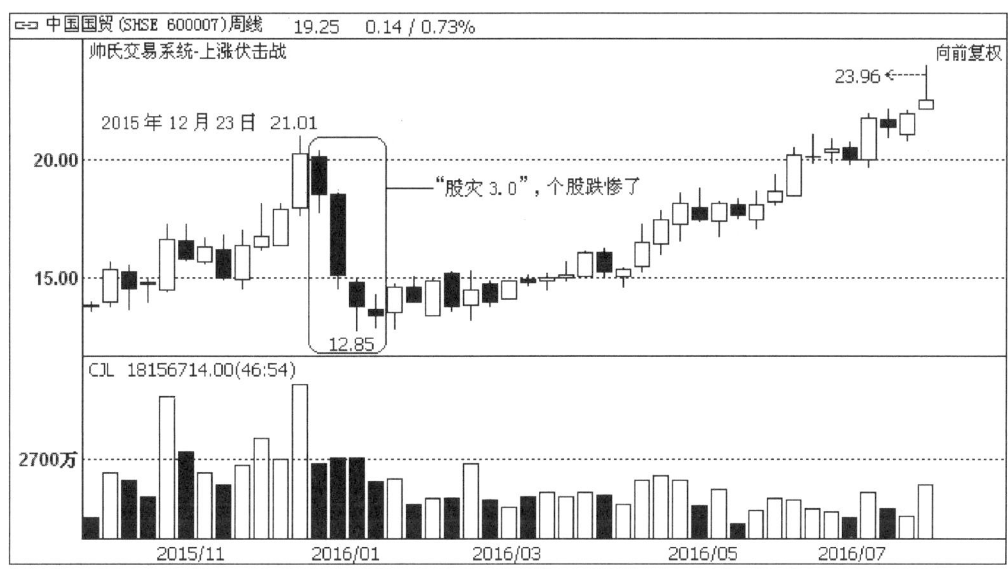

图 3－15

如图 3—15 所示，4 周时间，股价从 21.01 元直杀到 12.85 元。但是这 4 周下跌的趋势却是越来越弱，这可从图 3—16 日 K 线图中看得一清二楚。

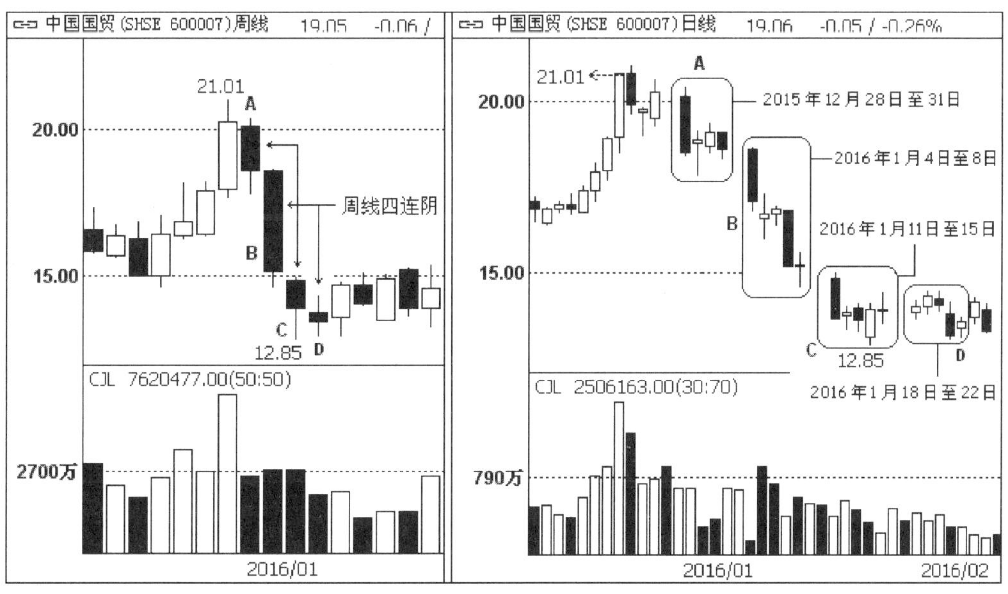

图 3－16

第一周：本周只有4个交易日，周一开始就大跌，周二、周三似有止跌迹象，但周四依然以阴线报收。

第二周：这周里有3天下跌，以周一和周四的下跌格外吓人，全周大跌18.4%。

第三周：这周的周四，即2016年1月14日，股价探底回升，并在这天创出了全年的最低价12.85元。这周股价留下长长的下影线，而实体部分却较之前的两周大大缩短，这说明股价的跌势有减缓迹象。

第四周：从结果看，这根周K线是带较长上下影线、而实体部分很短的阴十字星，相当标准。这种图形也被称为“螺旋桨”，非常贴切。

同样是阴线，由于每周的几个交易日中股价走势各不相同，因此周K线的形态也是千差万别的。但正因为周K线呈现给我们的是一种对股价走势高度概括后的形态，所以其提供的信息非常珍贵，就看你能不能读得懂了。拿中国国贸这只股票来说，最后这周周K线的形态是4根阴线中弱的，理由有三：第一，实体部分很短，是4周中最短的，这说明杀跌的力量在减小；第二，十字星，说明人气开始恢复了，虽然上面有阻力，但下面也有支撑，买盘居然能把股价买上去；第三，周振幅（即最高价与最低价之差）是4周中最小的，说明多空双方的力量在逐渐接近，没有任何一方有足够的力量让周K线走出自己想要的形状。当然，第四周成交量的略微缩小，也可以理解为多空双方开始收手了。综上所述，跌到这个分上，不难看出，空方的能量已经得到了充分释放，股价跌势已是强弩之末了。

一句话，周K线图是“浓缩”的股价走势，其内涵的内容相当丰富。

（2）大阳线不要惋惜、大阴线不要恐惧

周K线，最刺激投资者神经的，绝对是大阳线和大阴线。在周K线图里，大阳线和大阴线比比皆是，而其中蕴含的交易性机会恐怕很少有投资者潜心研究过。

先看大阳线。

本来在做技术分析时参考周级别而不是日级别，给人的感觉就是慢，一根长长的周阳线可能就是20%（甚至更多）的涨幅，很多投资者面对周K线的大阳线更多的是一声叹息：“已经涨得太多，不能追了。”“踏空了，没辙!”事实果真如此吗?

不一定！需要具体情况具体分析。

华仁药业（300110）

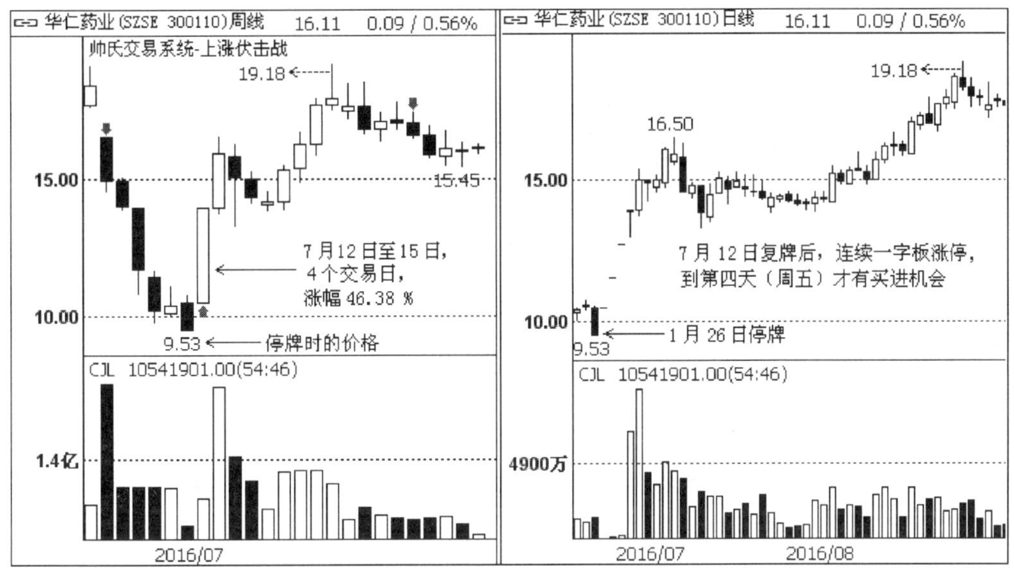

图 3－17

如图 3－17，华仁药业起涨周的周 K 线呈大阳线状态，这是当全周交易结束、周 K 线最终定型后的结果，但要紧的问题是：股价究竟是从哪天涨起来的？起涨的那一天，处于周大阳线的什么位置？

这是大阳线下方出现买入信号的情况：图 3－17 中左边的起涨周是一根大阳线，给很多投资者的印象是——涨幅太大了，这不是好的进场机会，买入有追高嫌疑。其实不然，仔细看一下右边的日 K 线图就会明白其中的原委——原来这是该只股票在利好后复牌才出现的特有走势。而如果是在正常的情况下，也就是在连续交易的情况下，周级别的大阳线并不代表这一周的进场机会不好。因为到全周交易结束时，长长的周阳线只是个结果，它并不能描述出股价究竟是从哪天（突然发力）涨起来的。实际上，如果一一统计市场里所有股票的周级别大阳线，那么结果一定是：一周之中股价（突然发力）涨起来的情况发生在周一到周五任何一天的概率均为 20%。投资就是要讲科学，要用数据说话，而绝对不能靠印象、靠感觉。

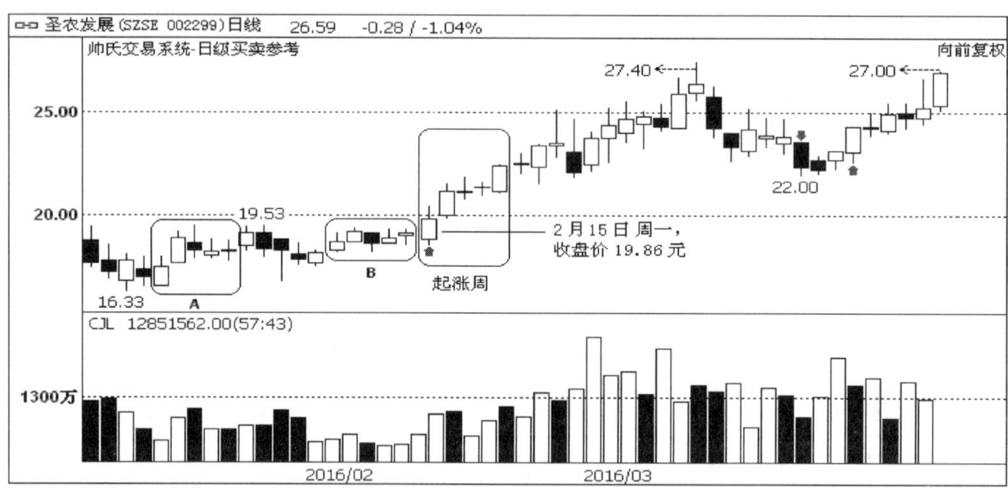

图 3－18

大家对图 3－18 还有印象吗？前面刚刚用到过。这回我们要观察的是两个关键细节！①2 月 15 日周一的收盘价 19.86 元已经高于了之前的 19.53 元，价格在这一天实现了突破；②当天的成交量也在放大。因此，在周 K 线最后定格为大阳线的这一周，股价其实是从周一就发力上涨的。

实际情况往往就是如此——周 K 线最后看是大阳线，而股价其实是从周一、周二、周三或周四（突然发力）上涨的！

在对照着日线图分析完周 K 线图后，我们再回到本节的议题上来——看看在周 K 线图中，发出买入信号的位置究竟在何处。

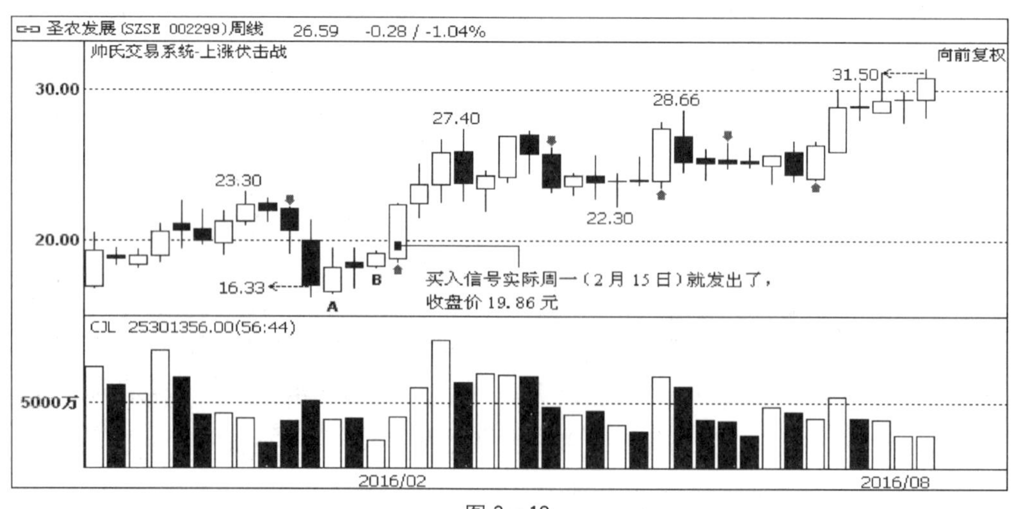

图 3－19

周K线呈大阳线状态是周五时的结果，而周一买入信号发出时（收盘价为19.86元），这根周K线其实还只是小阳线呢。在上一周，即K线B的收盘价是多少？——19.18元，两者相差仅0.68元。周K线大阳线，怎么就一定会让你踏空呢？怎么就说明其中没有绝好的进场机会呢？

我们再看下一个例子。

森远股份（300210）

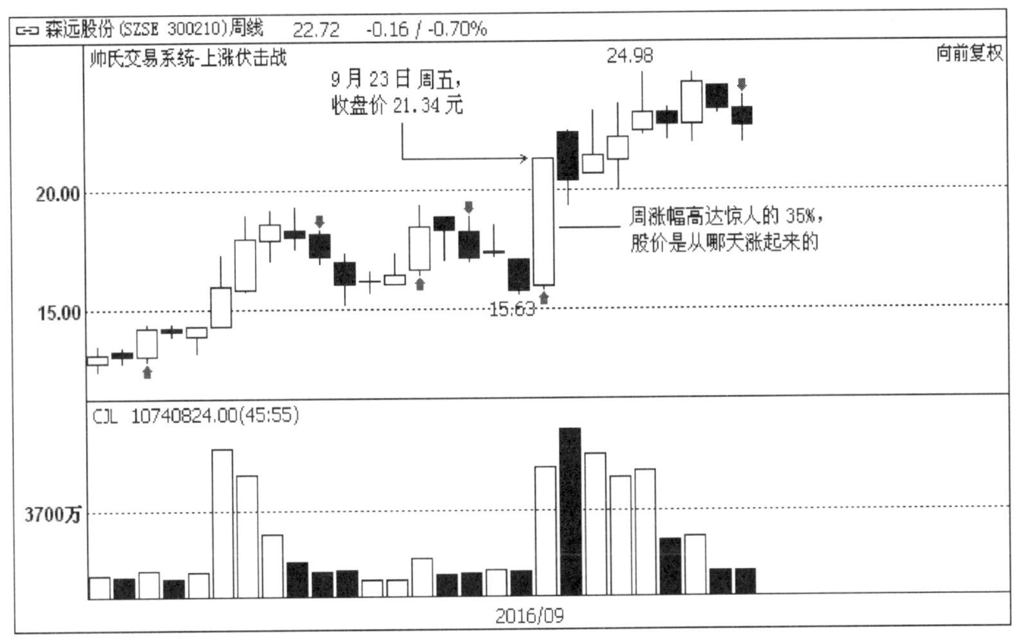

图3－20

图3－20中的大阳线实在是不多见，周涨幅居然达到了35%。这根大阳线如鹤立鸡群般地立在K线图中，跟其他的K线相比非常突出、非常醒目。如果想搞明白这一周究竟在哪一天股价实现了突破，即买入信号在哪一天发出的，就得回到日K线图中去寻找股价走势的蛛丝马迹。

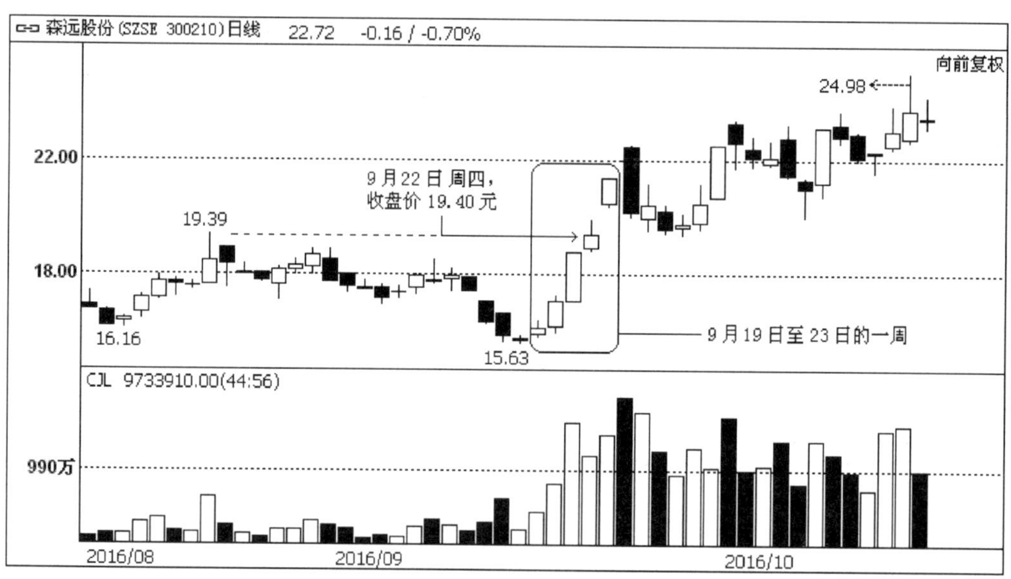

图3—21

波段行情有两种赚钱的打法，一种叫“追歼战”，另一种叫“上涨伏击战”。宏观上我们要打“上涨伏击战”，而微观上，股价突破、起涨的位置，有时候恰恰是“追歼战”瞄准的目标——前一次上涨创下的最高价。因此，在这一周中，买入信号不会晚于9月22日周四发出的。相对于整根K线，9月22日的股价处于什么位置如图3—22所示。

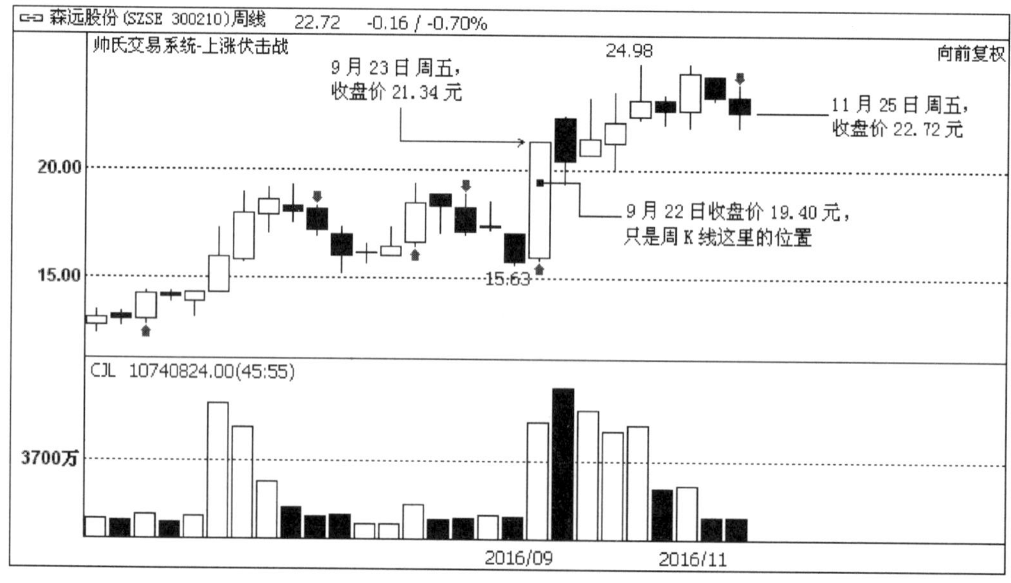

图3—22

怎么样？大阳线没那么可怕吧？你又怎么会踏空呢？其实周四的时候，这根周K线还没有那么吓人。从周四收盘时的19.40元到阶段性的最高价24.98元之间，难道没钱赚吗？即便你在高点没走，而是在11月25日股价破位这周根据卖出信号发出的提示卖出，收益也在10%以上呢！

周K线上的大阳线，往往就是行情启动的标志，而大阳线那一周就是清晰的起涨位置。只要股票不是停牌后的复牌而处于连续交易状态，那么在一周之中哪天价格突破了，还是比较好判断的。请看下面的例子。

古井贡酒（000596）

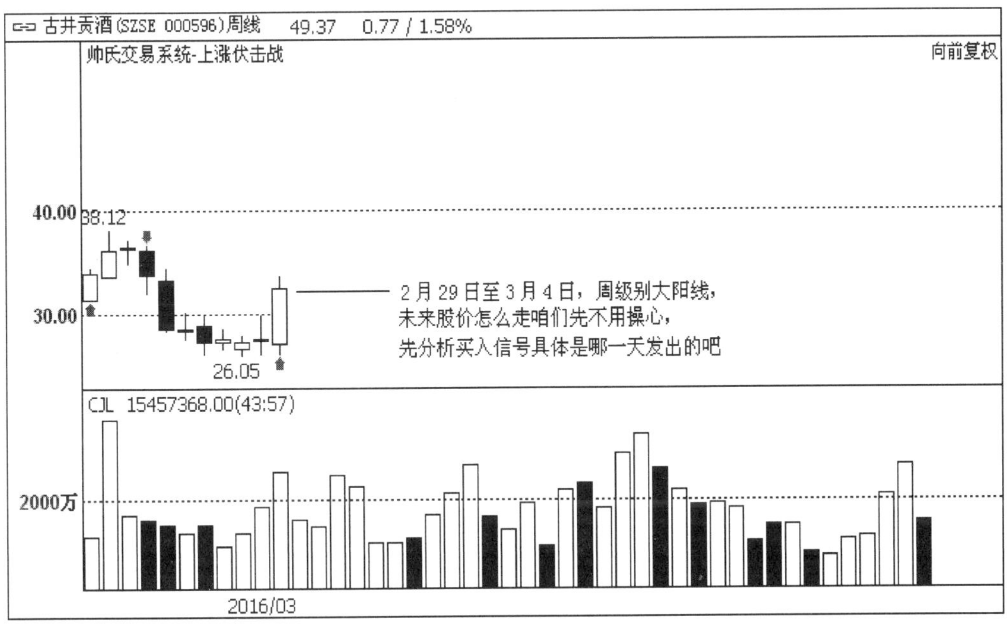

图3－23

如图3－23，该股2月29日至3月4日的周涨幅为18.5%，按说也不算很大，只是跟之前那几周比起来太显眼了。

下面的日K线图可以让我们看清起涨周股价走势的全貌。

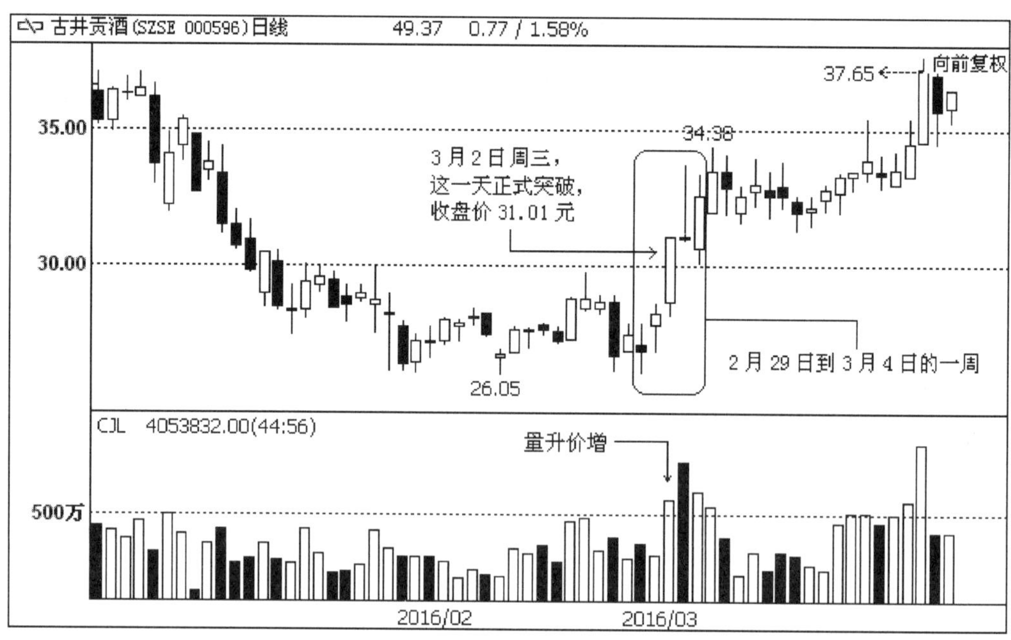

图 3－24

和上面两个例子有异曲同工之妙，日级别上股价放量突破底部窄幅震荡箱体上沿的那一天（即图中的 3 月 2 日），就是将周 K 线从中阳线一下子变成大阳线的一天，也就是买入信号必然要发出的一天。请记住这个 31.01 元，下面我们会看到它究竟位于整根周 K 线的什么位置。

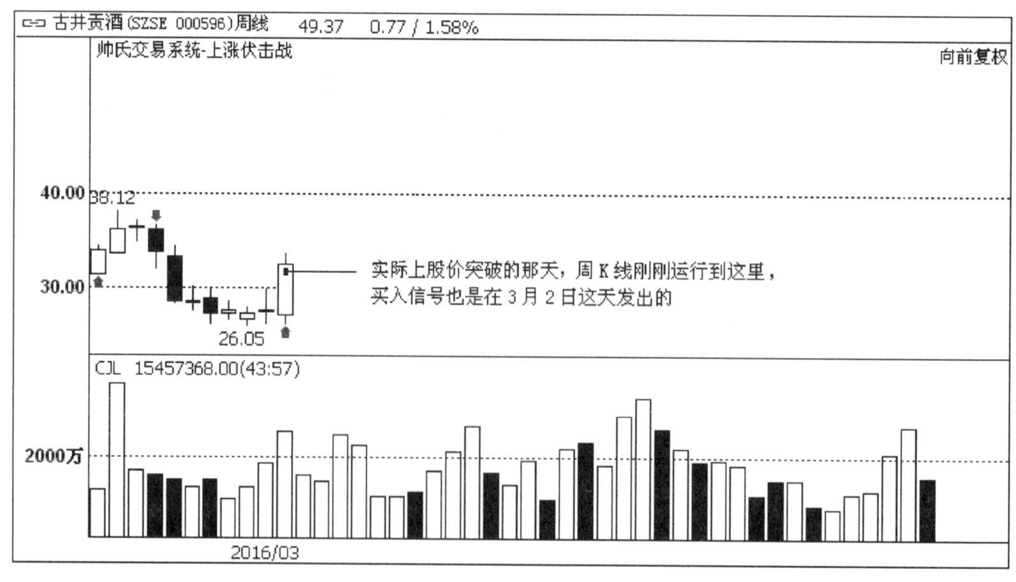

图 3－25

周K线是大阳线，不代表买入信号是周五才发出的。问题是从哪里出的，我们就回到哪里去。怎么样，接触上面几个案例后，我们的神经是不是可以放松一些了？

再看大阴线。

大阳线的问题搞清楚了，你对周K线大阴线的恐惧也就会慢慢消失——周K线图中的一根大阴线上方有了卖出信号，这并不代表卖出信号一定是在周五才发出的。

我们还是看图说话吧。回到我们解释周阴线各不相同时用到的那只股票——中国国贸。

中国国贸（600007）

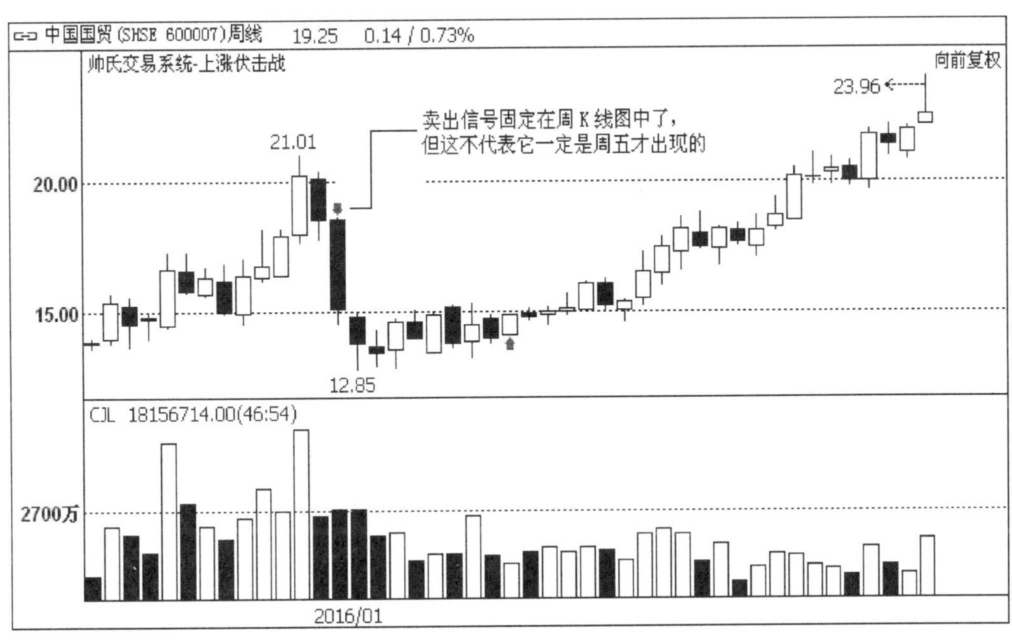

图3－26

“哎呀，暴跌啦！周跌幅18.4%。卖出信号太晚了吧？”

股价是哪天破位的？卖出信号是在哪天发出的？用下面的日线图复盘一下那几周的股价走势就能水落石出。

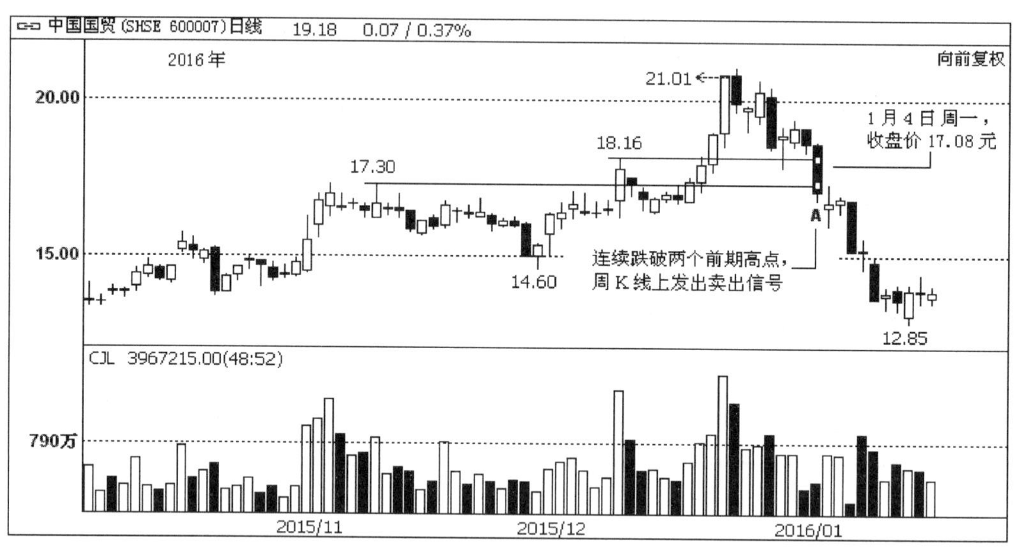

图 3－27

不看不知道，一看全知道。尽管 2015 年最后一周的股价下跌乃至周 K 线已出现了第一根阴线，但这或许并不能引起投资者的高度警惕，毕竟股价在高位回调是很正常的事。进入 2016 年后，仅仅在第一个交易日（1 月 4 日），该股股价就连续跌破了 18.16 元和 17.30 元两个支撑位置——毫无疑问，股价破位了，卖出信号这一天就发出了。

日级别的破位反映在周 K 线上处于什么位置呢？请看图 3－28。

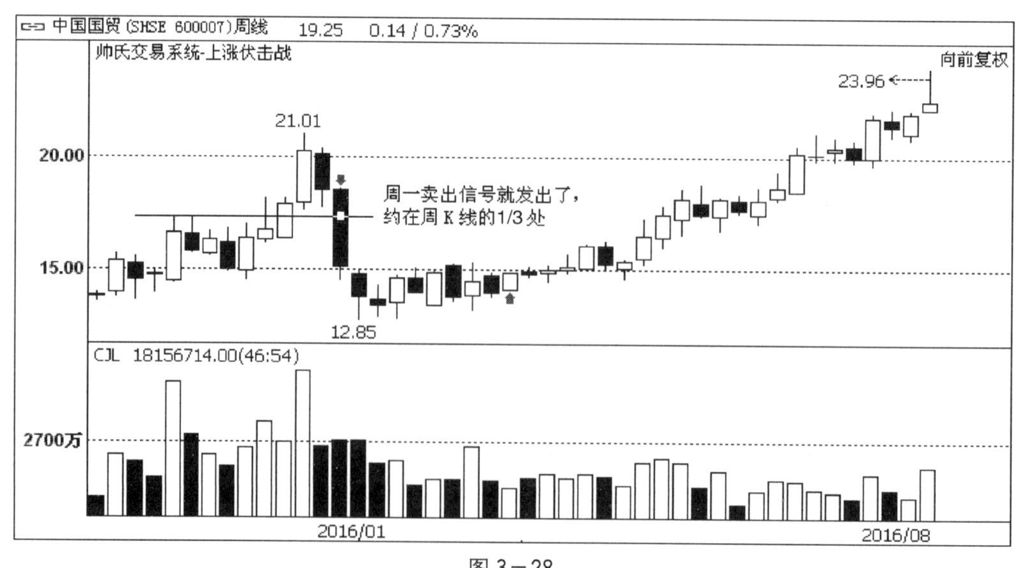

图 3－28

一根大阴线，股价跌到了 15 元。没错，这是你看到完整周 K 线的直观印象。我们的眼睛没有骗人，但实际情况却没那么悲观，卖出信号发出时，周 K 线只是小阴线。

现在运用我们上面掌握的知识，来分析前面那只股票——古井贡酒一段完整的行情走势。

古井贡酒（000596）

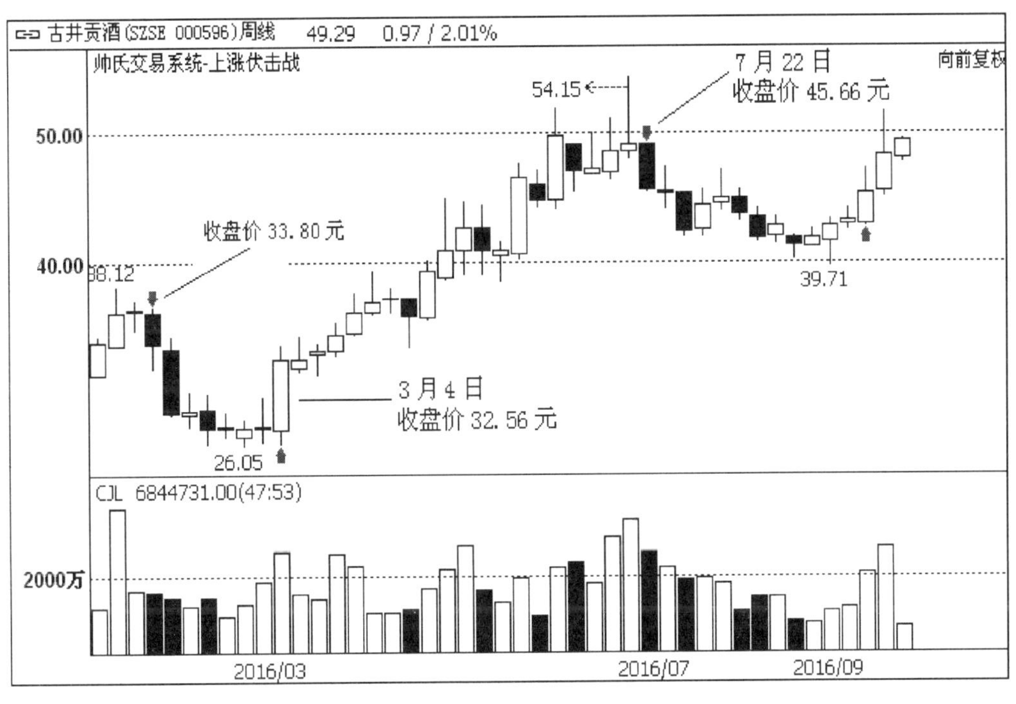

图 3－29

图 3－29 是承接之前的图 3－25，是该股完整波段的走势图。股价摸高到 7 月份的 54.15 元见顶后回落，在发出卖出信号的这周，哪天破位、从而系统发出了卖出信号呢？

从概率统计的角度讲，在 80％的情况下，卖出信号不是一周之中的最后一个交易日才发出的。当然，若想及时发现卖出信号发出的那一天，并希望在这一天就逃顶，那就多花些时间在盘面上吧。

下面我们用日 K 线图找具体的卖点。

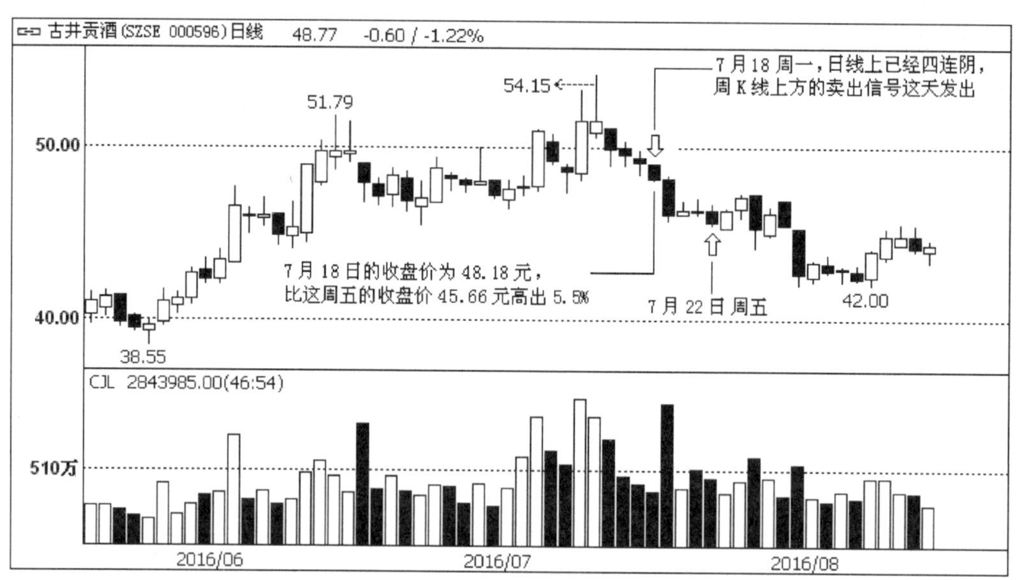

图3－30

图3－30中的注解很清楚，7月18日股价周一便破位了，卖出信号会在当天发出。此时的周线还只是小阴线呢，跟日K线完全一样。那么周一收盘的这个位置，相当于定型后的周K线上什么位置呢？请见图3－31。

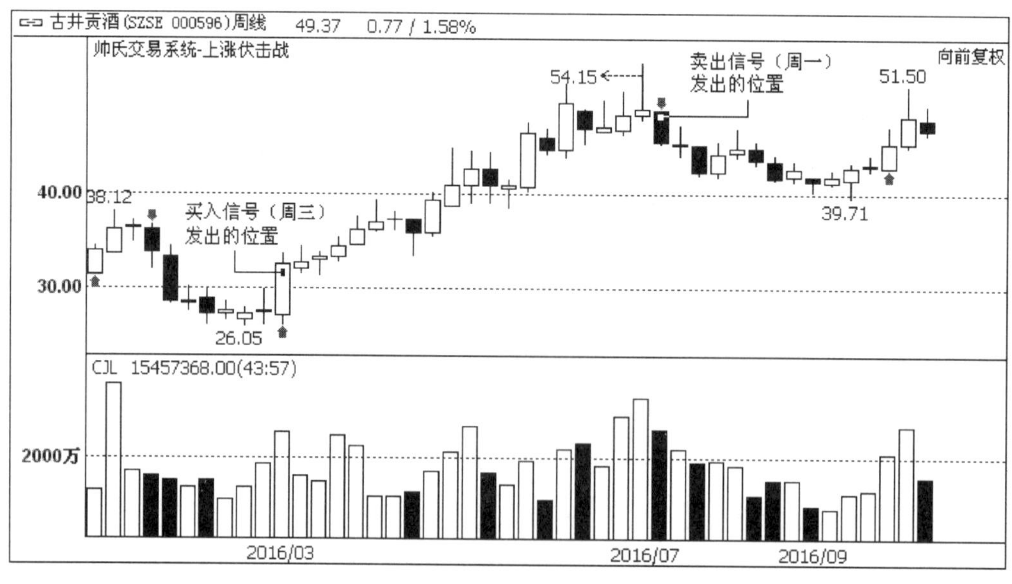

图3－31

搞清楚了在大阳线、大阴线上的实际买进位置和卖出位置，我们现在终于可以“结账”了——该股在这个波段行情中，实际上进场价格是31.01元，卖出价格是45.66元，收益率为（45.66－31.01）÷31.01≈47.2%！

总之，今后再看到周K线图中有大阳线时，大家千万别觉着一定会踏空、这次的机会没了；反之，当看到大阴线时，大家也绝对不要以为卖出信号是在周五收盘时才发出的。只有当我们用理性、客观的态度和科学的方法打开自己的心门之后，我们才能真正发现交易的天空是多么的广阔！

（3）买入信号是在盘中实时出现的

◎ 提示：以下内容非常重要！

当代高度发达的大数据和互联网技术，使得基于数理统计、对股价走势的涨跌概率计算在开盘的每分每秒都能进行。于是，与周K线每时每刻的形态均不一样这点保持高度一致，买入信号可能会随时在周K线的下方“出没”。

请读者格外注意“出没”这个词，它非常形象——在周一的4小时，即240分钟里，只要某一时刻上涨概率大于下跌概率，周K线下方就会立刻出现买入信号。而这天中一旦什么时候上涨概率降低，低到小于下跌概率了，（可能在此之前已经出现了很长时间的）买入信号就会立刻消失。

如果到周一收盘时买入信号还在，则说明到周一下午3点整，上涨概率依然大于下跌概率。注意，这只是周一收盘时的情况——今天周K线下方有买入信号，并且在收盘后的K线图中我们也能看到它。但是，这并不代表周二、周三、周四、周五的情况依然如此。

周二的信号情况会是怎样的呢？周二一开盘，涨跌概率会继续计算的，买入信号在盘中和收盘时会不会还有，情况与周一完全一样。

上述买入信号“出没”的规律以此类推，一直会延续到周五交易的最后一分钟。

只有当全周的交易结束了（即周五下午3点整），与周K线的定型同步，买入信号能否依然留在周K线下方才能最终确定下来。如果此时此刻，计算结果是上涨概率大于下跌概率，则（可能已经出现很久的）买入信号才会真正固定在这周的周 K 线下方，并被永久保留在 K 线图中。反之，如果在周五下午的 2 点 59 分周 K 线下方还有买入信号，而就在 3 点整收盘那一刻下跌概率足够大了，则 1 分钟前还有的买入信号将彻底从周 K 线下方消失。这也就是说，即便本周的前 1199 分钟都是上涨概率大，且前 4 天买入信号一直出现在那根没走完的周 K 线下方，但只要周五最后这一分钟情况变了，买入信号也将从周 K 线下方消失，我们在周 K 线图中就再也不会看见它了。这就是买入信号“出没”的规律。

下面用具体的案例说明。

特锐德（300001）

图 3－32

图 3－32 为该股 2016 年 11 月 18 日周五收盘后的周 K 线图。

注意：由于是周五收盘后的 K 线图，说明此时 11 月 14 日到 18 日这一完整交易周已经结束了——周 K 线已经定型，卖出信号也已固定在这根周 K 线的上方了，不可撤销。

从下周的周一开始，一根新的周 K 线将从无到有地出现在 K 线图中。

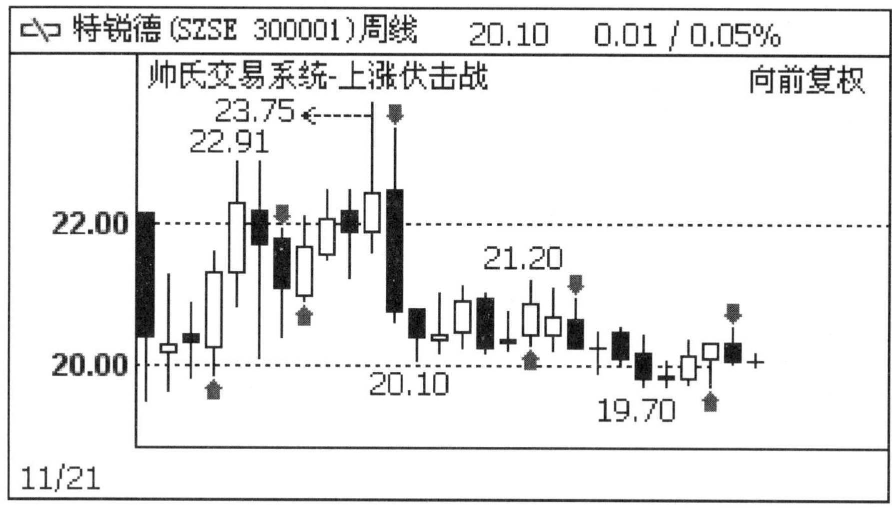

图 3—33

图 3—33 为该股 2016 年 11 月 21 日周一收盘后的周 K 线图。

涨跌概率没变，买入信号不会平白无故地冒出来。

图 3—34

图 3—34 为该股 2016 年 11 月 22 日周二收盘后的周 K 线图。

注意：买入信号今天在盘中出现了，并且在收盘后它依然出现在 K 线下方。因为到收盘时，上涨概率大于下跌概率。

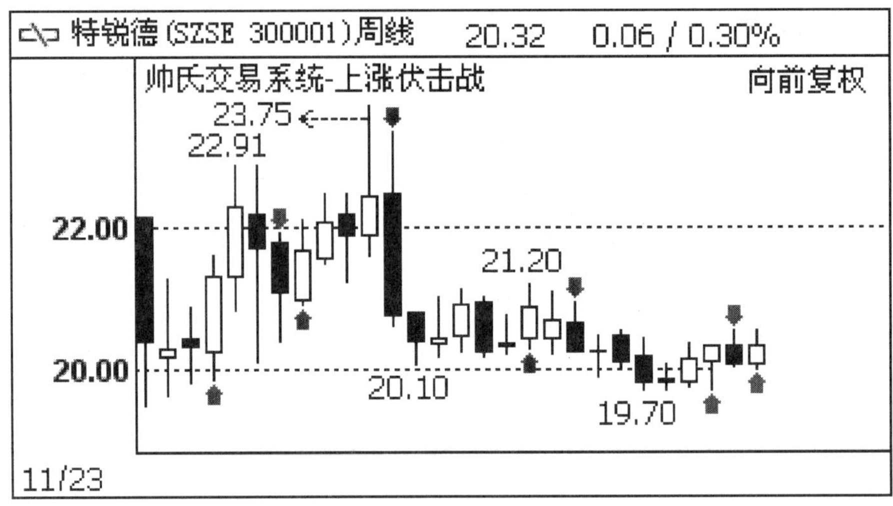

图 3－35

图 3－35 为该股 2016 年 11 月 23 日周三收盘后的周 K 线图。

到今天收盘后买入信号依然在 K 线下方。很显然，上涨在延续，这是上涨概率依然占上风的一天。

图 3－36

图 3－36 为该股 2016 年 11 月 24 日周四收盘后的周 K 线图。

注意：买入信号今天收盘时从周 K 线下方消失了。原因很简单，收盘时刻，下跌概率重新大于上涨概率。

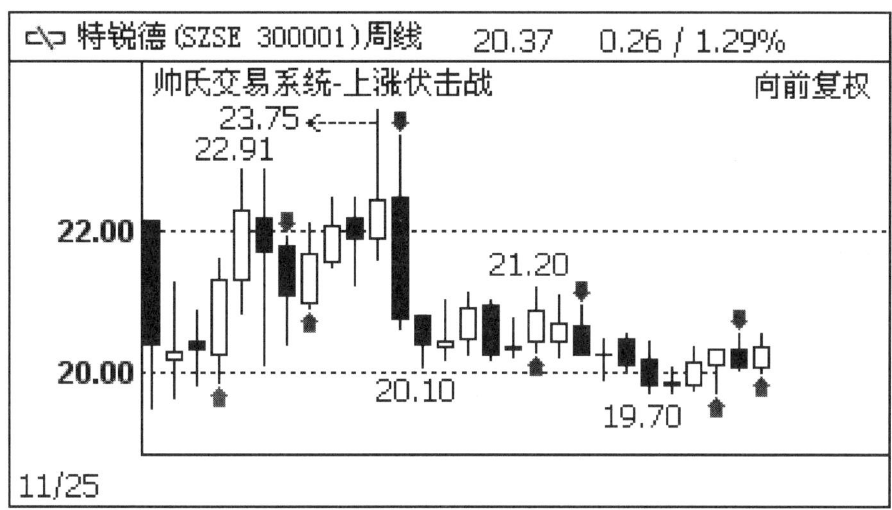

图 3－37

图 3－37 为该股 2016 年 11 月 25 日周五收盘后的周 K 线图。

注意：买入信号再次在盘中出现，并且由于收盘时上涨概率大于下跌概率，因此这个买入信号在收盘时刻，即 K 线形态固定下来后，依然出现在周 K 线的下方。这个买入信号将被永久保留在该股的周 K 线图中（说明：请确保在你的电脑中已经加载了量化投资策略模型帅氏交易系统“上涨伏击战”）。

“上涨伏击战”里的买入、卖出信号就犹如交通信号灯，每到临近一天交易日结束的最后那几分钟，投资者一定要看清楚盘口的交通信号是绿灯（即买入信号）、还是红灯（即卖出信号）。如果是绿灯，就可以买进股票。当然，整套帅氏交易系统不过是交易决策的辅助工具，最终的买（卖）操作都得由投资者基于各种分析和判断后自己做出。

（4）根据“上涨伏击战”的提示买进股票的方法

有了本章开头对周 K 线含义的介绍，再加上对买入信号出现⇨消失、消失⇨再出现过程的详细解释，最后讲“上涨伏击战”买进股票的方法，就是很好理解的一件事了。

“上涨伏击战”是一个在周级别上运用的策略模型，但这并不是说投资者以交易周作为操作单位，我们的买进和卖出还是要在每个交易日里进行的。这种交易方法最直接的一个好处便是，股民获得了极大的解放——在选股这个重要环节上，大家的看盘时间直接被缩短到每个交易日的最后半小时甚至是最后 3 分钟，或最后 1 分钟。因为深市下午从 2 点 57 分开始集合竞价，通过这种方式产生收盘价——所以需要我们紧盯的就是这最后 3 分钟；沪市下午收盘前没有集合竞价，因此我们就必须紧盯沪市从 2 点 57 分到 2 点 59 分时的盘面。

什么时候该买进股票？——从周一到周五的任何一天下午，只要在临近收盘前的 2 点 57 到 2 点 59 分之间，当看到某只股票本周周 K 线下方出现了买入信号，这时候你就可以进场了。

当然有个准备工作你自己事先要做好——就像笔者在本书第一章里介绍的那样，你应该预先建立一个备选股票池，挑出一些自选股，并且把它们保存在一个固定的页面上，然后在电脑屏幕中一次性同时显示这几只或十几只股票。两点半以后，你只需用帅氏交易系统“上涨伏击战”在你存好股票的页面上快速扫描这些股票，然后从周 K 线下方发出买入信号的股票里最后筛选出你真正要买进的股票。如果还有富余的时间，你可以用其他的指标再一一分析一下你筛选出来的股票，这种横向对比的方法，本章最后会有介绍。

至于那些在本周周 K 线下方没有出现买入信号的股票，你统统不用考虑了——仍由它们继续下跌或盘整去吧。

排除掉那些根本不能买进的股票，选股不但变得简单了，而且实际上你已经超越了市场里大部分的投资者，立于不败之地了！

刚刚在介绍买入信号出现⇨消失的规律时，用到了特瑞德（300001）的例子（图 3—32 到图 3—37），根据笔者现在介绍的规则，你能明白该在哪天买进了吗？

答案是：周二（临近收盘前）买进、周三持有、周四卖出、周五（临近收盘前）买进。

下面再举一例，选用的股票是伟星股份（002003），时间从 2016 年 11 月 18 日周五开始，然后是一个完整的交易周，即 2016 年 11 月 21 日到 25 日。

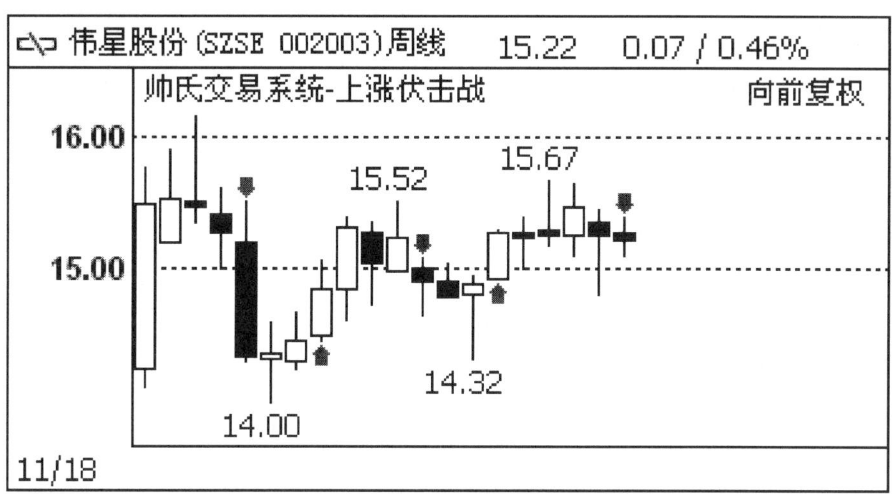

图 3－38

图 3－38 为该股 2016 年 11 月 18 日周五收盘后的周 K 线图。

由于该股周 K 线上方有卖出信号，因此这只股在 11 月 18 日这天是不能持有的。换言之，如果你只准备买一只股票，那么 11 月 18 日周五这天收盘时，持仓应该为零，即空仓。

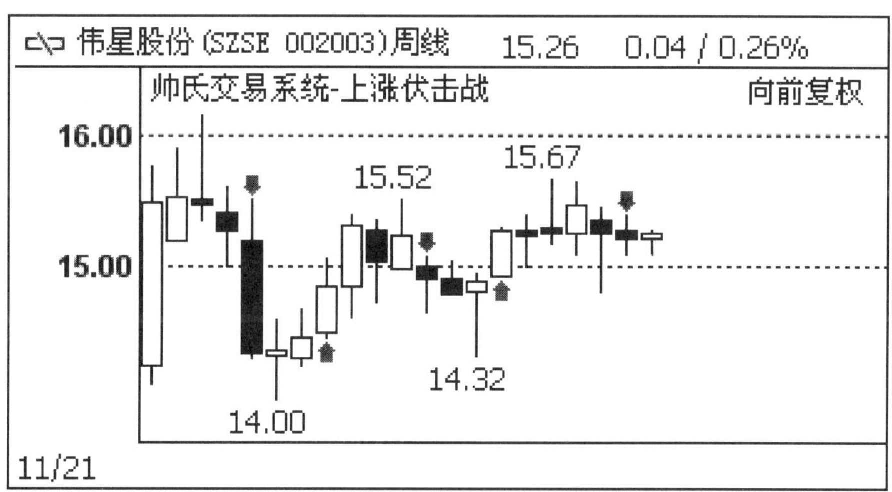

图 3－39

图 3－39 为该股 2016 年 11 月 21 日周一收盘后的周 K 线图。

该股周一止跌回升，但周 K 线下方什么都没有。说明此时下跌概率依然大于上涨概率，股价依然处于卖出信号的控制范围之中。周一这天，持仓依然应该为零，保持空仓状态。

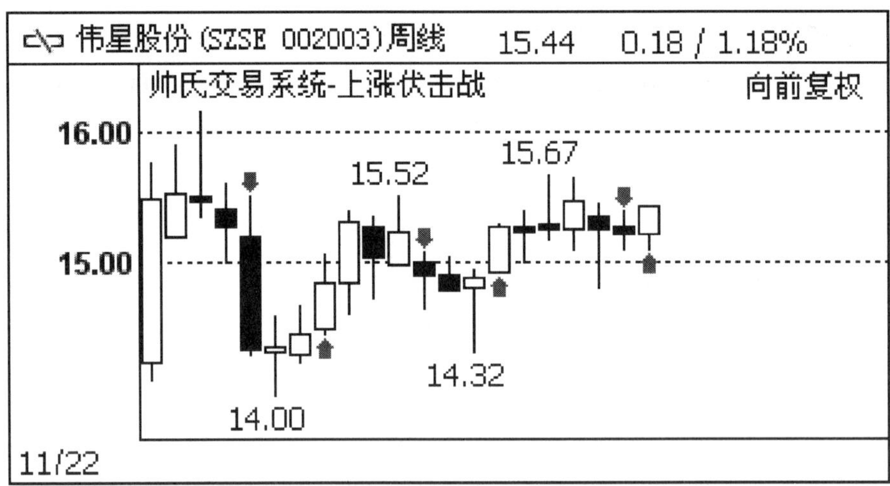

图 3－40

图 3－40 为该股 2016 年 11 月 22 日周二收盘后的周 K 线图。

在这天的盘中某一时刻，买入信号出现了。尽管股价在日内可能有所反复，即信号出现⇨消失、消失⇨出现很多次，但最终由于收盘时刻的上涨概率大于下跌概率，买入信号最后保持到了收盘。也正因为如此，所以我们才能在今天的周 K 线图中看到它。当然，别忘了我们要干什么——买入该股的时机就在今天！

看到这里读者应该终于发现了："上涨伏击战" 其实是在每个交易日发出买入信号的，因此投资者的操作实际上是被精细地控制到每一天的！

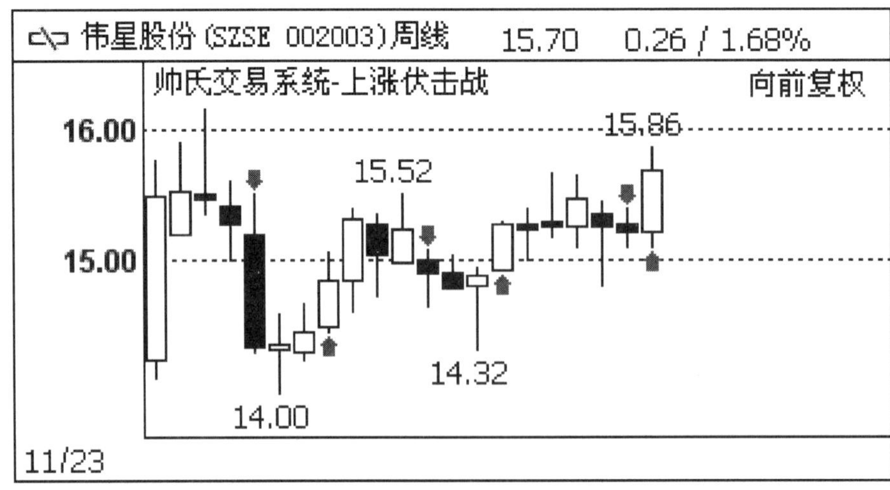

图 3－41

图 3—41 为该股 2016 年 11 月 23 日周三收盘后的周 K 线图。

既然头天已经买进该股了，那就看看周 K 线下方的买入信号还有吗？有。那就持股呗。

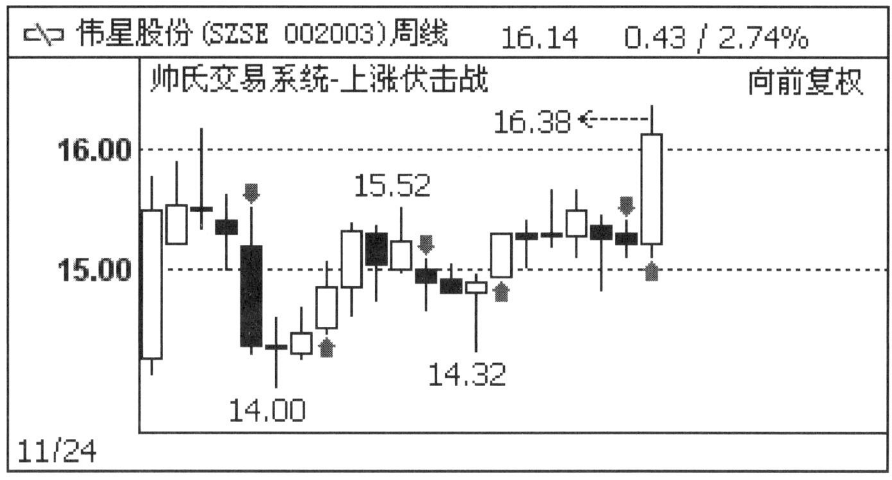

图 3—42

图 3—42 为该股 2016 年 11 月 24 日周四收盘后的周 K 线图。

周 K 线下方的买入信号还有吗？有。有就好，请继续持有股票到第二天。

图 3—43

图 3—43 为该股 2016 年 11 月 25 日周五收盘后的周 K 线图。

周 K 线下方的买入信号还有吗？有。现在已经是周五了，全周的交易结束了，周 K 线下方的买入信号还在，而此时此刻的你，不是一直在持有这只股票吗？——没有买入信号你就保持空仓，一旦有买入信号就买股、持股。

只要运用“上涨伏击战”战法，严格按照买卖信号的提示去操作，是不是就能很省心了？

上面演示的，就是如何根据帅氏交易系统的“上涨伏击战”策略模型买进股票的完整过程。笔者这里设计了一个有问有答的场景，算是对之前内容的复习。

问：伟星股份（002003）这只股票，应哪天进场？

答：周二。

问：当时买进的价格是多少？

答：不应该高于周二的收盘价，即 15.44 元。

问：为什么？

答：因为从日 K 线图中看得很清楚，周二收盘后日 K 线是带下影线的光头阳线（见图 3—40）。买入信号在盘中的某个时刻就发出了，当时的价格一定低于 15.44 元。即便在收盘集合竞价的 2 点 57 分开始挂单，也可以按收盘价 15.44 元买到这只股票。

问：周二时，当时的周 K 线是什么形状的？

答：周二收盘时，全周的周 K 线还没有定型。但就周二收盘时的情况看，当时的周 K 线只是一根小阳线。

问：周五最后定型的那根 K 线，尽管它的实体部分较长，但其实跟我们当初买进的位置没关系，对吗？

答：就是这么回事，我们买进的位置相当低。

问：我们周二的买进，其实就是买在“起涨点”上了。这样理解对吗？

答：对，我们的的确确算是买在了“起涨点”，我们参考的是周级别上的“上涨伏击战”战法，但我们的操作精确到了具体的某个交易日。周二 15.44 元买进，到周五收盘时的 15.83 元，已经有 2.5％的浮盈了。

（5）实用操盘绝技——最高效的进场方式

周K线一周出一根，周K线下方的买入信号一旦在全周交易结束后固定住了，只要股价随后出现拉升行情，那这一周就是起涨周，是“起涨点”。帅氏交易系统“上涨伏击战”其实就是在帮助投资者在每个交易日里发掘个股的买点和卖点！

如果某只你关注的股票在周一临近收盘时（比如2点59分）买入信号还在，那么毫无疑问，你应该买进。如果这个买入信号在全周的后4天中一直都有，并保持到周五收盘，那简直是太顺利的一件事了——你是在起涨周的周一进了场。但如果事与愿违，比如在周二临近时（2点59分）买入信号消失了，你该怎么办呢？别犹豫，立刻卖掉头天买进的股票——涨跌概率的天平已经逆转了，下跌概率大过了上涨概率，你为什么还要持仓？在这之后你该干什么？——空仓耐心等。等第二天、等第三天……等到任何一天买入信号再次出现时再去关注该股票，假如买入信号在这天的2点59分还在周K线下方，那么就可以在这天再次进场。所以，一周之内，你可能每天都操作，一共操作了5次，直到周五终于建好仓。也可能一周之内，你折腾了4次，最后却白忙活了——周一买、周二卖、周三再买、周四（或周五）再卖。这不就是白忙活了4次么。

那怎么办？

建仓其实可以极其简单、也极其省事——周一到周三不看盘，周四下午开始看盘、选股。周四下午临近收盘时，周K线发出买入信号的股票——进场。买进股票之后如果周五买入信号在临近收盘时还在，持仓过周末。这样一来，等于是你1周只操作了1次。如果周四买进股票后，周五买入信号在临近收盘前从周K线下方消失了（注意：周五收盘后，这周的周K线下方什么都没有），那就做本周的第二次、也是最后一次操作——清仓。

还有比这更省心吗？有！从周一到周五下午的两点半之前你都既不看盘、也不选股。周五下午两点半以后开始选股，符合条件的股票在临近收盘前（2点57分到59分时）建仓。

1周只操作1次，完全可以做到。

还是以特锐德（300001）为例。

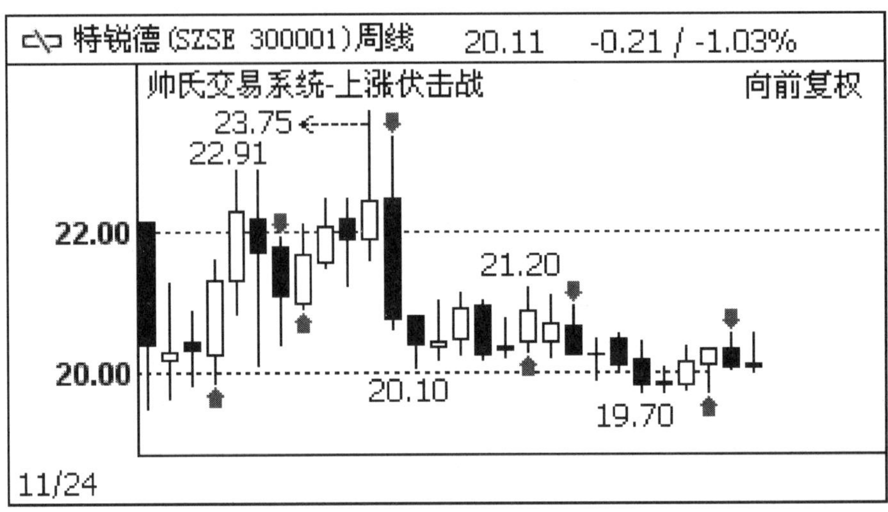

图 3－44

图 3－44 为该股 2016 年 11 月 24 日周四收盘后的周 K 线图。

如果我们周三之前根本不看股票，等到周四下午临近收盘时才看了一眼该股，这时决策好做得很：不买！——因为周 K 线下方没有买入信号。

图 3－45

图 3－45 为该股 2016 年 11 月 25 日周五收盘后的周 K 线图。

同样的股，不同的信号状态，不同的决策——周五下午的 2 点 57 分，既然看到周 K 线下方有买入信号了，那就挂买单吧！

1周只操作1次，够了!

炒股票一定要学会“看图说话”+“按信号操作”——只看K线下方有没有买入信号。选股票、买股票本来就应该这么简单!

越本质的东西越简单，越简单的东西越接近真相、也越实用。

2. 告别被套——在破位后坚决卖出

“上涨伏击战”这套工具有了，选股、买股的方法也讲授得差不多了。这不，最要紧的东西终于来了！股票谁不会买啊，但是如果你不会卖，最终你还是很可能赚不到钱。

(1) 卖出信号出现的规律

“上涨伏击战”的买入信号和卖出信号是交替出现的，原理就是看涨跌概率的天平向多、空哪一方倾斜。当之前股价上涨的概率大时，它一定是处于买入信号的管辖之下，那个买入信号可能是几周前就出现了。慢慢地，随着多空力量的转换、股价的破位，当股价持续下跌（甚至大跌）的概率增大到一定程度时，卖出信号便出现了。换句话说，卖出信号是顺势而为的产物，它不会预测股价未来的走势，它只是对已经发生的涨跌概率逆转做出一个视觉化描述。

跟买入信号完全一样，“上涨伏击战”的卖出信号，也可能出现在任何一个交易日的任意时刻。

周一到周四的任何一个交易日的4小时、即240分钟里，只要某一时刻下跌概率大于上涨概率，周K线上方就会立刻出现卖出信号。如果到当天收盘时，下跌概率依然占上风，那收盘后卖出信号就会保留在周K线的上方了。但是，这并不代表下一个交易日的盘中和收盘时情况依然如此。

如果在周五的2点59分，周K线上方原本并没有卖出信号，而就在下午3点整收盘价诞生的那一刻下跌概率足够大了，那么卖出信号还是会出现的。而且这个结果是不可逆转的，卖出信号将被永久地保留在周K线图中。

接下来，还是让我们一起“看图说话”吧，看看卖出信号在一周中是如何出现的。

德豪润达（002005）

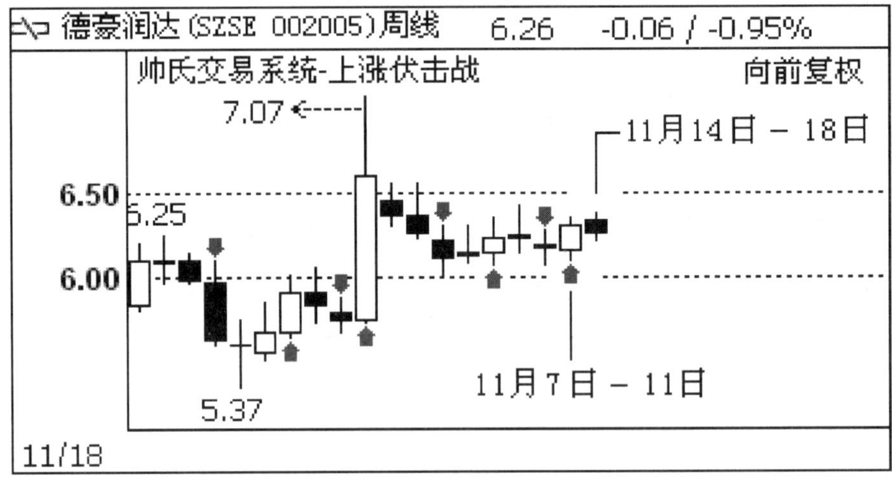

图 3－46

这是德豪润达 2016 年 11 月 18 日周五收盘后的周 K 线图。

11 月 7 日—11 日这周，买入信号得以确认，因此这周的操作是买进并持有该股。

11 月 14 日—18 日这周，周 K 线是带上下影线的小阴线，股价走势是上涨后的回档。既然全周交易结束我们并没有看到卖出信号的身影，那么毫无疑问，整个一周结束时还是上涨概率大于下跌概率的。上周的买入信号依然在发挥着作用，股价走势依然在买入信号的控制范围内。所以在 11 月 18 日收盘时，投资者应继续持股。

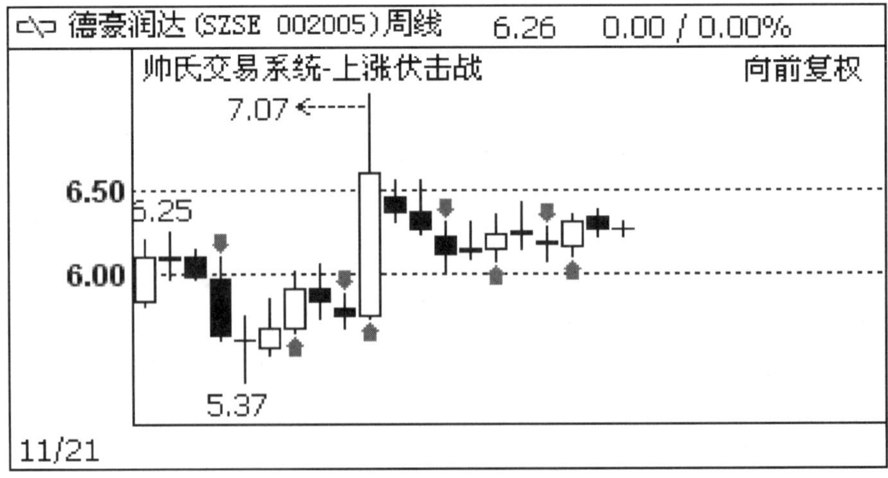

图 3－47

图 3－47 为该股 2016 年 11 月 21 日周一收盘后的周 K 线图。

周一，新的一根 K 线第一次出现在 K 线图中了。由于涨跌概率没有变化，因此没有新的信号出来。

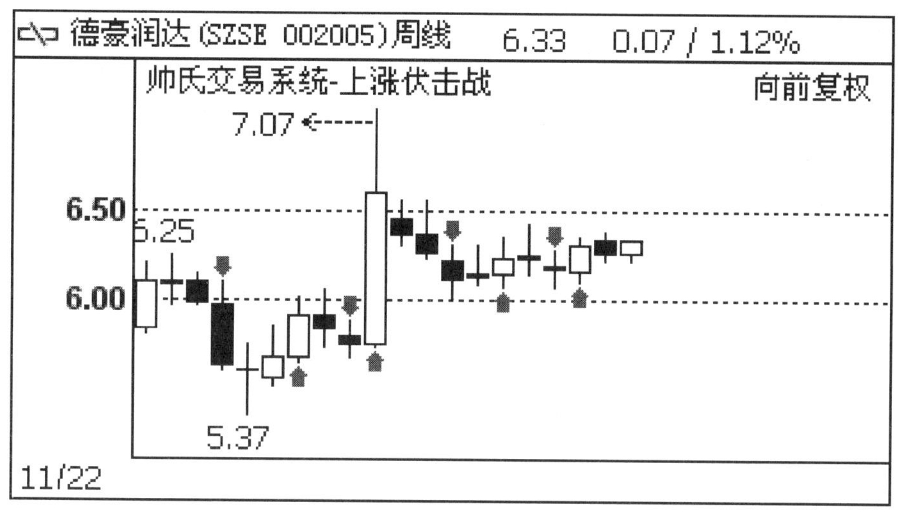

图 3－48

图 3－48 为该股 2016 年 11 月 22 日周二收盘后的周 K 线图。

周二，涨跌概率没有变化，同样没有新的信号出来。

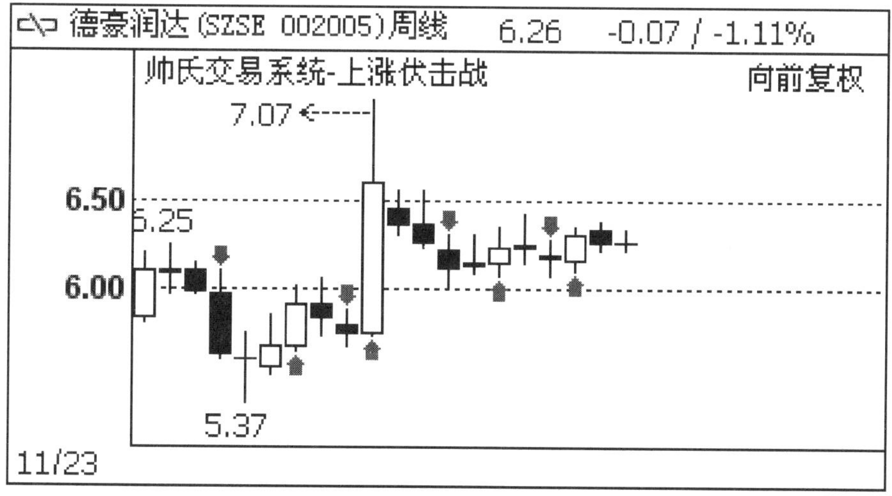

图 3－49

图 3—49 为该股 2016 年 11 月 23 日周三收盘后的周 K 线图。

周三，股价回落，但涨跌概率并没有变化，因此我们依然不会看到新信号的身影。请继续持股。

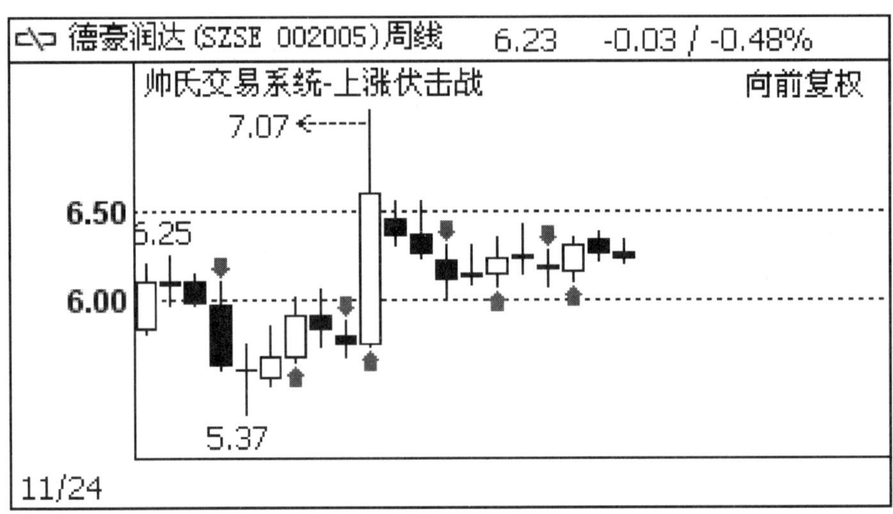

图 3—50

图 3—50 为该股 2016 年 11 月 24 日周四收盘后的周 K 线图。

周四，股价承接头天的回落还在下跌，但涨跌概率始终没有变化，没有信号发出，从 11 月 11 日到 11 月 24 日，投资者都应该是持股的状态。

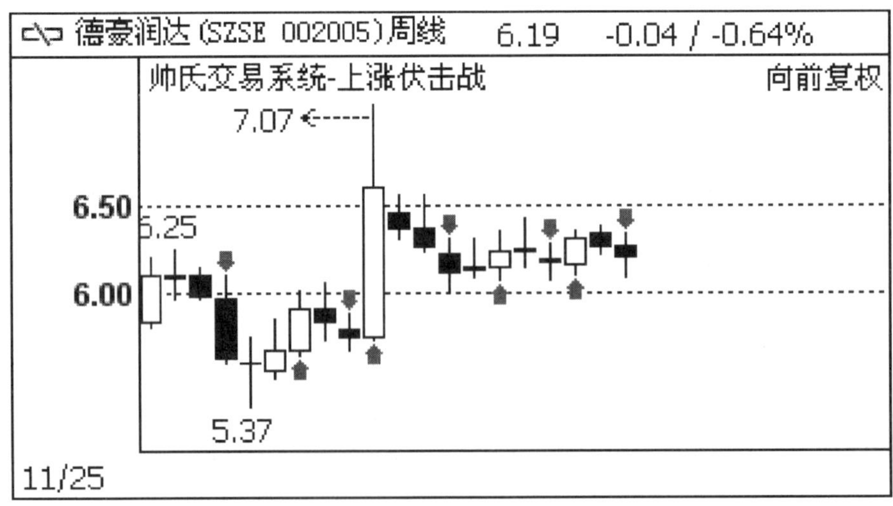

图 3—51

图3－51为该股2016年11月25日周五收盘后的周K线图。

周五，涨跌概率的天平确定转向下跌一方了！卖出信号一定是盘中的某个时刻发出的，到收盘时依然是下跌概率大于上涨概率，因此它被保留了下来。以后我们任何时候打开德豪润达的周K线图，在代表时间跨度为2016年11月21日到25日这周的周K线上，都将看到这个向下的箭头。

卖出信号犹如路口交通信号灯里的红灯，它给投资者以最强烈的提示：卖出股票！

（2）“上涨伏击战”的卖出规则

◎ 提示：以下内容非常、非常、非常重要！

请读者牢记下面几条帅氏交易系统“上涨伏击战”里的卖出规则：

第一条：在该卖掉股票时，你当初的买入成本是多少、你最近这次的进场是亏是赚，均无须考虑。

第二条：卖股票的依据是——周K线上方出现了卖出信号。

第三条：如果今天是本周的最后一个交易日，当临近收盘时（例如2点57分或59分时），周K线上方出现了卖出信号，清仓！

第四条：如果今天不是本周的最后一个交易日（比如完整交易周的周一到周四），当临近收盘时（例如2点57分或59分时），周K线上方出现了卖出信号，减仓50％。

第五条：这一条分两个细则，即两种情况，它们是分别对应你按照上述第四条规则减仓后，根据盘面的不同变化需要做相应处置时的“规定动作”。

细则1：如果头一天卖出信号已经发出了（你应该已经在头一天减仓50％），在今天临近收盘时卖出信号依然存在着，那么必须清仓，一股不留！

细则2：如果头一天卖出信号已经发出了（你应该已经在头一天减仓50％），在今天临近收盘时卖出信号消失了（这种情况多伴随着股价在今天有所反弹），那么用头一天减仓所获回笼资金的50％进行补仓。这样做的理由是，既然今天卖出信号消失了，那就说明股价有可能重新回到之前买入信号出现、仍由上涨概率主导的行情走势中，所以你要捡回部分筹码。

第六条：如果今天是本周的最后一个交易日，当临近收盘时（例如2点57分或

59 分时)，周 K 线上方的卖出信号消失了，而你在本周的前几个交易日里有过减仓，或清仓的操作，那么这一天你应该捡回筹码。但这时你的持仓量最多只能是本周进行减仓或清仓操作前仓位的 80%。

为更好地理解以上六条规则，还是看个实例吧。

精功科技（002006）

图 3—52

图 3—52 是 2016 年 11 月 18 日周五收盘后的情形，对应的操作应该是这周买进该股并在 18 日收盘后持有。

图 3—53

图 3－53 为该股 2016 年 11 月 21 日周一收盘后的周 K 线图。

周一股价回档，但没有破位，K 线上方也没有出现卖出信号。操作上要持股不动。

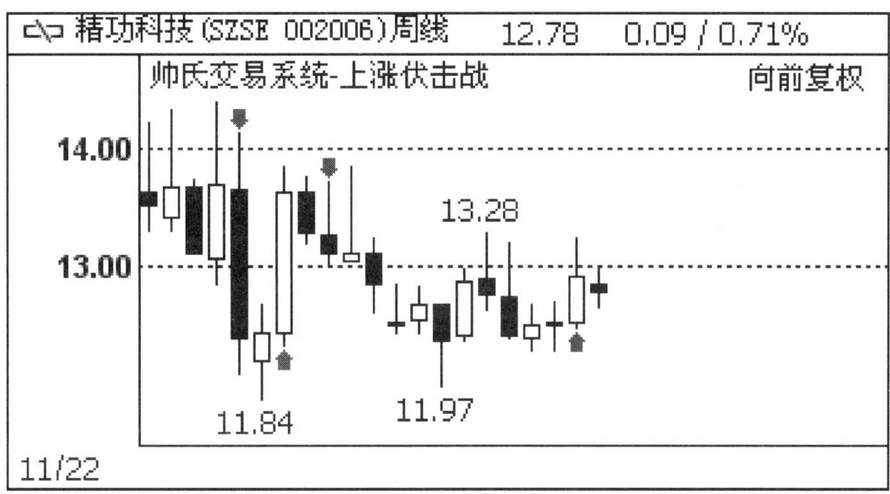

图 3－54

图 3－54 为该股 2016 年 11 月 22 日周二收盘后的周 K 线图。

周二股价有所企稳，阴线实体部分缩短。不见卖出信号的身影，可以继续持股待涨。

图 3－55

图 3—55 为该股 2016 年 11 月 23 日周三收盘后的周 K 线图。

周三收盘后，本周的周 K 线上没有卖出信号，说明此时依然是上涨概率大于下跌概率，上周的买入信号还在控制着局面，它仍然有效。因此投资者可以继续持股待涨。

图 3—56

图 3—56 为该股 2016 年 11 月 24 日周四收盘后的周 K 线图。

注意：周四，概率的天平倒向了下跌一方，卖出信号在盘中某个时刻出现，并一直保留到收盘。今天收盘前应该减仓 50%。

图 3—57

图 3—57 为该股 2016 年 11 月 25 日周五收盘后的周 K 线图。

注意：周五股价在盘中砸得挺狠，最低曾到达 12.18 元，临近收盘又收上去一些。但依然是下跌概率大于上涨概率，因此这个卖出信号会永远保留在周 K 线图中。临近收盘时，该股必须清仓。

周五这天为什么必须对精功科技这只股票清仓？依据的是上述卖出规则的第三条和第五条细则 1。

进场可以很简单、很现实——周五看 K 线下方有没有买入信号，有就买；卖出则绝对不能等到周四、周五再看，卖出拖不得，而且你必须记住那些重要的卖出规则，卖出股票的过程也会稍微复杂一些。“会买的是徒弟、会卖的才是师傅”，这不是随便说说的！

复杂的交易手法和交易规则，只有一个目的——为你的投资保驾护航。

3. 从大概率走向必然发生的实战诀窍——横向对比法

在第一章笔者已经有过介绍，在你选好的一揽子股票中，要经过高效率的“初赛”和“复赛”，把可买的、准备买的股票都罗列出来，先做到立于不败之地。但是到了真要出手的环节，即“决赛”阶段，还是要做细致而关键的工作，比如横向对比。

“上涨伏击战”已经做到了不会让投资者踏空，即大级别的拉升行情启动之初，买入信号一定会发出的。但这不代表只要买入信号出现并被确认后，拉升行情一定马上展开——行情是自己走出来的，本书只针对周级别上的“上涨伏击战”战法，向读者和投资者推荐一种方法，供大家尝试。

尽管帅氏交易系统“上涨伏击战”把涨跌概率因素放在绝对重要的位置，从而在很多情况下，即使在没有（周级别）成交量的配合下就能在符合条件时发出买入信号，并且效果很好。但是，如果有可能在买入信号已经被确认的基础上，进一步提高“买入即涨”，或“买入后股价持续上涨”的概率，那何乐而不为？思路就是横向对比——多指标一起参考。手段自然还是做减法，留下好的、剔除差的。

横向对比，比什么？MACD？KDJ？均线系统金叉？布林通道？……这些都不用，笔者只看个股在周级别上成交金额的放大程度。因为但凡股价上涨，一定是有增量资金进场。大资金一旦进场，它是藏不住的！

下面以福瑞股份（300049）与波导股份（600130）的对比来分析。

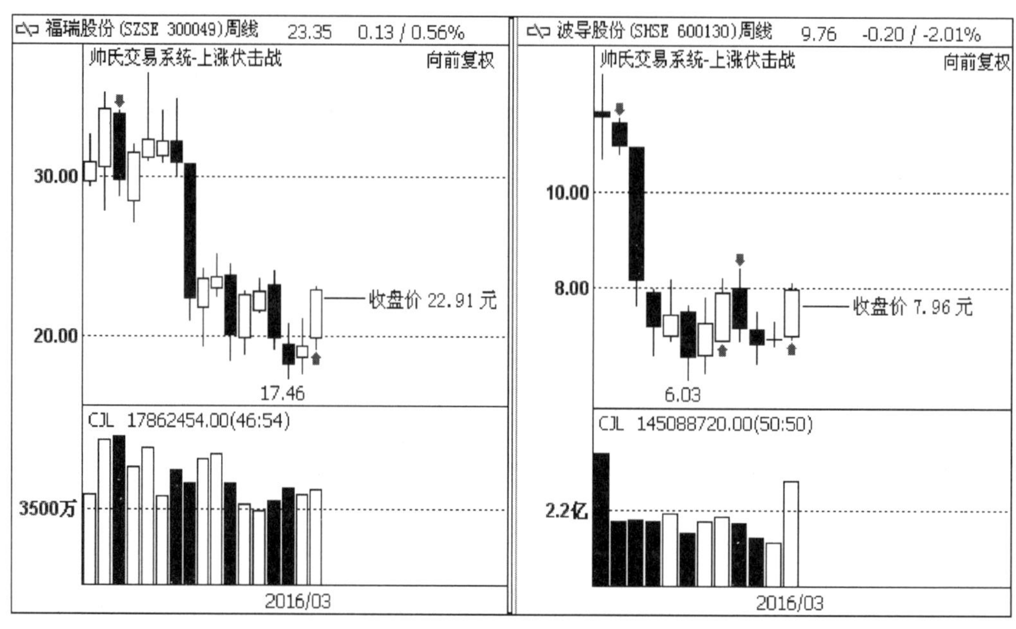

图 3－58

同为 2016 年 3 月 18 日周五，如果市场里只有这两只股票在收盘前周 K 线下方发出了买入信号，该买哪只呢？

从做波段、抓起涨点的角度看，买波导股份较好。理由是：①该股这周放量明显，而福瑞股份的成交量没有明显放大，基本与上周持平；②波导股份这次是买入信号第二次发出，经过前一次的震荡蓄势，自从 6.03 元的最低价出现之后，已经蓄势进入第六周了，W 底的形态具备了一定的雏形；③相比较而言，福瑞股份只是第一次发出买入信号，还需进一步筑底。

在上述三条理由中，究竟哪条最关键呢？当然是第一条，周成交额必须有足够的放大！

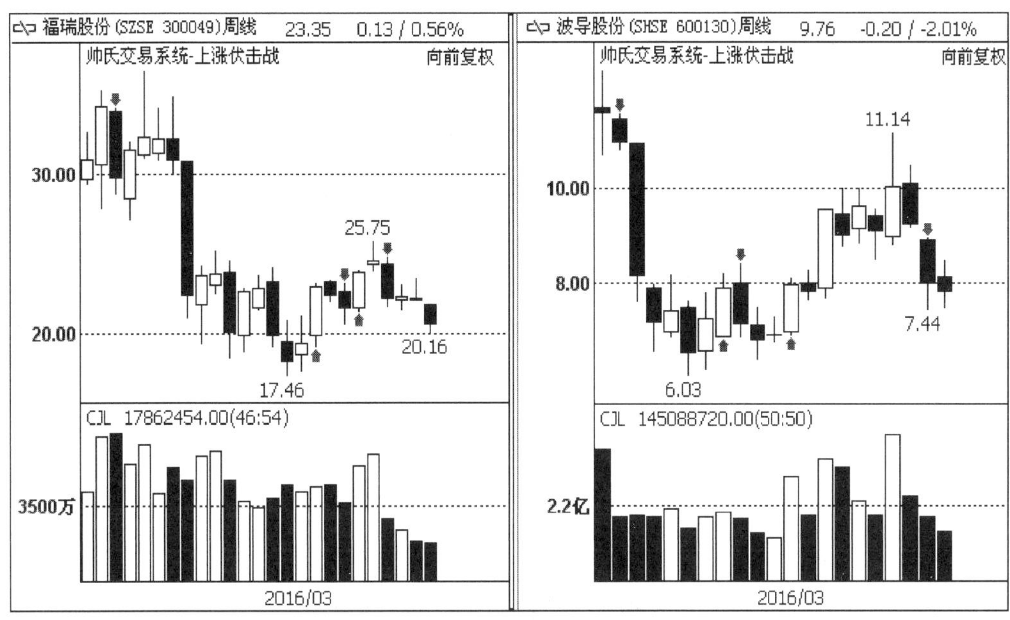

图 3－59

我们会发现，3 月 18 日这周结束时，像波导股份、福瑞股份这样买入信号得到确认的股票很多，但为什么波导股份至少能在短期内实现了 20%以上的涨幅呢？关键就在于成交量（即成交额）的有效放大。波导股份在买入信号发出的前一周，即 3 月 7 日到 11 日，5 个交易日的成交额是 9.1 亿元，而在 3 月 14 日到 18 日这周，成交额是 23.3 亿元，放大了 2.56 倍。

根据笔者统计的数据，其实即便成交量放大 2.56 倍都不一定能有效提高“买后即涨”“买后上涨持续时间久、涨幅大”的概率。那么成交额要放大多少倍才有效呢？答案是没有上限，越大越好。

在买入信号发出并得到最后确认的那周，成交额较上周放大得越大越好。请再看下面几个例子。

红太阳（000525）

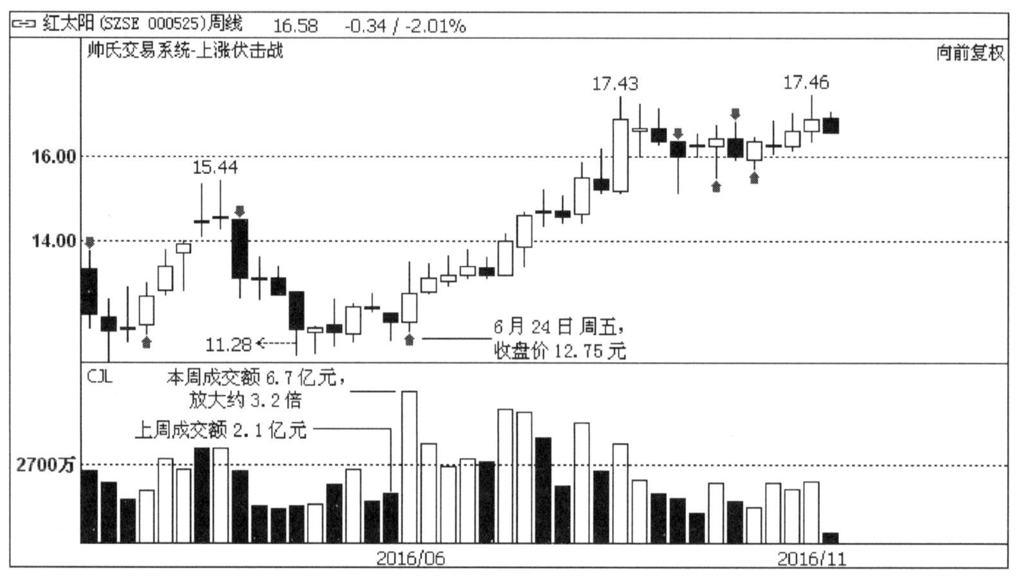

图3－60

如图3—60，前后两周，成交额放大3.2倍！这才叫“量价配合完美”。

汉威电子（300007）

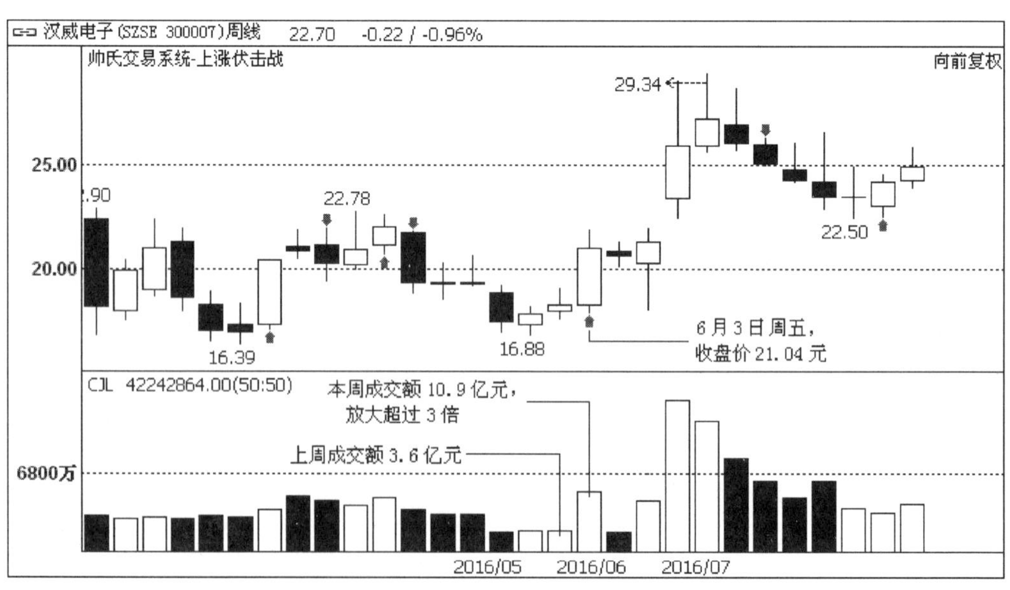

图3－61

如图 3－61，起涨周之前，汉威电子的股价已经连续两周收阳。起涨周再接再厉，成交金额较上周放大 3 倍，够了！

中洲控投（000042）

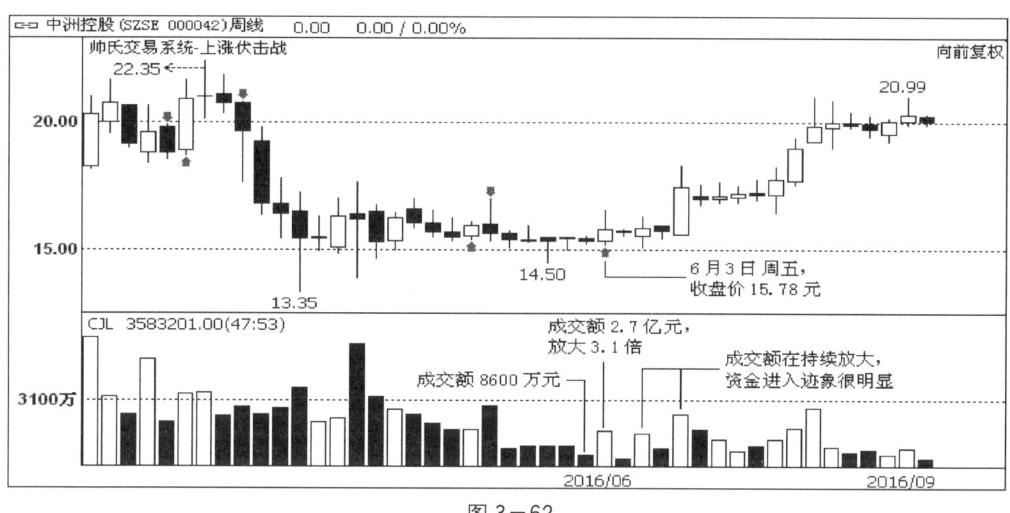

图 3－62

如图 3－62，起涨周放量，当时没有立刻拉升。你不用急，后面几周连续放量，这股价能不涨吗？

三维通信（002115）

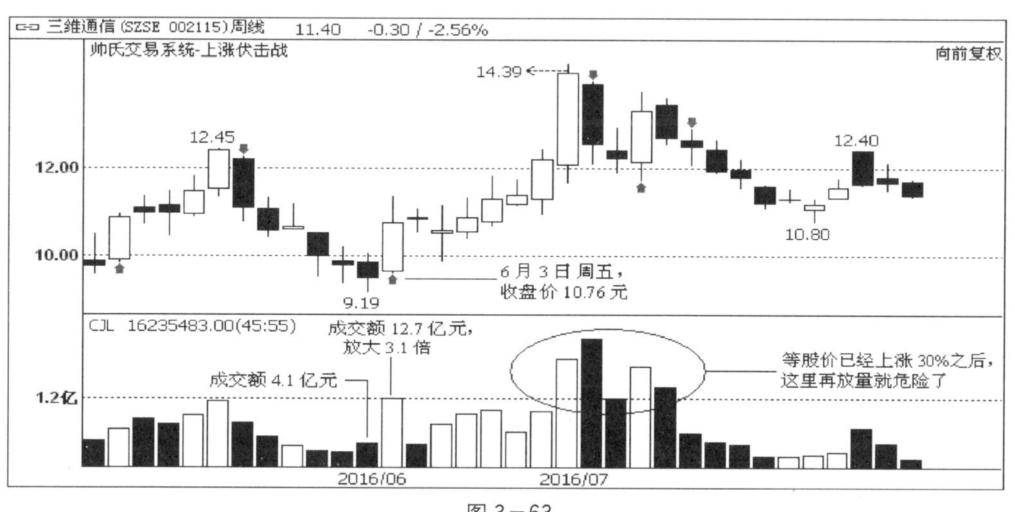

图 3－63

同样是成交额放大，先知先觉当然比后知后觉强。（在起涨周一带的）低位放量是即将要涨，等股价涨起来的放量，那是主力机构在出货。

贵糖股份（000833）

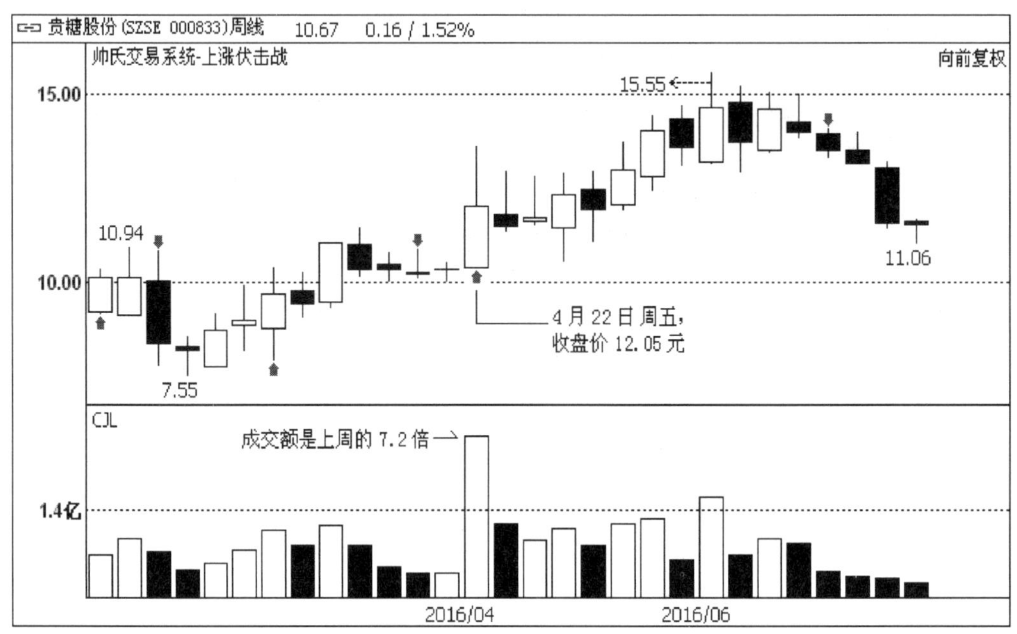

图 3－64

如图 3－64，你也许会觉得有些不过瘾——贵糖股份起涨周成交额是上一周的 7.2 倍，而股价却仅仅从提示的进场位置 12.05 元最高冲到 15.55 元，其间的绝对涨幅才 29%，况且我们是卖不到那个最高价的。但是在这段明显的上涨中，10%、8%，甚至 5%，这样的收益率总是能实现的吧？不要忘了，“上涨伏击战”的关键是要买在起涨点，我们添加成交量这个附加条件选股，就是为了让“买了就涨”的概率增大。至于买进后行情能走多远、股价能涨多高，那是行情自己的事。

凤凰光学（600071）

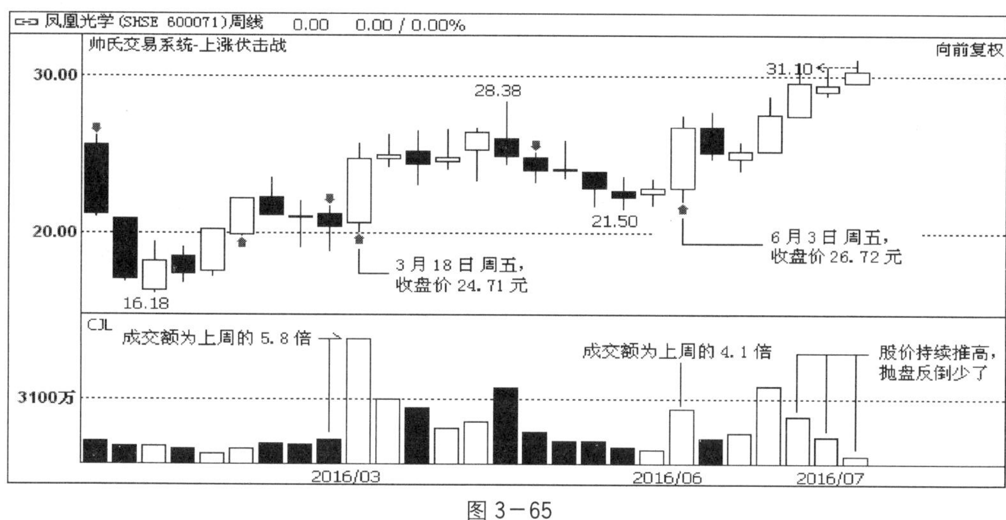

图 3－65

如图 3－65，该股在 3 个月时间内，两次出现了在起涨周成交量较上周有高倍放大的现象。而且我们看得很清楚，这两次的买进后，投资者都有赚钱的机会。买入信号确认＋成交量放大确实有力提振了多方的士气，同时让本来想抛售的筹码不得不选择持股观望。所以当股价真正进入拉升阶段后，成交额反倒少了，大家开始惜售了。

万泽股份（000534）

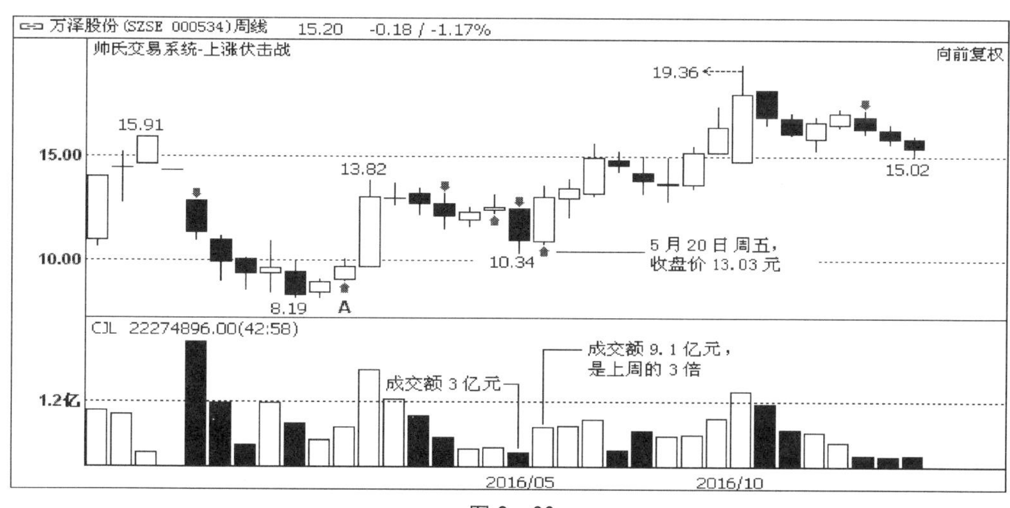

图 3－66

如果整体地看，行情从起涨周 A 之后，呈现出一个时间跨度很大的“N 形冲高”形态。在经过 13.82 元之后的震荡和回落后，股价之所以能够在 5 月 20 日之后进入加速拉升阶段，是因为 5 月 16 日至 20 日这周放量了。

华润双鹤（600062）

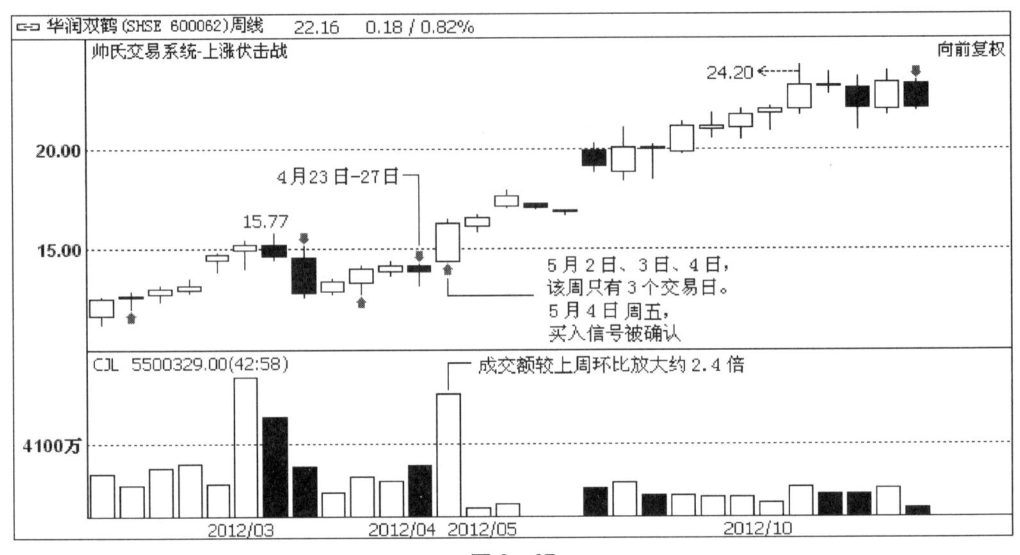

图 3－67

在我们举过的例子中，已经多次出现了由于法定假期休市的原因，买入信号被确认的那周仅有 2 到 3 个交易日的情况。主力机构惯于选择不满 5 个交易日的交易周突然发动行情，图 3－67 就是一个例子。2012 年 3 月中旬，在刚刚创出阶段性的最高价 15.77 元之后，股价莫名其妙地给砸下去了。随后的几周震荡中，已经有很多不坚定的投资者选择落袋为安。2012 年“五一”假期刚过，主力资金在短时间内突然大举进入该股，伴随着价格上的突破，5 月 2 日、3 日、4 日这 3 个交易日的成交额竟然环比大增了 2.4 倍。结合买入信号在这周再次出现的强烈提示，“五一”后的这 3 天就是不容错过的最佳进场时机。

◎ 请注意，以下内容非常重要！

周 K 线图中如果不加载“上涨伏击战”策略模型，那么阶段性的最高价、最低价，以及买卖信号是不会自己跑出来的，哪里是行情的起涨点（即起涨周）光靠猜一般是猜不准的。同时，我们借助于成交量做横向对比是为了加大“买了就涨”，或者“买入后行情持续时间较久”的概率。但是，由于股票的成交量是透明的且非常直观，所以，这个如此明显的“记号”既然连我们普通股民都能看懂，那主力机构当然也能看懂。而且主力结构是可以利用成交量这个“记号”的。实际上，主力机构从来都不希望有太多的散户（在低位）跟它一起分享筹码，因此周级别暴量之后的股价不涨反跌也时有发生。所以笔者必须要提醒股民注意，即便周K线下方买入信号确认了，同时这周的成交量较上周有明显的放大，这也并不代表今后股价马上会有涨起来、会涨得很高。请看下例。

创元科技（000551）

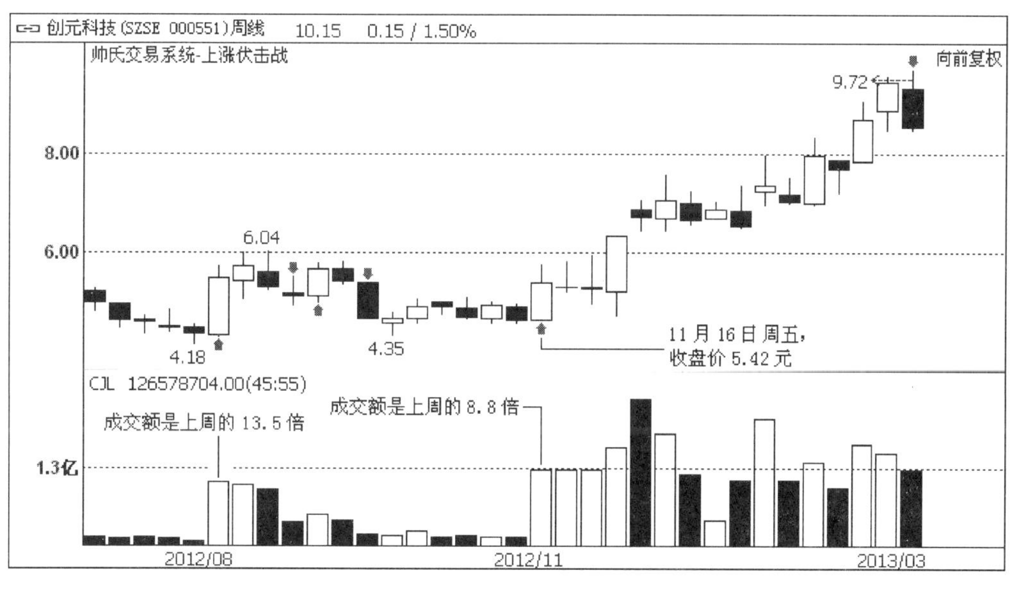

图3－68

如图3—68，2012年8月份的首次放量后股价回落，这应该是由于发现跟风盘太多之后，主力机构选择了及时收兵。毕竟在连续交易的情况下，某一周的成交额竟然是上一周的13.5倍，想不引发散户跟风进场都很难。由于该股流通盘并不大，散户抢走了很多筹码，主力机构无法实现高度控盘，于是它们使出了“拖刀计”，决定先放一段时间再说。主力机构的资金一旦停止往市场里进，股价向下滑落是必然的。

主力机构的卷土重来发生在2012年11月中旬。当11月16日之后的买入信号发出后，股价在5元之下的放量持续了3周，到第四周时成交量继续放大，有多少卖盘就有多少买盘！如此一来，股价终于一举冲过6元，并形成了持续的上涨。我们看到，当这种股价于底部持续放大量、蓄势足够充分的情况发生时，股价才能上涨、并一直保持升势。

最后说一句，横向对比时，如果有成交额较上周放大倍数大的，就选大的、不选小的。

决绝踏空+告别被套！这就等于是：在该买的位置买进，在该卖的位置卖出。如果都能做到，在股市你还愁赚不到钱吗？

第二章问题答案

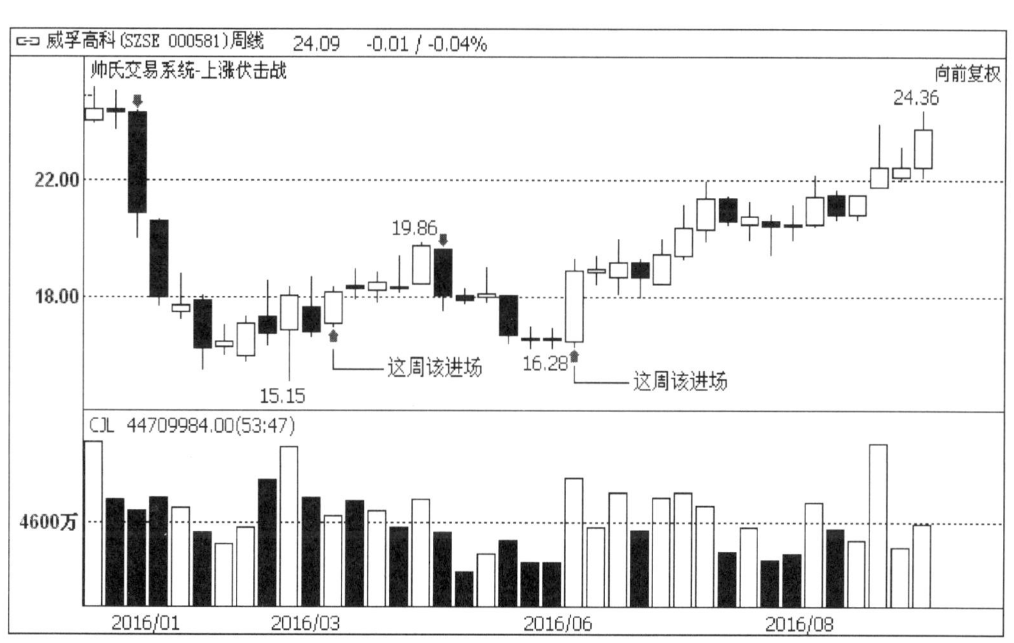

图附 1　图 2-1 第一道测试题的答案

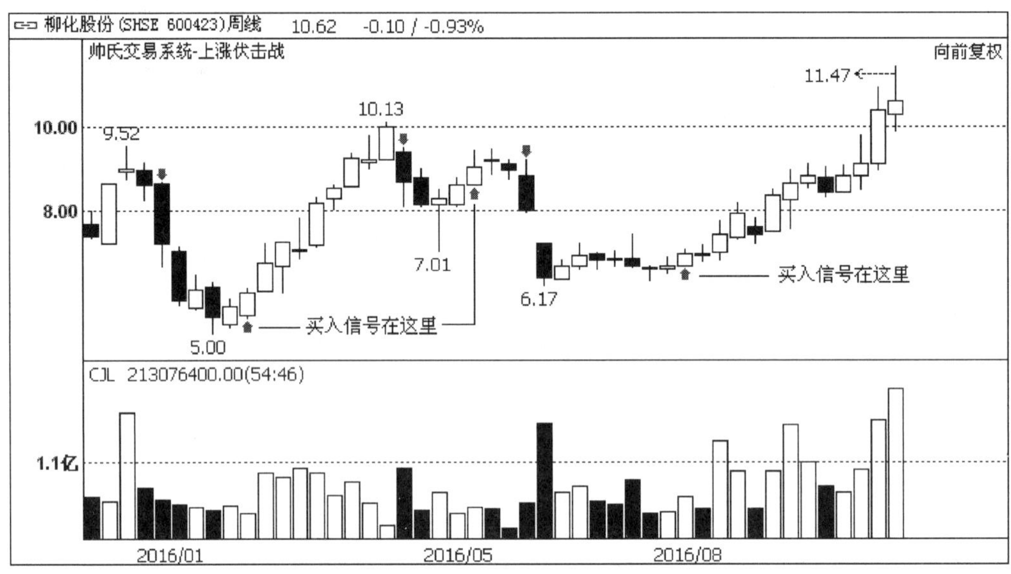

图附 2　图 2－2 第二道测试题的答案

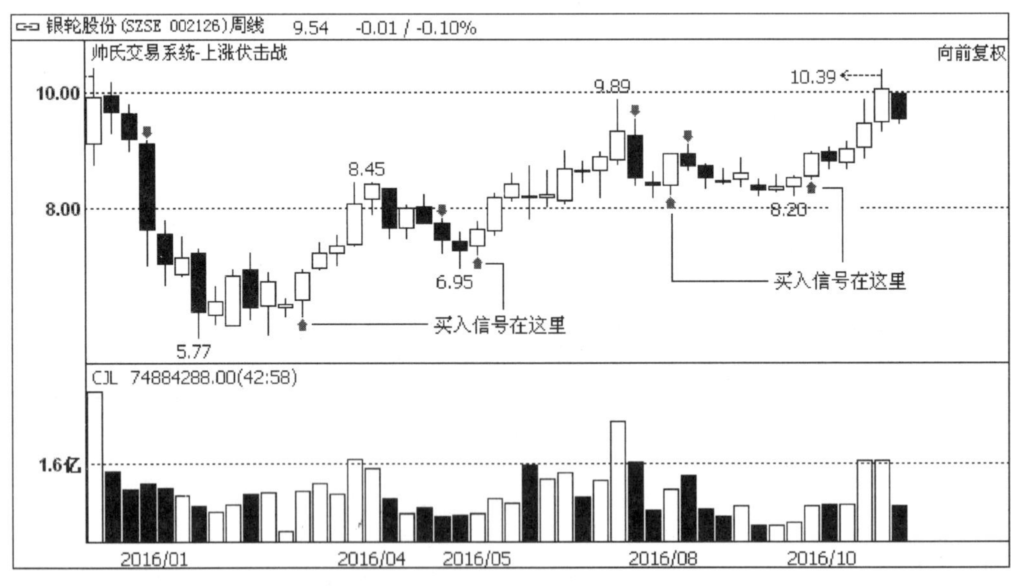

图附 3　图 2－3 第三道测试题的答案

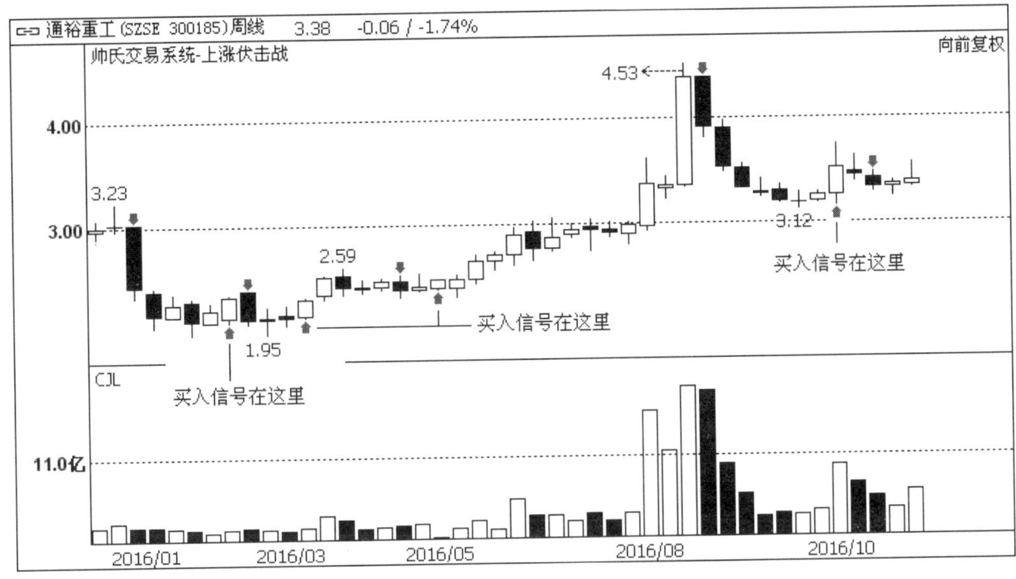

图附 4　图 2-4 第四道测试题的答案

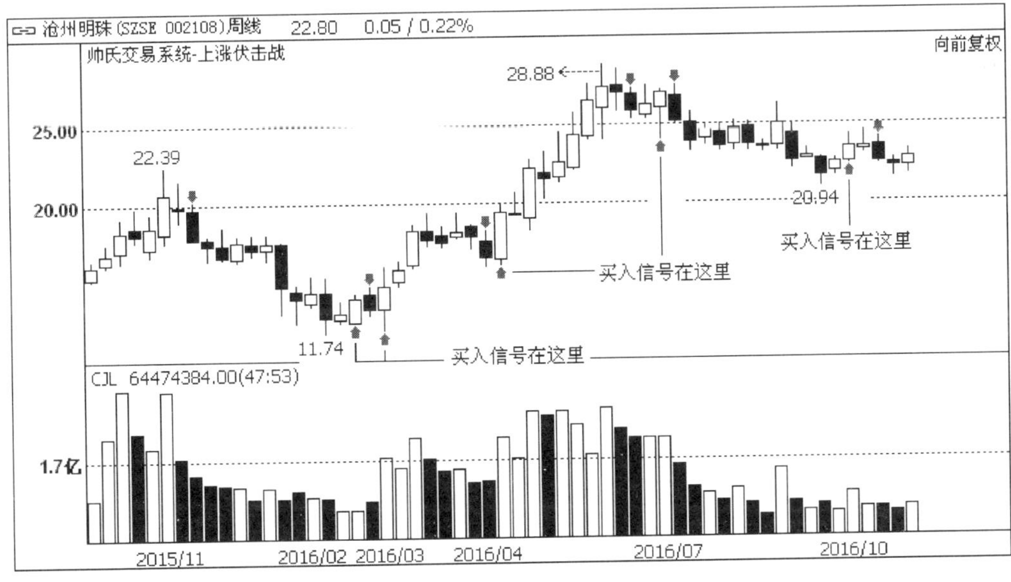

图附 5　图 2-5 第五道测试题的答案

作为“伏击股市”系列中承上启下的一册，这本《上涨伏击战》着重介绍了如何正确买股票的思路和方法。

“会买的是徒弟，会卖的是师傅”，这句股经说得没错。但我们还是应该脚踏实地，先学会走再说——正确地进场才是成功投资的第一步。因为卖股票涉及两个问题：一个是如何适时止盈，另一个是怎样果断止损。“会卖”的前提是先要买得对、买得准，否则你买一次错一次可就要命了。毕竟炒股赚钱靠的是低买高卖后的止盈，而股价破位后的止损只是保命用的。相对卖股票而言，买股票只涉及一个技术环节——找到股价即将展开上涨行情的那个位置。

亏钱的股民总是在该买的位置没有买，为什么会是这样？想究其原因是徒劳的，股市根本就不是让我们问“为什么”的地方，解决“怎么办”才有现实意义。如何才能买在该买的位置上，笔者给出的解决方案正是“上涨伏击战”。2016 年是一连串股灾过后行情开始修复的头一年，大盘指数乏善可陈，而许多个股却牛气冲天。“上涨伏击战”天罗地网一般捕捉到了所有走势强劲个股的起涨点，实现了笔者开发这款量化交易模型的初衷。笔者的微信 shuailongsss666 每天都有更新，读者朋友们会看到数不尽的“上涨伏击战”案例。当然，炒股票这事光看是看不会的，但至少你要明白自己之前究竟错在了哪里。

笔者教股民炒股已经有 10 多年的时间了，清楚股民最需要什么。对于已经默默圈定了某（几）只备选股票的股民来说，大家关心的是“某某股票现在能不能买?”而对于没有任何基础的新股民来说，他们总是一个劲地在问：“你给看看，哪（几）只股票好?”其实这些问题，“上涨伏击战”发出的买入信号就是标准答案。行情是动态的，市场里的 3000 多只股票，它们各自的买点和卖点只出现在每日的盘中，跟上市公司基本面情况没有太大的关系。买卖信号配合书中最后一章所介绍的买卖规则便是一套完整的交易系统，它彻底解决了炒股中“该在哪里买？该买多少?”“该在哪里卖？该卖多少?”等问题。

“千招会不如一招精”。在历经 3 年开发、两年实盘测试及优化后，“上涨伏击战”信号的准确率和稳定性均已经达到了令人满意的程度，笔者自己也一直在用它。但愿笔者的绝招大家能早日学会，尽快加入股市赢家的行列。

“伏击股市”系列针对仍不熟悉市场、还没有基本投资理念的投资者，围绕如何发掘股票周级别的起涨点做系统论述，这是投资的必修课。从 2015 年到 2017 年，很多股民已经走过一轮牛熊轮回。大家在看完《超级大布局》《上涨伏击战》《第二次启动》三本书之后，如果接受“买在起涨区域”“上涨伏击战”等投资理念，并能够掌握书中讲述的方法，那么，笔者终于可以跟大家交流如何在股市里实现持续稳盈这个终极话题了。笔者还有一套“帅氏天罗地网交易法”，等待与读者分享交流。在这套交易法里，笔者将展示一些极具颠覆性和震撼力的量化投资思路，它们可以有效地帮助股民解决以下两个问题：一是如何将一只上涨股票在不同时间周期上的价差尽可能多的赚到手，二是如何以极高的效率将市场里所有刚刚启动的股票全部筛选出来。只有做到上述两点，投资者才能真正告别押宝式选股和情绪化操作，在上涨大概率的保驾护航下持续地实现小亏大盈。

最后，非常感谢刘宁、帅毅生、周嘉澄、樊燕、王可、田育军、杨雪妙、马攀可、蒋骏龙、喻画恒、罗勤、程全跃、吴刚强从市场中搜集了最新的案例，才能促使本书的顺利出版；更要感谢阅读完本书的您，如果您对本书有任何意见或者建议，欢迎同笔者联系，笔者的微信是“shuailongsss666”，希望能与读者朋友们保持交流。

祝各位投资顺利！

帅 龙

2017 年 4 月 6 日